广西新闻传播事业史

万忆 刘硕良 林杰谋◎著

浙江工商大学出版社

杭州

U0743952

1997—2018

图书在版编目（CIP）数据

广西新闻传播事业史 / 万忆，刘硕良，林杰谋著.
—杭州：浙江工商大学出版社，2019.6
　ISBN 978-7-5178-3116-7

　Ⅰ．①广… Ⅱ．①万… ②刘… ③林… Ⅲ．①新闻事
业史－广西 Ⅳ．①G219.276.7

　中国版本图书馆 CIP 数据核字（2018）第 301797 号

广西新闻传播事业史
GUANGXI XINWEN CHUANBO SHIYE SHI
万　忆　刘硕良　林杰谋 著

责任编辑	沈明珠　白小平	
封面设计	林朦朦	
责任校对	田程雨	
责任印制	包建辉	
出版发行	浙江工商大学出版社	
	（杭州市教工路 198 号　邮政编码 310012）	
	（E-mail:zjgsupress@163.com）	
	（网址:http://www.zjgsupress.com）	
	电话:0571-88904980,88831806（传真）	
排　　版	杭州朝曦图文设计有限公司	
印　　刷	杭州高腾印务有限公司	
开　　本	710mm×1000mm　1/16	
印　　张	14.75	
字　　数	252 千	
版 印 次	2019 年 6 月第 1 版　2019 年 6 月第 1 次印刷	
书　　号	ISBN 978-7-5178-3116-7	
定　　价	68.00 元	

自　序

　　历时五年的《广西新闻传播事业史》即将出版，本想请学界权威作序，奈何一来"大咖"难请，二来自己确也有话想说，斟酌再三，我便亲自捉刀，向各位读者报告一下本书成书的缘起、思路和经过罢……

　　从我位于上海交通大学闵行校区 6 楼宿舍的阳台向外望去，依稀可以望见交大著名的诺贝尔山（李政道图书馆）。我的思绪飞过山巅，飞越千山万水，一路向西、向南，回到美丽的广西壮乡。当初计划写这本书的时候，我无论如何也想不到此书的最终完成会是在浦江之畔，并且由浙江工商大学出版社出版。也许，这时空转换上的辗转跋涉，正是这本书艰难面世的现实映衬吧。

　　我出身于一个广西的新闻世家，父母都是《广西日报》的老报人。我本人 1996 年开始从事新闻传播的业务工作，先后在广西电视台、人民网广西频道、《中国—东盟博览》杂志社、《文化与传播》编辑部和浙江工商大学出版社工作过，并在广西壮族自治区党委宣传部挂职一年。2011 年至今，我又先后在广西大学、浙江工商大学和上海交通大学从事新闻传播的教学科研工作。我毕业于武汉大学，工作期间又在广西大学修读新闻专业的研究生课程，并受中宣部的委派短暂到美国哥伦比亚大学研修媒介融合。这些专业经历和家庭背景使我建立起对广西新闻传播事业发展历程的感性和理性认知。

　　正式产生写书的想法，始于 2012 年。彼时我已经在广西大学新闻传播学院任教，因为工作需要经常查找翻阅有关广西新闻史的著作与文献。

然而,我竟然无法找到一本在新闻传播学理论指导下系统描述和解释广西新闻传播事业发展的史学著作。当时,有关广西新闻史方面的著作主要有四类——一是以原《广西日报》副总编辑周中仁主编的《当代广西新闻事业》为代表的编著作品,其本质上还是属于业界工作总结一类的东西,且时间跨度主要集中于改革开放后到 20 世纪 90 年代末的二十年间;二是以《广西日报》老报人张鸿慰主编的《广西地方志·报业志》为代表的各类志书;三是关于抗战时期"桂林文化城"新闻事业的各类研究专著;四是以广西大学彭继良老师的《广西新闻事业史(1897—1949)》和商娜红教授的《广西壮族自治区新闻传播发展报告(1949—2010)》为代表的学界研究成果。前两类著作去史甚远;第三类研究范围集中于抗战八年;彭继良的著作只写到中华人民共和国成立前,且并非传播学理论指导下的研究专著;商娜红的报告是中国人民大学郑保卫老师总报告中的一章,大概六万字的篇幅,只有骨架而不见血肉。当然,这些成果为包括我在内的后来研究者提供了坚实的史料线索和基础。

想法囿于心底两年,我却迟迟没有动手。其一自然是本人才疏学浅,不敢贸然下笔;其二是我常常自诩"报社子弟、广电儿郎",但对于出版业却一直所知寥寥,而图书出版,恰恰是广西新闻传播事业的强项;三是我在等一个项目的支持,可以获得必要的研究和出版经费。机会在 2014 年悄然来临。年初的时候,广西出版界的宿耆刘硕良老先生找到我,邀请我参与他主编的《广西现代文化史》的编撰工作,负责"新闻"一章。刘先生与我父母有故,此举本为提携后辈,然而于我,却确乎是一个开始着手广西新闻史研究和写作的绝佳契机。除我以外,《广西现代文化史》的编委和作者都是广西文化界的权威,经过他们三年的打磨,我负责的"新闻"一章逐渐成熟。

2016 年底,四卷本的《广西现代文化史》由广西师范大学出版社出版。我负责撰写的第八章"新闻"共计九万字,时间跨度逾越百年——从清末民国初广西现代新闻传播事业的诞生直至全媒体环境下的 2013 年,内容包括报纸杂志、新闻研究和教育。通过这一章的写作,我基本厘清了广西百年来新闻传播事业的发展脉络,基本形成了对此问题的思路框架和史识观点。此前的 2015 年,我已获得中共广西区党委宣传部的立项支持开展"广西新闻史"的研究。因此,《广西现代文化史》的工作一结束,我便以"新闻"一章为基础,开始了《广西新闻传播事业史》的研究与写作。然而,我之前撰写的"新闻"内容并不包括图书出版和广播影视,幸而负责《广西现代文化史》相关内容的刘硕良先生和广西电视台副台长林杰谋先生对此有坚实的研究基础。经过多次请益和餐叙,他们二位终于答应提携后进,与我共同完成此一项目。值得一提的是,林杰谋副台长也是我在广西电视台工作十六年的"老长官"。

2016 年至 2019 年,我从广西大学辗转浙江工商大学和上海交通大学工作,在繁忙的教学科研工作之余,我见缝插针地开始了写作工作。首先,我明确了"新闻传播事业"的内涵——指的是清末民国初广西第一份大众报刊《广仁报》诞生以来至 2016 年(部分史料更新至 2018 年)间真正意义上的"有合法的机构、专门的人才、专业的手段,面向大众,具有广泛的社会影响"的新闻传播活动,在此之前的具有新闻传播雏形的种种人类传播活动不在此列。其次,我限定了地域范围——发生在"广西"这个国家高层政区范围内的新闻传播活动,以今日广西所辖范围为准,涵盖北海、钦州等原属邻省的地区。最后,我确定了整体的写作思路——按照报刊、广播影视、新媒体等大众传媒在广西出现和演进的脉络,收集考证相关史料,描述广西新闻传播事业的发展进程,并在此基础上,以媒介与社会的关系为重点,从当时的政治、经济及社会变革的大环境中解释新闻传播事业的走向,凸显新闻人物与政治事件对新闻传播事业发展的影响。在具体写作过程中,我力求在坚持马克思主义新闻观的前提下,以传播学理论为指导,解释广西新闻传播事业的发展历程,探寻其内在的演变规律及其与广西地方社会政治变迁的互动关系。

理想总是丰满的。我深知,以自身的学术功力和好逸恶劳的秉性,绝无可能达到上文所述的出书标准和要求。然而,书稿居然在跌跌撞撞中得以成书,竟至于出版,真堪称一大奇迹。我深知,造就这"奇迹"的主因,是有关部门和师生同好的全力襄助——

感谢本书的合作者刘硕良先生和林杰谋台长,没有你们,本书不可能完成;

感谢中宣部、广西壮族自治区党委宣传部和广西大学,是你们,奠定了本书写作和出版的物质基础;

感谢我的研究生易正逊、丁晓蕾、张亮华、孙锦卉、朱莉丽、黄晗、徐乐、代敏和黎鹏,你们对本书的写作亦有贡献;

感谢广西师范大学出版社允许本书使用《广西现代文化史》的部分内容;

感谢浙江工商大学出版社编辑任晓燕和沈明珠女士,你们为本书的出版做了大量细致繁复的幕后工作。

本书第一稿完成之际,正值广西壮族自治区成立六十周年。广西是生我养我的故乡,我虽浅陋,仍愿将此书化为心香一瓣,为故乡"初寿"!

是为序。

万 忆

2019 年 5 月 18 日于上海闵行

目　　录

下 篇 中华人民共和国时期

上篇 清末、民国时期

第一章　新闻传播事业的萌芽与发展

　　广西的新闻传播事业萌芽于清末民初,由此发轫,真正意义上的新闻传播事业开始发展起来。

第一节　清末大众传播的萌芽

　　清末民初,广西的现代报业推动着广西社会经济的进步。这一时期,现代出版业也发展起来,新兴的媒介——电影也开始出现在广西城乡。

一、报纸的现代化与政治化

　　从清朝末年到民国初始,是广西现代报业的发端。在这一历史转折时期,报纸在广西现代政治、经济和社会的发展上发挥了重要的作用。

　　1897年到1911年,是清朝地方政府统治广西时期。这一时期,广西早期的新闻工作者冲破封建统治的牢笼,在南宁、桂林、梧州等主要城市广泛开展办报活动。政府官报和立宪党人主办的报刊陆续出台,资产阶级的维新派和民主革命派竞相办报,商绅集股投资创办的报刊也有一定的发展。广西地方政治舞台上的各个阶级、各个政党、各个政治团体和各派政治力量,都与报业保持着密切的关系。他们或者自己办报,或者以直接、间接的方式控制报纸,力图把报纸掌握在自己的手里,为他们的政治利益服务。其他社会上的报纸,尽管有不少自我标榜"新闻中立",其实也暗含着各自的政治倾向。

(一)最早的大众报纸《广仁报》

　　光绪二十三年(1897)四月,康有为在桂林创办广西首家近代报纸《广仁报》。康有为自述创刊目的为："今之报刊专以讲明孔德，表彰实学，次及各省新闻、各国政学而善堂美举，会中事焉，即就此义创办报刊定名《广仁报》。"①该报以时论、政论为先——"论说以外患日迫、国事日弱，亟应变法维新，以图挽救"为核心思想，同时报道国内外政治、经济动态，介绍西方民主政治和教育科技等情况和知识。办报经费由广西巡抚史念祖、按察使蔡希邠拨款万金资助，其余由各方捐助，尤以广西巨绅唐景崧、岑春煊捐助为多。主笔为康有为的弟子赵建扬、曹硕武、龙应申、况任仁、龙朝辅等。《广仁报》"既报且刊"，最初每月出两期，后改为月刊，"字用木刻，纸用土纸"，线装成册，每份定价两角。戊戌变法后，康有为流亡海外，该报停刊。

图1 《广仁报》

（二）早期主要的大众报纸

这一时期，在广西新闻史上占有重要地位的报纸还有：广西巡抚部院署在桂林创办的第一家政府机关报《广西官报》，内容主要是官府文书，该报宣称，"各路电报只选择有用者，照录原文，不加议论，凡有关涉时政，臧否人物，概不登载"，仅仅是辑录成文成册而已；梧州商绅集股合办的广西首家民办报纸《梧报》；广西铁路公所在桂林创办的广西第一家产业报纸《桂报》；康有为的门生在梧州创办的君主立宪派报纸《广西新报》；同盟会广西支部在桂林出版的机关报《南报》和《南风报》；朱宪章、朱成章、严查林、严槐林在郁林（今玉林）创办的广西第一家科技专业报纸《算学报》等。

这时的广西报纸已开始采用西方现代报纸4—8版对开的样式，分为头版、二版等次序，版面较大，标题醒目。机构设置和人员分工也有了进步，设有发行人、印刷人、总编辑、总司理、总稽察、撰述、记者、校对、剪稿、坐办等职务，经营管理日趋现代化。

---

① 广西壮族自治区地方志编纂委员会：《广西通志·报业志》，广西人民出版社2000年版。

1912 年 1 月 1 日,中华民国临时政府在南京成立。3 月 12 日,具有宪法性质的《中华民国临时约法》颁布,其中规定:"人民有言论著作刊行之自由。"人民群众的言论出版自由,第一次被载入了国家根本大法。资产阶级自由新闻体制确立后,中国新闻事业出现了前所未有的繁荣景象。广西与全国一道,进入了民国初期"报界的黄金时代"。

二、从刻书坊到官书局

(一)刻书坊的历史

早在北宋时期,广西就开始出现雕版印刷的书籍,而且长时期以官刻为主导和主体,但宋版书今已无存,只从历史记载中知道广西最早的雕版书——王叔和的《脉经》十卷,刻于宋哲宗绍圣三年(1096),距今已有 900 余年。

建炎元年(1127),宋高宗迁都临安,王朝重心移到南方,辽阔的广南西路受到朝野进一步重视,开发力度加大,文化事业趋于兴盛。在静江府治桂林及柳州、容州、象州以至贺州等较僻远的地方,雕版印书活动陆续展开,柳州为纪念柳宗元而刊刻的《河东先生文集》《柳先生年谱》、容州刊刻的林勋所撰《本政书》10 卷与附录《比较》2 卷在当时以迄今日都有很高的研究价值。

明代方志刊刻数量大幅度增加。清代刻书种类和数量都超迈前朝,雕版印刷的各类志书,现存的有 106 种,存目的有 116 种。广西巡抚谢启昆聘请湖南零陵刻工雕版精印的 279 卷《广西通志》被梁启超誉为"省志楷模"。方志之外,官刻的经史子集及杂著也为数不少,《粤西金石略》(1801)、《名法指掌新例增订》(1824)、《楹联丛话》(1840)等声名远播。梁章钜组织辑选,朱琦、彭昱尧参加校阅的《三管英灵集》收 567 人的诗作 3551 首,其搜罗之广、辑选之严和刻印之精均极一时之盛。

在官署刻印图书的带动下,嗅觉敏锐的书商纷纷加入刻印行列,刊刻种类繁多,取向重在销路,从经典通俗读物到历书通书、戏文唱本、占卜星象,只要能赚钱无所不刻。宋元明三代刊本我们今日已难见踪影,清刻本则所遗丰富。从署名中可知早年桂林、全州、灌阳、柳州、梧州、贺县、玉林、容县、博白、宾州等地都有专事雕版印刷的书坊,其中桂林最为兴盛,清代书坊先后达 50 余家,出书种类不下数百。著名坊家有贺广文堂、蒋聚文堂、蒋存远堂、唐九如堂、蒋文成堂、经纶堂、蒋国文堂等。其中贺广文堂于清嘉庆十七年（1812）刻印的《毓知堂医书四种》为广西流传至今最早的一部刻书。

私家刻坊，就是今日民营书店、印刷厂的滥觞，其立身之本在市场、在读者，因此特别关注刻本的卖点和销路。当年桂林中山南路尚雅书店所出，至今仍可见到的数十种名班戏文便很符合市井百姓的喜好，开本小、售价低、销量大，这种适市应销的盛况一直持续到1956年被整顿改造才停止。

除坊刻书外，私家出资刊印的现象也逐渐多了起来。这种家刻本多出自官绅殷实之家，虽为求名，其存史价值亦未能掩。这些家刻本包括族谱家谱、乡邦文献及个人与朋友著作，其中不乏传世名著和大部头的丛书丛集。如桂林陈氏培远堂刊本《培远堂全集》即达20种，且多精粹之作。再如朱琦自刻《怡志堂诗初编》、王拯自刻《龙壁山房诗草》、寓桂诗画家李秉礼为布衣诗人朱依真付刻《九芝堂诗存》、南宁文人钟德祥为全州先哲谢良琦校刻《醉白堂文集》等，均被传为文坛佳话。

已知的广西家刻本图书，以明代嘉靖三十五年（1556）全州进士赵盈学与其族侄赵良重合刻的《瑞芝轩诗集》为最早，但初刻本未能流传下来，现仅见清代以后的覆刻本。①

清代，社团主持的刻本较为多见。广西是太平天国的策源地，清咸丰元年至二年（1851—1852），太平军在永安（今蒙山）休整及转战广西、挺进湖南途中刻印了《幼学诗》《太平礼制》及多种诏书，用以宣传教育，收到了可观的效果。各种宗教团体、慈善团体亦多有刻印。唐代始建的桂林栖霞寺，在清顺治八年（1651）浑融和尚重建后，特纂《栖霞寺志》两卷，于康熙四十三年（1704）初刻，后又多次重印。慈善团体的刻书活动，如同治十三年（1874）柳州李仁堂刻印的傅山《女科仙方》，光绪十四年（1888）桂林爱经善堂重镌并委托培文堂印刷的《时疫白喉捷要》，均曾施惠于民众。

（二）官书局的出现

光绪十三年（1887）八月起，河南士人马丕瑶先后任广西布政使和巡抚，他以"粤西素称苦瘠""非教养兼施不能挽回敝习"，而其时广西"兵燹后，人士流离，藏书悉毁，旧刊片板无存"，乃于光绪十五年（1889）九月奏请朝廷，"在省城开一书局，刊六经读本，续刊实学诸书"。当年十一月即获批准，随即择址秀峰书院西斋，创办桂垣书局（又称桂林书局）。这家集征调、

---

① 陈相因：《广西的雕版书》，出自《广西出版史志资料》第7辑，广西新闻出版局1992年编印，第1—29页。

刊印、发售于一体的广西第一家官办书局又是兼具阅读与藏书功能的图书馆,开办 17 年间,刻印图书约 30 种。除六经典籍外,还有被称为"居官宝鉴"、地方官"人手一册"的《图民录》,以及《蚕桑实济》《桂海文澜》《阳明先生集要》等书。这些书流传下来的尚有 20 余种。但书局在技术上保守,拒绝采用新式机器,限制了自身的发展,以至在印刷新潮中落伍衰败。

光绪三十二年(1906)九月,广西巡抚林绍年、布政使张鸣岐、署理提学使李翰芬等,为编辑出版中小学堂教科书和官用文书,用官款在桂林购置新式印刷机,开设广西官书局。书局下置总务、印刷、售书、官报等部,并在抚院衙署设立编辑所,由总编辑主事。全局 77 人,有省提学司派出的总办,有原已获补用知县以上职衔的图书专业人员,有管理司事、发行司事、印刷工头、捡字工头、铸字工头和摇机工 5 人,一至九等学徒共 34 人,书贾 2 人。还在梧州口岸开设商号作为官书局转运站,方便采购转运广东、上海方面的图书货物,并在物资集散较多的中心城镇南宁、柳州、郁林、平乐、庆远、太平、归顺、泗城、镇结等地设立广西官书局分局,构成伸向四面八方的发行网。

图 2 广西官书局旧址(今桂林王城贡院旁)

广西官书局设立经费最初由官府每月拨付银洋,购置费用则随用随支。光绪三十三年(1907),张鸣岐等从上海购进铸字机器和大小活字印刷机 3 套,可自铸各种铅字和英文字母、阿拉伯数字及多种花边,并能套色彩印,承印书刊及实用文书簿册等能力大大提高。机器采购后的最初两年就印刷了一套供广西初等小学堂使用的乡土教材和相应的教授法读物,以及其他政治、文教等门类图书 20 余种。至宣统元年(1909)四月,"利源取得于印刷者常占十之七八"。

为适应业务扩展的需要,宣统元年由抚院政务处拨付桂平银洋 2 万两,在桂林王城贡院右侧一块空地上,新建包括储藏、发行、工场、寓所四大区域的新书局。第二年正月初七落成。新址中又增添了设备,除承印一般文字图书外,还能印制地图及教科书中的附图,并出版了《广西教育杂志》月刊及《广西官报》《南报》等报刊,其中《广西官报》每期印数上千份。宣统三年(1911)四月六日,巡抚沈秉堃颁令统一公文格式后,新的应用文品需求不仅扩展了官书局的印制与供应规模,同时给出版机构增加了一项具有行政管理理性的职能,提高了产出效率和再生产能力。

官方开创和主导的近代出版机构至此旗开得胜,渐具规模,为广西近百年现代出版事业的发展创造了良好的开端。

三、新兴的电影媒介

电影在 20 世纪初传入广西,广西是中国最早放映电影的省份之一。

广西最早的电影放映始于光绪二十九年(1903),在北海行医的英国医生和法国驻龙州领事馆官员分别在当地放映了影片。继之,入侵广西的法军和法、英、美等国传教士也开始放映电影。当时的电影放映均为自娱性质,皆为无声电影。

清光绪三十四年(1908),英国人带着放映机和影版到北海,在驻北海领事馆及教堂内放映,宗教节日还公开放映给当地群众观看,属非营业性放映,多为风光片、纪录片和宗教宣传片等。由此,电影开始成为广西普通民众文化生活的一部分。当时广西省内尚无专业放映场所,放映地点多不固定,利用围场露天放映,私家厅堂、会馆、庙宇、旧府衙、学校也成为电影的放映场地,多数则签约租赁戏院放映。

广西的营业性放影始于民国二年(1913),广西都督陆荣廷①在龙州新

---

① 陆荣廷,中华民国旧桂系军阀领袖。壮族,广西武鸣人,曾任清政府广西提督。辛亥革命后任广西都督,建立起旧桂系对广西的统治。后任广东都督、两广巡阅使。民国十七年(1928)11月病逝于上海,享年 70 岁。

龙戏院售票放映电影。新龙戏院由当地官商合股投资，于光绪末年（1908）建成，为龙州最早的一家戏院，总建筑面积 450 平方米，可容纳观众 800 人。

　　民国六年（1917）以后，北海开始有私营影剧院放映无声电影。次年柳州庆乐戏院、后年梧州合益戏院的电影放映，开广西各地戏院兼营放映的先河。不过这时放映的影片是无声黑白片，需要有人从旁解说。

第二节　民初新闻事业的发展

　　1911 年 10 月辛亥革命爆发，1912 年 1 月中华民国成立。握有实力而又善用机巧的陆荣廷很快登上都督宝座，取得了广西的统治权，开始以他为首，后人称之为"旧桂系"当政的时期。

一、现代报业的逐步成熟

　　民国报业上承晚清。

　　1912—1925 年，是旧桂系军阀统治广西时期，也是民国广西报业的起步时期。所谓桂系，是指辛亥革命后以广西为统治基地，以广西籍军政人物为主要代表的军政集团，可分为以陆荣廷为代表的"旧桂系"，以及以李宗仁、白崇禧、黄旭初（前为黄绍竑）为代表的"新桂系"。

　　这一时期，资产阶级的政党报纸和各种政治倾向的报纸在广西各地全面发展，各派政治力量都利用报纸进行政治宣传。在五四新文化运动和中国共产党成立的推动下，各种宣传新思潮的报刊相继问世，中共党员在南宁、梧州等地开始介入报业。受第一次世界大战时期和战后中国民族资本主义经济有所发展的影响，广西的民办商业报纸开始进入黄金时期。广西报业第一次获得较快发展，前后出版了 20 多种报纸。这一时期广西的报纸在内容上开始重视记者的直接采访报道，国内外消息、通讯比重增加，政论文章出现并不断发展，副刊发生了突破性的革新——注重知识性，宗教、哲学、科学、美术各类稿件兼收并蓄；文风上提倡白话文，反对文言文，提倡使用新式标点符号，篇幅短小生动，文笔引人入胜。

　　《广西公报》于民国元年（1912）2 月在桂林创刊，是广西都督府、广西省长公署、广西民政公署、广西省政府的机关报。[①] 该报始为周刊，后改为旬

---

　　① 　广西壮族自治区地方志编纂委员会：《广西通志·报业志》，广西人民出版社 2000 年版。

刊、双旬刊(本章第三节详述)。

辛亥革命广西宣布独立后,同盟会员在桂林曾创办《独立日报》,但"数月而辍"。1912年4月,同盟会员雷沛鸿、马驹誉、蒙云程在南宁创办了《西江报》,次年停刊。《西江报》为日刊,对开铅印,雷沛鸿任总主笔,社址设在银狮巷城隍庙。同盟会员黄宏宪、周仲武、梁六度于1916年4月15日在南宁创办《岭表报》,以省议会名义出版,铅印,对开4版,日出1000份。该报倾向进步,积极宣传反帝反封建革命理论,"二次革命"失败后,连续刊登周仲武编写的《护国大事记》《护法大事记》,抨击当时的军阀混战,深受群众欢迎,因而引起统治当局的惧恨,于民国九年(1920)被迫停刊。

国民党广西支部1912年在桂林创办《民报》,主笔为李天佐、蒋道援、杨伯调、易熙吾。该报政治倾向为反对袁世凯及其北洋政府,创办不久即被查封。第二年易熙吾又在桂林主编出版了《民主报》,但只出一期又遭查封。国民党广西支部1912年8月还在南宁创办了《民风报》,由该支部长蒙经和卢汝翼等人负责,铅印,日出数百份,以宣传孙中山的三民主义思想和报道国民党活动为主。民国二年(1913),"二次革命"失败,袁世凯解散国民党,该报被查封停办。

易熙吾(1887—1968),笔名秋声,灵川(今桂林灵川)人,广西本土较早的代表性报人。清末毕业于北京高等实业学堂电机系,1913年在桂林创办《民报》。1915年后曾任绥渌县(今属扶绥)知事,广西省长秘书,钟山县知事,山西省沁源县、霍县知事。1945年主持桂林通志馆馆务,主编《桂林年鉴》。1948年起任广西大学教授,讲授文字学。中华人民共和国成立后为全国政协委员,长期从事文字改革方案的制定与宣传推广工作。

这一时期的政党报纸还有共和党梧州地方组织创办的《良知报》。这些报纸大多有公款支持,旨在为各自所属的政治集团利益服务,不计盈亏,不注意经营管理。有些商业报纸比较重视经营管理,但受到当时广西战乱频仍、经济衰敝的影响,经营效果并不理想。

二次革命失败后,袁世凯为了实现独裁统治,对国民党系统的报刊和其他反袁报刊进行了大扫荡。据统计,到1913年底,全国继续出版的报纸只剩下139家,比1912年初的500家少了2/3强。同时有大批报人受迫害,新闻记者中至少24人被杀,60人被捕入狱。这段历史,在中国近代新闻史上被称为"癸丑报灾"。以陆荣廷为首的旧桂系军阀秉承北洋政府的旨意,对新闻出版事业进行迫害,广西的办报活动陷入低潮,同盟会员办的报纸大多被迫停刊。所幸,随着"共和再造",整个广西报业与全国一样,得以较快恢复发展。

"共和再造"中值得一提的有《南宁民国日报》。《民国日报》是辛亥革命之后资产阶级革命派在上海创立的一份大报,1916 年 1 月 22 日创刊,先后成为中华革命党和中国国民党中央的机关报。由于该报影响较大,其后,在全国范围内众多省份出现了以当地城市冠名的《民国日报》。1921 年 8 月,马君武任广西省长,以省长公署名义创办《南宁民国日报》。该报一开始就高举革命大旗,介绍革命理论,宣传孙中山的革命主张,是一份具有进步色彩的地方报纸。1922 年 5 月,《南宁民国日报》因遭到北洋军阀背景的反动分子阻挠而被迫停办。

二、出版业的现代化转型

(一)图书出版渐成气候

这时期广西内外环境和社会政治、经济、文化的变革给出版业的发展开辟了新的空间,提供了新的动力。

一是几千年封建统治的崩溃、历次帝制复辟逆流的破灭和共和制度的确立令国人获得了前所未有的思想大解放,民族民主意识觉醒,奋力图强的自信心提升。特别是新文化运动的兴起和随之而来的马克思主义的传播给出版培植了崭新的土壤,催生着出版的蜕变与新生。最直接的表现便是北京、上海等引领潮流地区的进步出版物通过各种渠道,涌入偏僻的广西,点燃起革故鼎新的星星之火。当时风行的《新青年》等书刊在广西许多进步学生中流传,广西学生在京创办的《桂光》半月刊,每期印刷 2000 份,主要寄回广西各城市和一些县城的分销处发行。五四运动中北京涌现的学生刊物直接带动了梧州、桂林、南宁等学联与广西学联的一系列刊物的诞生,如梧州学联的《救国旬报》,桂林学联的《周报》《三月刊》《人种》,广西学联的《救国晨报》,南宁学联的《爱国报》,玉林学联的《五月花》,贵县学联的《晨报》,容县学联的《绣江》,蒙山县立高小的《学校周报》,似雨后春笋般涌现出来,"或介绍学潮,或砥砺学习,或鼓吹爱国,或攻击时弊"。

二是一批新知识分子成长为社会精英、国运中坚,为出版注入了强大的活力,并直接引领和主宰着出版发展的方向。清末民初多家学说蜂起,人才辈出,广西亦不后于人。20 世纪前二十年,已有一批优秀的新知识分子登上思想文化舞台。广西第一个留学生马君武,此时正值而立之年,广泛活跃于政治、教育与文化领域,成为各方注目的风云人物。秀才出身,留学美国,参加过黄花岗起义的雷沛鸿,1912 年已任中学校长和南宁第一张地方报纸《西江潮》总主笔。1893 年生于北京的梁漱溟,17 岁从顺天中学毕业后任天津同盟会机关报《民国报》编辑兼记者,24 岁以《究元决疑论》连载于《东方杂志》,得蔡元培赏识,应聘为北京大学讲席,开启了他思想家的灿烂一生。在学生时代即投身革命而英勇献身的广西英烈和新知识分子代表如黄日葵、韦杰三、谭寿林、朱锡昂、韦拔群、高孤雁……无一不在出版和文化土壤上撒下宝贵的种子,也无一不以出版为人生与事业的利器和舞台。

三是广西内部环境有胜于往昔。陆荣廷上台伊始即经临时议院组织十多位法律界人士起草《广西临时约法》,并获得通过施行。《临时约法》参考宋教仁起草的《鄂州临时约法》,规定人民享有居住、迁徙、言论出版、集会结社等 15 项权利,还制定了《广西官制大纲》《广西地方官暂行章程》及具体的十条诫禁。这些法令规范虽未能全部付诸实施,但也起到了移风整纪的作用。加之政府花大力气平定匪患、整顿治安和发展交通、实业、教育、文化等事业,给社会带来了一定的安宁和发展景象,对出版业的兴起无疑是极大的利好和支撑。

民国初期,特别是前六七年,广西出版调整布局,开始取得新的发展。1912 年陆荣廷为首的军政府派人接管广西官书局,将其改为主营印刷的铸书局,而将编辑出书任务主要集中于各司处和道府。民国初期,广西教育司先后出版了它所编订的《宣讲书》和《读书统一进行会程序》及筹办社会教育的有关文件。广西议会出版了多份会议报告。广西高等巡警学堂、陆军速成学校和广西第一监狱分别出版的《警察学讲义》《兵器学教程》和《大理院解释法律类编》满足了相关教学和执法的需要。广西省立国语研究所出版的《国语发音学讲义》和《国音沿革》,漓江观摩使署出版的《课文植牧讲义》将专门性研究与普及引向了深入。各县县志和议会文件的出版在文献积累上做出了基础性的贡献。

早期的出版,编辑、印制、发行尚未严密划分,特别是小型企业或较小规模的出版物的生产,常常会几个环节合在一起,而以发行环节的机构居多,发行亦即市场引领出版的倾向表现明显。当时编印与发行大部分由政府系统控制、垄断,民营机构影响较大的首推全国性著名企业商务印书馆、中华书局和世界书局派驻广西的分支机构。

民国初期,我国最大的全方位出版机构商务印书馆已敏锐地看到西南边陲——广西地区的图书市场潜力,率先于民国三年(1914)4 月 25 日在桂林设立了分馆。第二年分馆迁梧州。民国七年(1918),梧州分馆在平乐设代销处。抗战时期梧州分馆毁于敌机轰炸,迁回桂林,而在梧州设办事处。

以后分支机构继续延伸到柳州、南宁。高峰时,4 市从业人员 40 余人,年销售额 30 万银圆。"商务"主要经营本版大中小学教科书、参考书和权威工具书——《辞源》等基本的教育图书、学术图书与工具书。五种版式的《辞源》和丰富多彩的《万有文库》在当时中学及每家图书馆都有购藏,丁戊版《辞源》更为学人和研究人员所必备。长期坚持的精品发展战略使"商务"在广西深深地扎下了根,直到中华人民共和国成立才结束它在广西设点直销的历史。

中华书局进入广西比"商务"晚 10 年,但业务发展很快,它抓住旧桂系败溃、新桂系兴起,广西迎来新的发展局面的良机,于民国十四年(1925)开始在梧州设立支局。广西省会由南宁迁桂林以后又先后在桂林和柳州开设支局、分局,南宁支局及崇左、田阳代销处的设立则在抗战胜利后的民国三十六年(1947)、三十八年(1949),亦即国民党统治走向崩溃,人民革命力量即将胜利的关键时刻。在时势更替之际,中华书局再次寄望于新的机会、新的天地。不论何时,中华书局在广西均以发行本版教科书、工具书为主,其看家重器——《辞海》《四部备要》《古今图书集成》,销量相当可观。中华书局广西机构的从业人员 50 人左右,年销售约 20 万银圆。

世界书局进入广西晚于商务印书馆,早于中华书局。民国七年(1918)在桂林成立分销处,后改分局,并在梧州设立分局。两地从业人员 20 余人,年营业额 10 万银圆。主要营销自成特色的本版教科书和《新词典》《英汉四用辞典》《ABC 丛书》,并发行《世界》《农村》《交通》等月刊和《环球画报》。其在广西的分支机构运营到 1949 年中华人民共和国成立才结束。

全国性出版企业的步步进入在哺育学子、嘉惠士林的同时,刺激并助推广西本土出版业的成长和新的出版秩序的建立。一些地方书店为图利而侵权盗版,"百出其伎",1913 年 10 月商务印书馆根据 1912 年北洋政府重申各省均应遵行的"著作权律",起诉南宁、桂林的几家书店,引起业界关注,维护了出版的合法权益。

民国初期广西本土出版的发展同外资关系密切。当时颇具名气的梧州宣道书局就是由美国基督教宣道会华南总部于宣统二年(1910)前独资创立的。这家书局由传教士、加籍英国人瞿辅民主持,他用其父赠予的部分遗产投资出版业,设置印刷所,从英国购入机器并请英国技工前来示范操作。印刷所初在四方街租用民房,民国三年(1914)搬到白鹤山建厂,扩充设备,成为有 30 多名工人并有外籍博士管理、能印彩色图片的现代企业,其规模与先进程度为广西当时之冠。出版物以面向全国以迄海外的《圣经报》《宣道消息》等传教图书为主,特聘 15 名销售员挑担深入各地售

书,馆内也有供阅读和买书的场所,年出售书刊约 8 万册。民国三十一年
(1942)毁于大火。

另一家与宣道书局类似的玫瑰印书局附设于南宁天主教会的拉丁书
院下,于光绪三十三年(1907)创办,先后由贵县、玉林籍神父和教友经营。
除出版宗教书籍外,还印刷过《隆安县志》《河池县志》《陈勇公事略》及法律
法令与国语研究图书,印品相当精美。民国十四年(1925)歇业。

据资料记载,在民国初期,旧桂系当政的十多年里,广西出版、印刷、发
行机构还有桂林的南方出版社、桂林图书公司,南宁的华通书局、达时印务
局、进步书局编辑所,玉林的新文化公司、德昌印书馆,陆川的宾兴馆,桂平
的仁荫堂,容县的同仁分社,等等。依不完全统计,1911 年前,广西有书店
16 家,分布于 9 个市县。1912—1915 年,书店总数增至 64 家,是清末的 4
倍,分布面也扩展至 23 个市县。少数民族聚居的忻城、上思、龙州、田东、
百色等地都建起了书店。印刷厂也有一定的发展。由广西官书局相继改
建的广西印刷所、广西公用印刷局和不少民营印务机构在竞争中谋取各自
的生存之道。

值得注意的是,有长远传统的公私并举、新旧共存的出版格局仍在延
续,新式企业的出现并不能占尽风光,在相当长的一段时期,传统出版形式
还闪现出古老的美丽光辉。桂林蒋国文堂在民国三年(1914)刻印了《燕雪
轩诗草》,民国四年(1915)刻印了《永福县志》,民国六年(1917)刻印了一系
列学《易》书籍。其他如况周颐民国四年(1915)刊本的《餐樱词》,乃至 20
世纪二三十年代北流陈柱十万卷楼的《粤西词四种》等大部头印本都有力
地显示了传统印刷的魅力。

旧桂系时期的出版就这样在新老杂陈、交互包容的发展中进入了一个
新的阶段。这个阶段的成果更多地意味着尝试和酝酿,更多地处于积聚和
待发状态,大气象的生成和呈现有待于新桂系的"模范省"建设和抗战中以
出版繁荣为鲜明标志的桂林文化城胜景奇观的到来。

(二)期刊逐渐定型

杂志是一种定期发行的阅读材料的集合,因为定期间隔的特点,人们
也称其为期刊。广西的现代期刊始见于晚清,当时与报纸界限不明。进入
民国,期刊形式上逐渐定型,内容也日渐丰富,各种新闻杂志和专业期刊都
有了很大发展。从 1912 年中华民国建立到 1949 年中华人民共和国成立之
前,广西的军政大权先后掌握在旧桂系军阀和新桂系军阀手中。在这 38
年间,时局多变,战争频繁,社会各派力量和团体纷纷创办期刊,表达政治

意向、宣传政绩或传播思想文化及社会信息。抗战爆发前，广西的期刊以国民党和各级政府机关创办的为主，民营期刊有一定发展。抗日战争时期，由于桂林文化城的兴盛，广西的各种期刊得到长足发展，达到鼎盛。民国三十三年(1944)广西沦陷后，期刊发展受挫。抗战胜利之初，期刊数量有所恢复。解放战争时期，广西期刊数量锐减，出版陷入低潮。

民国时期广西出版发行的期刊达 800 多种(包括广西籍人士在外地出版的期刊)，经历了四个发展阶段。

第一阶段为民国成立至 1924 年旧桂系覆灭，共出版期刊 21 种。[①] 这个时期广西的杂志处于初创阶段，"精英"特色突出，传者与受者都为达官显贵和知识分子，主要的作用是政令的宣达和思想的启蒙。

辛亥革命后，以陆荣廷为首的旧桂系军阀把持了广西军政大权，因政局动荡，无力也无暇发展文化事业，期刊出版无甚起色。1912 年，广西都督府在南宁创办《广西公报》，标明"本报为官厅所设立，专以宣布中央、本省法令及发表各地政事，俾全省人民知所遵守为宗旨"。1913 年，广西省行政公署教育司在桂林创办《广西教育》杂志。南宁、梧州等地的一批知识青年以及在外省的广西籍人士创办刊物宣传民主科学、马列主义，介绍西方的新思想、新文化，抨击封建保守的旧文化思想，例如广西在京学生创办的《桂光》半月刊、《广西留穗学报》、《群言》、《西江潮》等。此外，基督教传教者利用期刊作为传教工具，在梧州出版了《圣经报》《宣道报》《建道学生布道报》等宗教刊物，社会影响颇大。

《广西公报》的内容主要是政令的宣达和政策的宣布。如，中央和省关于官职的任免；中央关于废除清皇朝公文程式旧规并拟定新公文程式的政令；中央有关选派学生留学办法的政策等。正如《广西公报》的通告中所说："公报为公布法律命令之机关，东西各国莫不有之。兹经本都督谕饬，印刷所编辑刊行《广西公报》一种，此后关于中央及本省之法律法令与一切要政，按期登载，除将公布条例登载该报一律照办外，凡各官厅、营队、关卡及地方自治机关，均有购阅该报之义务，仰各一体遵照。"[②]

《桂光》半月刊，1923 年 7 月由北京大学广西籍学生创办，以呼吁救国和改造社会为宗旨，抨击广西的腐败政局，公开介绍马克思主义的基本观点和无产阶级革命的主张。《桂光》每期印行约 2000 份，主要寄回广西各地发行，深得读者尤其是青年学生的欢迎。主编黄日葵，桂平人，1920 年 3 月与李大钊、邓中夏等发起成立了北京大学马克思主义学说研究会，积极

①②　广西壮族自治区地方志编纂委员会：《广西通志·报业志》，广西人民出版社 2000 年版。

研究和学习马列主义,并于1921年上半年由李大钊介绍加入了中国共产党,成为最早的广西籍共产党员。

民国时期是中国社会的大变革时代,反映在思想文化上则是启蒙与救亡两大主题。民国初期,一批激进的资产阶级知识分子接受了西方科学与民主的思想学说,开展了一场气势磅礴的新文化运动,广西的新式知识分子也以期刊为阵地,广泛宣传先进的革命理论,批判封建主义思想,进行资产阶级民主思想启蒙。如《广西教育旬刊》以宣传三民主义、介绍西方教育和培养本省人才为宗旨;《妇女之光》以发动和宣传妇女运动为主要内容,宣传男女平等、婚姻自由,反对封建包办婚姻,务求废除娼妓、纳妾、养婢等陋习。

第二章 新闻传播事业的日渐成熟

新桂系执掌广西以后,注重运用报纸开展自我宣传,中共背景的报纸也开始在广西出现。这一时期,广西的广播媒体开始发端,电影的娱乐化与政治化日益显现,出版业逐步走向成熟,新闻教育在革命风暴中蹒跚起步。

第一节 新桂系治下报业的发展

1925 年,李宗仁等统一广西,将其置于国共合作的广州革命政权领导之下。此后,以李宗仁、黄绍竑(后为黄旭初)、白崇禧为代表的桂系势力控制了广西全境,其势力又被史学界称为"新桂系",以区别于陆荣廷的"旧桂系"。新桂系领袖旋即成立"广西省民政公署",作为全省的最高行政机关,并推举黄绍竑出任民政公署民政长。

一、新桂系的报纸宣传

1925 年 9 月 5 日,黄绍竑在南宁通电宣布就职。民政公署内设政务会议,下设内务、财政、教育、建设四厅。广西省政机构的建立,标志着李、黄、白为核心的新桂系正式取代了旧桂系,开始了他们在广西长达 20 多年的统治。新桂系提出"三自""三寓"政策,开办广西大学,招揽人才,使广西的政治、经济、科技、工业、教育、文化、卫生、交通、航运等各方面事业得到了长足发展。

1925 年至 1949 年,是国民党新桂系主政广西时期,其间历经 14 年抗战。这 24 年间,是民国时期广西报业从繁荣一时到走向衰落的时期。

民国十四年(1925),国民党新桂系统一广西后,官办、商办、民办报纸达30余种,多数集中在经济、文化较发达的南宁、桂林、梧州、柳州等城市。
国民党新桂系十分注意利用报纸为自己的内外政策做宣传,不仅省、市党
部办报,政府各部门办报,连军队各系统也办报。新桂系先后在广西当时
的主要城市南宁、柳州、桂林、梧州、郁林(今玉林)、百色、镇南(今龙州)主
办了7个版的《民国日报》,宣传新桂系政见和建设广西的成就。为了控制
舆论,民国二十一年(1932)10月,国民党广西省党务整理委员会召开全省
《民国日报》联席会议,统一布置反共宣传的任务和指导改进报社经营管
理。广西由此形成了民国时期粗具规模的报业系统。

图4 1932年10月,广西全省《民国日报》联席会议与会者合影

　　辛亥革命后,广西省府由桂林南迁南宁。明、清两代广西省会设在桂
林。到清末,边防形势严峻,桂东南经济发展,交通方便,桂林相形偏远。
粤督岑春煊、广西巡抚林绍年及广西咨议局曾提出迁省会到南宁,因桂林
京官反对,被清廷否决。中华民国元年(1912)广西临时议会成立,大多数
议员提出迁省会于南宁,桂北议员坚决反对。迁省派议员集中到南宁成立
广西省议会,陆荣廷暗中支持;桂北议员也在桂林成立广西省议会,有袁世
凯庇护。两个议会争合法、争群众。桂林成立"国民公会",以迁省为罪;桂
林以外14府的人民团体电说"省邕则纳税,省桂则不纳"。北京政府责成
陆荣廷解决,陆提出"省会迁邕,六司留桂"的折中方案,哄闹半年的迁省风

潮暂时平息。翌年,六司也迁来南宁。

1921年8月,在时任省长马君武的支持下,广西省政府创办《南宁民国日报》,次年5月,遭反动分子阻挠停办。新桂系主政广西后,1925年9月,《南宁民国日报》重新出版,作为国民党广西省党部和省政府的机关报。首任社长是时任广西省主席的黄绍竑,总编辑黄华表,主笔陈勉恕。社址初在当阳街,后迁共和路。计有国际新闻、国内新闻、本省新闻、文艺副刊、广告等版面。内容主要宣传新桂系的"三自""三寓"①政策,抗日战争期间宣传抗日救亡。该报编辑部、经理部、营业部、印刷工厂等机构、设备一应俱全,资金雄厚,日出对开4版,内容丰富,销量较大,在当时省内无一家报纸可与之匹敌。1936年10月,省府回迁桂林后,《南宁民国日报》奉令将大部分人员、机器北迁桂林,留守南宁的部分人员继续出版《南宁民国日报》。日寇侵桂后,于1938年迁往田东出版,1940年10月迁回南宁,至1946年4月奉命并入《广西日报》南宁版。②

二、新闻通讯社的出现

报业的发展需要一系列的支持服务来帮助开展运营,通讯社是提供新闻信息服务的主要机构。在新闻采集的范围和种类扩大以后,单一的报社已无法独立完成新闻采编的工作,专门提供新闻服务的通讯社便诞生了。

1925年,《梧州民国日报》编辑何剑耘在梧州创办了广西第一家新闻通讯社——新广西社。

民国十九年(1930)和民国二十三年(1934),新桂系在省会南宁还分别设立了广西通讯社和民众通讯社。其中,广西通讯社由国民党广西党务整理委员会主办,设社长、撰述、编辑主任、新闻主任、总务主任、编辑和总务等职。广西通讯社其实是新桂系的外宣机构,主要目的是向国内外各新闻机构供稿,以宣扬"广西模范省"的建设成绩。

政治上,主要宣传新桂系所谓"建设广西,复兴中国"的主张,"三自""三寓"政策,从省以至乡村推行政、军、学的"三位一体"制等。

军事上,主要宣传新桂系加强正规军和民团建设,实行所谓"全省皆兵"。

---

① "三自""三寓"政策:新桂系为巩固其在广西的统治,1932年制定了"三自""三寓"政策。"三自",即自卫、自治、自给;"三寓",即寓兵于团、寓将于学、寓征于募。

② 广西壮族自治区地方志编纂委员会:《广西通志·报业志》,广西人民出版社2000年版。

经济上,主要宣传新桂系治下的广西在农业、工业、矿业和交通等方面取得的较大发展。

文教事业上,主要宣传雷沛鸿①从广西的实际出发,推行以"救亡""救贫""救愚"为目的的各种类型的国民教育。

通讯社通过对这些在广西史上前所未有的成就的宣传,使广西在国内外获得了中国"模范省"的美名,为新桂系投入 20 世纪 30 年代后期全面开始的抗日战争,在组织上和人力、物力上奠定了基础,做出了贡献,受到当时国内外舆论的好评。

第二节　中共办报的开始

这一时期,诞生不久的中国共产党也开始正式登上了广西新闻传播事业的舞台。

一、国共合作办报

创刊于 1925 年 6 月 19 日的《梧州民国日报》是国民党梧州市党部机关报,也是最早的国共合作报纸。中共广西地方组织负责人龙启炎和谭寿林先后主办该报。是年,梧州《民国日报》中共支部成立,书记龙启炎,有党员 8 人。

共产党员陈勉恕也曾以国民党员的身份主办过《南宁民国日报》。陈勉恕是广西贵县(今贵港市)人。1925 年 8 月,国民党广西省党部筹备处成立,共产党员陈勉恕被聘为筹备委员。9 月,陈勉恕任国民党广西省党部筹备委员,兼任广西省立第一中学校长和南宁《三民日报》编辑主任。10 月,新桂系创办南宁《民国日报》,黄绍竑兼社长(后为黄同仇、韦永成),陈勉恕任总编辑。

"四一二"反革命政变后,国民党新桂系积极参与蒋介石的清党运动,不少中共党员、国民党左派和进步人士,包括报社负责人和编辑、记者,遭

---

① 雷沛鸿,广西南宁人,博士,中国现代教育史上杰出的教育改革家和教育思想家。早年加入中国同盟会。1911 年参加广州黄花岗起义。民国时期曾四任广西省教育厅长,创办广西普及国民基础教育研究院和西江学院,出任广西省立第一中学(今南宁二中和南宁三中的前身)的首任校长,曾任广西大学校长和广西教育科学研究所所长。

到逮捕、杀害，一些报纸被查封或改组。

二、武装割据办报

民国十八年（1929）冬和次年春，中共在广西开辟左右江革命根据地，创办了红七军机关报《右江日报》和红八军机关报《工农兵》报。

（一）《右江日报》

1929 年 11 月初，石印的《右江日报》在百色创刊，百色起义后成为红七军前委机关报。1930 年 2 月中旬因百色陷入敌手而停刊，这份全国唯一在武装起义前创办的报纸，现存 1929 年 12 月 18 日出版的第 44 期一张。

《右江日报》是我军历史上最早出版的铅印报纸，报名为军长张云逸题写，佘惠主编，刊期不定，每期 8 版，辟有新闻、通讯、评论等专栏，以刊登地方新闻为主，内容涵盖宣传革命成果，开展土地革命，扩大群众组织，保卫苏维埃政权等方面。① 在第二次国内革命战争时期根据地所创办的 43 种红军报刊中，其中只有 4 家是铅印报纸，从时间顺序来看，创办最早的当数 1929 年 12 月 11 日百色起义前夕创办的红七军机关报《右江日报》。② 1930 年 2 月，红七军撤离百色，由于遭到敌人的围剿和封锁，《右江日报》被迫停刊。

图 5　目前仅存的一张百色起义《右江日报》

《右江日报》主编佘惠，湖南慈利人，北伐战争时期加入中国共产党。

---

① 广西壮族自治区地方志编纂委员会：《广西通志·报业志》，广西人民出版社 2000 年版。
② 黄间、张之华：《中国人民军队报刊史》，解放军出版社 1986 年版。

土地革命战争时期,历任中国工农红军红七军政治部秘书处长、代理第一纵队政治部主任、红七军十九师五十五团政治委员、红七军二十师政治部主任。先后参加南昌起义、百色起义,1931年春随红七军进入湘赣边根据地,参与了中央苏区第二、第三次反"围剿"战斗。1932年在中央苏区"肃反"扩大化运动中被错杀,时年三十五岁。1945年,中共中央在延安为其平反昭雪,并追认为革命烈士。

图6　《右江日报》主编佘惠

(二)《工农兵》报

左江地区中心龙州出版的《群众报》,1929年1月30日由共产党员、左江农民运动指导委员会主任何健南创办,三日刊,四开四版,初用石印,后花2800多大洋买来机器改用铅印。1930年1月30日更名《工农兵》,成为红八军军委和左江特委机关报。总编辑涂振农(后叛变)、吴西、李耿昭等任编辑。每周2期,每期四开四版,8000字,发行5000份。1930年3月下旬停刊,现存1930年2月12日出版的第5期一张。

以1930年2月12日出版的第五期为例,其主要内容有《中国工农红军第八军目前实施政纲》《龙州工人纪念"二七"七周年大会纪要》《中国工农红军第八军政治部为法帝国主义驻龙州领事馆照会告全国民众书》等。

作为中共完全独立创办的早期报刊,《右江日报》和《工农兵》坚持在上级党委领导下开展新闻宣传工作,把办报视作党的事业的重要组成部分,以宣传马列主义和党的领导路线、方针政策,指导革命斗争为基本任务,面向广大工农群众,积极扩大社会影响。文风上,继承和发扬"五四"革命精神,倡导白话文写作。

中共独立创办的其他报纸有龙州出版的《红旗周报》,红七军21师陈洪涛创办的《红旗报》,存在时间都很短。

第三节　广播媒体的发端

广播是诞生于20世纪20年代初的传播媒介和文化形态。在广播出现以前,新闻传媒的主流是诉诸文字的印刷媒体,也就是报纸和书刊。新桂系将诉诸声音的新媒体——广播引进广西,这是广西新闻传播业的一次革命。

一、南宁广播电台开播

广西于1932年开始筹建第一座广播电台,距世界第一座广播电台——美国匹茨堡广播电台正式播出仅有12年,距中国人创办的第一座广播电台——哈尔滨无线电广播电台只有6年。

广西第一座广播电台是由国民革命军第四集团军总司令部筹建的南宁广播电台,也称广西广播电台,于1934年1月1日建成正式播音,呼号为:XGOE。最初播音时间是每周星期一至星期六的中午11点到12点10分和18点到22点,星期天不播音。

广播的内容主要有新闻、专题、文艺和大众服务四大类节目。其中新闻节目主要有《新闻》《简明新闻》《通令通告》等。专题节目主要是邀请专门机关的人员到电台播讲常识节目、演讲节目。所谓常识节目的内容主要包括"警政""法制""家政""公民"以及"商业""卫生""农业""科学"等。所谓演讲节目则有国民党的"党义""政治""军事"等。文艺节目主要是音乐和戏剧。服务节目则有"气象""标准时间""本埠行情牌价"和"节目预告"。至于播音所使用的语言则有国语、官话(桂林话)和白话(粤语)三种。1935年3月2日的南宁《民国日报》曾登载南宁广播电台播音节目表——该台全日播音2次310分钟,其中新闻节目时间115分钟(包括国语、白话新闻),约占37.1%;专题节目时间80分钟,约占25.8%;音乐95分钟,约占30.6%;其他(气象预告、货币价格、预告节目)20分钟,约占6.5%。

南宁广播电台于1935年10月20日停播。1936年7月1日在广西各界抗日救国联合会呼吁下恢复播音。当年底,南宁广播电台因随广西省政府迁往桂林而终结。广西第一座广播电台存在的时间不长,规模很小。发射功率只有一千瓦,员工最多时只有5人,台长由当时广西无线电管理局局长周承镐兼任。周承镐是广西桂林人,广东无线电专门学校毕业,先后任桂林电报局局长、桂林电话局主任、广西无线电管理局局长。

二、开发广播的教育功能

新兴的广播媒体还被用于普及国民教育。

1935 年 10 月 10 日,广西普及国民基础教育研究院为辅导实验中心区各基础学校,设立无线广播电台,开始试播,呼号 XNFE,频率 1500 千周(千赫),波长 200 米。

11 月 1 日,广西普及国民基础教育研究院无线广播电台正式播音。

广西普及国民基础教育研究院无线广播电台宣传教育家雷沛鸿(时任广西省教育厅厅长)提出的国民基础教育思想及其内容,每天 11∶30—12∶30 和 18∶00—19∶30 播音两次,全天播音 150 分钟。其中新闻节目 15 分钟,占 10%,用国语和粤语播出;教育节目 40 分钟,占 26.7%;文艺节目 84 分钟,占 56%;其他节目 11 分钟,占 7.3%。设置的节目有《简明新闻》《国民基础教育》《卫生常识》《气象及商情》《报告气象及未来天气》《预告节目》《音乐》《粤剧》《中西音乐》等。

民国二十五年(1936)9 月,广西省政府命令撤销广西普及国民基础教育研究院,该台随即停办。

第四节　电影的商业化与政治化

电影商业化与政治化的基础,是电影真正成为一种大众传播媒介。广西专业的电影院出现在 20 世纪 20 年代初,其后,随市场和时局时有兴办和倒闭。据本书统计,到全面抗日战争前,累计出现过影院、兼营戏院及放映点至少有 34 处。

一、电影媒介的传播基础

商业利润把精明的电影发行放映商吸引到广西。

北海(时属广东)是广西最早建立电影院的城市。1917 年以后,北海市开始有营业性质的影剧院。1928 年北海建立首家专业放映场所——世界影画院,成为广西第一家专业电影放映场所。之后,北海相继有靖海戏院、明园电影院、明珠电影院、中山戏院、同乐戏院、娱乐戏院、国光电影院、永光电影院经营放映业务。20 世纪 30 年代中期,北海开始放映有声电影。抗日战争期间,因受战事影响,发电厂停电,电影院停止经营。

1936 年全面抗战前夕,广西省会由南宁迁至桂林。战前的桂林电影业也得到了长足的发展,电影院如雨后春笋般建立。当时桂林的电影院多属于私人开办性质,由私人集资建立管理,电影放映场所多为砖木结构,规模不等,设施、安全和卫生还未纳入政府统一管理。

1936 年之前,南宁是民国广西省的省会。1932 年,南宁首建中华大戏院,放映无声影片。1933 年 6 月,中华大戏院引进有声电影设备。南宁电影业在战前较为兴旺,电影院都是私人经营,出现过中华、大南、西南 3 家电影院,并在西关、新世界戏院开设放映业务。

梧州是广西的商埠。1919 年,梧州合益戏院开始放映无声电影。之后又出现中山、南强、永安、南华等以放映电影为主的戏院。1934 年 5 月,有声电影传入梧州,梧州永乐电影院首次上映美国有声片《南极探险记》。1937 年 5 月,梧州大南戏院首次放映美国彩色影片《星海浮沉录》。

20 世纪 30 年代初,桂中重镇柳州也出现了第一家电影院——红星电影院。红星电影院旧址为平靖王(李文茂)府,成为电影院之前为祠堂戏台和金门戏(粤剧)院。

二、商业电影《碎琴楼》与《瑶山艳史》

(一)鸳鸯蝴蝶《碎琴楼》

与发行放映相比,广西电影的制作生产要晚一些。在广西人独立制作生产电影之前,以改编广西文人作家创作的小说或以广西少数民族生活为题材的电影就已经出现。1930 年,清末民初小说家、诗人何诹创作的长篇小说《碎琴楼》,就被上海联华电影公司改编成同名电影。这是第一部被改编成电影的广西文人作品。

图 7　电影《碎琴楼》剧照

　　何诹是广西兴业县人,父亲何博文(号约斋)很有才学,有《梁燕语文集》传世。何诹秉承家传,学有所成。1905 年考中举人,1909 年考取乙酉拔贡,1910 年考入广西师范学堂,1913 年被聘任为广西郁林速成师范第一任校长。不久何诹又考入广西法政学堂,毕业后于 1915 年参加北京第四期全国知县考试,名列第一。当年,何诹被分配到广西高等审判厅任法曹(推事),后因得罪上司,被迫休职。1920 年,广西军阀陆荣廷多次慕名聘其为参谋,但他婉言谢绝。此后,他居住在香港,闭门谢客,潜心文学创作。小说《碎琴楼》是其创作成果之一。

　　《碎琴楼》描写的是一个爱情悲剧故事:主人公琼花同云朗真诚相爱,琼花之父李绅嫌云朗家贫,强把女儿许配给富绅之子银生。琼花不从,书寄给云朗倾吐相爱的深情,并于碎琴楼中立誓相守。后琼花迭遭贼劫,遇侠士相救,安置于竹林茅庐之中。琼花思念云朗,终于在弥留之际见到云朗。琼花去世后,云朗悲愤离去,不知所终。

　　《碎琴楼》出版后,由上海联华电影公司改编拍成电影。拍电影时将女主角"琼花"改名为"鹃红",男主角"云朗"改名为"宋连璧"。影片还强化了"赠送家传古琴以定情""打碎古琴以立誓相守"和重逢后"命名碎琴楼"等故事情节,使爱情主题更加突出。影片由当时的电影明星胡蝶主演,发行放映后誉满岭南,何诹因此享有"南方才子"的美称。

(二)《瑶山艳史》的民族风情

　　1933 年在上海公映的《瑶山艳史》是取材于广西少数民族生活的早期

电影。有人认为它是中国第一部少数民族题材电影,也有人认为它是第三部。这部电影由著名文人刘呐鸥投资拍摄,刘呐鸥和黄漪磋编剧,杨小仲导演,著名影星许曼丽、叶青青等主演。

上海艺联影业公司剧组于 1932 年赴广西拍外景,当时的广西省政府指派瑶山"驸马"黄云焕做向导,深入瑶族人民居住的山区实地拍摄。据当年出版的《现代电影》杂志介绍:此片是根据瑶山"驸马"黄云焕生平事迹编成,旨在鼓励殖边工作,是值得全国电影界观摩借鉴的一部作品。《申报》报道称此片"鼓吹大同,提倡开化。汉瑶佳话,编成艳史。云山烟雾,尽入镜头"。摄制组的领队黄漪磋还以"瑶山摄影记"为题,从 1933 年 9 月 1 日至 6 日在《申报》上连续发文,详细介绍外景队在广西实地拍摄的情况,为影片造势。

1933 年 8 月 5 日,《瑶山艳史》在上海大光明影戏院举行试映,沪上名流如叶恭焯、梅兰芳、邓家彦及马君武、褚民谊、黄秋岳等前来捧场;电影界、新闻界、影院界有三四百人出席。凌鹤、黄嘉谟、鲁迅、刘呐鸥等文化界名人纷纷为之撰写影评。鲁迅曾批评《瑶山艳史》等国产电影内容无聊、手法落后[①],该文后来被收进他自己的杂文集《准风月谈》。

此外,艺联影业公司外景队在为故事片《瑶山艳史》摄取外景的同时,还摄制了《桂游半月》《新广西》等纪录片,介绍广西的名胜、文物、矿区、林垦以及国防军备建设等情况,全体演员也都参加了拍摄。

这些影片的放映,在娱乐大众的同时,也促进了广西与内地的文化交流。

三、《七千俘虏》的政治欺骗

1934 年,新桂系统治时期的第四集团军总政训处在南宁建立电影队,这是广西最早的电影制作机构。电影队设备齐全,从前期拍摄到后期制作均能够独立完成。电影队最初经常拍摄一些反映军政要人的活动、演讲以及劳军、士兵训练和经济建设等内容的纪录片。这类纪录片现在已为人知的至少有六部,主要是为新桂系做政治军事上的宣传。

1934 年底,红军长征经过广西,新桂系在桂北部署重兵阻挠红军进入广西。与红军交火后不久,新桂系即声称虏获红军七千俘虏,为了宣扬其"辉煌"战果,新桂系头目责令电影队拍摄电影《七千俘虏》。

---

① 鲁迅:《电影的教训》,载《准风月谈》,人民文学出版社 2006 年版。

这是一部反共的电影，也是历史上广西独立制作的第一部电影故事片。影片由总政训处处长潘宜之主持拍摄，宣传科科长李文钊负责编剧；剧本经李宗仁、白崇禧审定，电影队队长黄学礼担任摄影师，导演则是聘请上海影人王天壮担任。影片的故事大抵是：某高中有两个男生同时爱上一个女生，其中一个男生贪生怕死，追求享乐而被女生拒绝，另一个男生则参军赴桂北同红军作战，负伤后得到当看护的女生悉心照顾，两人成功恋爱结婚，生活美满幸福。影片通过男主角的口述回忆，把桂系军阀"俘获红军""优待俘虏""遣俘还家"的过程串联表现出来。影片的第一场戏谈情说爱，在当时南宁公园的"曲栏凭眺"和"湖心荡桨"等景点取景，参军入伍等场面则在桂林拍摄，"遣俘"在梧州拍摄。影片前期拍摄结束后返回南宁政训处电影队进行冲洗、剪接、拷贝，到 1935 年夏、秋之间完成制作后发行放映。

《七千俘虏》是新桂系头目伪造历史来欺骗人民的一部反共宣传的电影，影片中还出现了白崇禧在前线给士兵训话和政工人员把"俘虏"集中在兴安县中学操场训话的情景。据当事人李文钊等人后来的揭发，影片中的所谓"七千俘虏"，其实只有为数不多的，因老、弱、病、残而掉队的红军人员，而大部分则是新桂系政工人员强征当地平民百姓扮演的，只不过这种扮演具有极大的欺骗性，这曾在政治上让新桂系占了不少"便宜"。

1938 年 12 月，日寇轰炸桂林，国防艺术社保存的故事片《七千俘虏》以及电影队拍摄的各种新闻纪录片均付之一炬。广西的早期电影从此失去了宝贵的影像实物资料。

第五节　出版业的逐渐成熟

1925 年秋，新桂系击败境内敌对势力，统一广西。新桂系站住脚跟后，于 20 世纪 30 年代初在"建设广西，复兴中国"的口号下，推行新政，延揽人才，一时间，造就包括出版业在内的欣欣向荣的"模范省"形象。

一、图书出版的"模范省"

为发展广西文化教育事业，当局特邀专家设计规划，制订一系列法规政策，并加大投入力度。全省文化教育经费逐年增加，一般占当年总支出 10% 左右。倚借人才和财政的支持，文教事业获得较快的发展。但 20 世纪20年代末至30年代前期的广西出版所可观者仍集中表现在政府部门的介入。广西省教育厅于1928年成立编译机构,编辑和审定了58种含补充教材在内的学校教科书,并出版法令章则5种,统计报告29种,还有《教育概论》《教育病理学》《劳动阶级教育论》《广西留学史》《国民基础教育实施法》等专著7种。广西省建设厅出版了一套涵盖较广的广西农业科技读物和会计丛书、会计丛刊、合作丛刊、合作问答等实用性图书。广西省政府统计局自1934年起出版《广西年鉴》三回,印数逾千,还有《广西志书概况》《广西省述作目录》《广西统计数字提要》等16种。其他如省民政厅、工商局、矿产局、农林局等政府机构均有从本部门出发的有关专业性、基础性图书出版。

1925年8月,龙启炎任梧州党支部书记时,还担任着梧州《民国日报》总编辑。1926年1月,编辑出版过《桂光》半月刊的谭寿林,调任梧州地委书记期间,也在梧州《民国日报》任职,并编辑出版《火线》月刊。同一年,共产党员陈勉恕受派到南宁筹建国民党广西省党部和后来出任该党部青年部长时,主笔南宁《民国日报》,并兴办了《广西青年》杂志。其他以出版职业为掩护进行革命工作的还有主办《革命周刊》的桂林地下党员李征风,主办《贵县青年》的地下党员陈培仁,从事妇女工作并编辑《妇女之光》和《革命妇女》杂志的共青团员李省群,担任广西学联执行委员并兼《广西学生日报》总编辑的共产党员杨剑秋,领导南宁地委工作并兼《革命之花》总编辑的罗少彦。此外,宣侠父受命来梧州进行革命活动时,也曾取得李济深的支持,于1936年9月出版《民族战线》杂志。

邓小平与张云逸、李明瑞、韦拔群、俞作豫等在建立和发展左右江革命根据地的斗争中,十分重视新闻出版工作。为着"提高文化,普及教育",革命根据地在外敌袭扰、环境恶劣的条件下仍不忘普及读物的编辑出版。红七军政治部组织编写的"工农小丛书",自1929年12月开始出版,现存第2种《打倒国民党》和第3种《土地革命》,均为64开,5000字,主题鲜明,文字活泼。《工农兵识字读本》由东兰县苏维埃政府于1930年初组织编写,现存第1、2两册,分别有40课、20课,内容简约精炼,被各地劳动小学、工农夜校和识字班用作教材,政府只收印制成本费。这些书在"实行平民教育,发展识字运动"中起过很好的作用①。

---

① 陈欣德:《左右江革命根据地的新闻出版工作》,出自《广西出版史志资料》第5辑,广西新闻出版局1992年编印,第6页。

二、期刊的社教功能

1925 年,以李宗仁、白崇禧为首的军事政治集团——新桂系登上广西历史舞台。1925 年至 1937 年全面抗日战争爆发前,广西共出版期刊 250 余种。这一时期广西的政治经济形势相对稳定,期刊开始出现"大众化"的趋势,社会教育功能成为主流。

民国十五年(1926)至民国十八年(1929),省政府机关为贯彻政府政令,创办专业期刊,登载有关法令、公报及文章以交换情况,指导工作,宣传政绩。如,省政府出版《广西公报》《新广西》旬刊;省建设厅出版《建设丛刊》《广西建设月刊》;省财政厅、财政委员会出版《广西财政月刊》《广西财政特派员公署月刊》;省民政厅出版《广西民政月刊》;省清理田亩局出版《广西清理田亩特刊》;省农工厅出版《农工统计》;省司法部门出版《广西法院公报》《少年法政月刊》;省教育厅出版《广西教育公报》《广西教育》旬刊等。各市、专区和县的党政机关也出版了一些专业期刊。[①]

进入 30 年代,新桂系重新掌握广西军政大权,提出"建设广西,复兴中国"的口号,制定《广西建设纲领》,推行自卫、自治、自给和寓兵于团、寓将于学、寓征于募的"三自""三寓"政策,在全省范围内开展政治、经济、军事和文教等方面的建设。由于期刊定时、连续出版的特点,利于指导行政、颁布法令和宣扬政绩,省政府各机关和部门为配合"建设广西"之需要,普遍设立编译机构,出版丛书,恢复或创办期刊,广西期刊业初次获得较快发展。省政府秘书处编译室出版《广西公报》(后改为《广西省政府公报》)、《新广西》;省统计局出版《广西统计月报》;省财政厅出版《广西财政委员会公报》《广西财政季刊》;省民政厅出版《广西民政季刊》;省建设厅出版《广西建设月刊》《广西建设特刊》;广西高等法院出版《广西司法旬刊》等。这些刊物基于各部门的业务范畴,其形式、内容大抵相同。如《广西财政季刊》,宗旨是"以财务行政状况公诸人民,予以参加研究及批评之机会,以期采集众长,使财政经济建立在巩固基础上",开设了法规、公牍、论译、统计报告等栏目;《广西建设月刊》,以"发表本厅及所属机构有关建设事业之状况及关于建设事业学理上之研究"为宗旨,并"从其现实以为有系统之记述,而一反向来公报只录政令陋习";《广西省训练团团刊》,主要为培养、训练广西地方行政干部服务。

---

① 廖晓云:《民国时期广西期刊概略》,载《图书馆界》2010 年第 4 期。

省政府各部门中,教育厅出版的期刊最多,有《广西教育行政月刊》《教育论坛》《教育周报》《教育旬刊》。各地教育行政刊物也不少,有《郁林教育半月刊》《岑溪教育月刊》《柳州教育月刊》《兴安行政教育二月刊》《苍梧教育会月刊》《陆川教育公报》《桂林教育行政月刊》《兴安县教育行政月刊》《博白教育汇报》《教育》《教育旬刊》等。民国二十二年(1933),广西开展普及国民基础教育运动,成立省国民基础教育研究院,出版的期刊有:《广西普及国民基础教育研究院日刊》、《广西儿童》周刊、《国民基础教育丛讯》半月刊、《国民基础教育》周刊(《南宁民国日报·副刊》),对普及国民基础教育运动有很大促进作用。

此外,新桂系在军事上推行民团制度,为便于宣传,民国二十三年(1934)10月,第四集团军和省政府团务处、民团干校编辑出版《民团周刊》,省政府规定对《周刊》视同政府公报。广西民团干部学校同学总会主办的《正路》,"阐扬三民主义理论,指导同学会会员思想,指导乡村建设",报道广西各地动态,讨论乡村基层工作的方法、经验。

这一时期,由于广西省内政治相对稳定,新桂系当局重视文化教育,期刊的出版数量比旧桂系统治时期有大幅度增长。省政府各机关和部门此时出版的期刊数量增加,平均存在的时间比过去长,质量也有很大提高。政府机关刊物一般"不以营利为目的",主要登载政府公报、法规及业务问题研究、消息等。有的期刊还具有一定行政效力,规定各有关单位、部门和有关人员必须订阅,如《广西司法旬刊》《民团周刊》等。

除了新桂系当局办的政府期刊,国民党广西省党部创办的期刊有《革命妇女》《党务通讯》《党讯》《党声周刊》《党员通讯》《南方杂志》《反日周刊》等;国民革命军第四集团军创办的期刊有《半月刊》《创进》《军事月刊》《政训旬刊》等,无一不是大力为宣传自己的阵营服务。与此同时,广西还出现了一批揭露帝国主义、宣传革命道理的进步期刊,如《火线月刊》《新动向》《南高月刊》等。同时,在"科学救国"的理念引导下,新式知识分子以启迪民智、普及科学、促进学术交流为宗旨,创办了一批学术期刊,如《广西大学周刊》《国民基础教育丛讯》等。

为了配合国民党新桂系的"广西模范省"建设,广西期刊还发表了大量理论文章,从不同行业、不同角度对广西的自然资源和社会人文进行调查与分析,探讨建设广西的问题与途径。这些研究广西政治、经济、文化、军事、民族、历史、地理的文章,具有较高的学术价值。如《广西建设月刊》发表的《对于广西农业改良问题之建议》,《广西留京学会学报》发表的《广西森林问题》,《建设汇刊》发表的《疏浚红水河滩险报告》,《复旦大学广西同学会会刊》发表的《苗瑶民族源流考》,《广西建设特刊》发表的《广西水陆交通之今昔及将来》,《新广西旬报》发表的《广西边防建设刍议》,《群言》发表的《建设新广西与改革风俗》,等等。

第六节　新闻教育的蹒跚起步

1925年底,国民党新桂系掌权后,在梧州省立第一师范内建立了广西省立宣传员养成所。广西的新闻专业教育由此起步。

一、省立宣传员养成所

1925年12月15日,新桂系在梧州举办国民党广西省立宣传员养成所,由广西省立第二中学校长杨文炤兼任所长,学员约200人。梧州的共产党和共青团组织在学员中发展了一批党员、团员。1926年3月29日,广西宣传养成所所长杨文炤曾到广州向时任国民党中央党部宣传员养成所所长毛泽东汇报广西的招生工作情况。

按照新桂系的初衷,广西省立宣传员养成所主要负责培养广西本省政策法规的宣传骨干。省第一师范教员、有"迁江才子"之称的陈干卿曾在该所向学员讲授新闻学,以求更好地为宣传工作服务。这是现代广西省内第一次在学校内公开、正规地讲授新闻学课程。

应新桂系领袖之一,国民党广西省党部执行委员黄绍竑的要求,时任国民党中宣部代部长的毛泽东亲自推荐共产党员毛简青到广西省宣传员养成所任讲师。毛简青在课堂上公开宣传孙中山的联俄、联共、扶助农工三大政策和科学社会主义原理,阐明目前的任务是反对帝国主义和封建军阀势力。在讲台之外,毛简青深入工农群众之中,了解民情,宣传革命道理。此外,还开办了平民夜校,按当地风土民情编写了夜校读本。

黄绍竑对毛简青非常器重,在他的支持下,毛简青将《南宁民国日报》变成了一个重要的革命宣传阵地。

二、广西新闻教育的先驱

毛简青,湖南平江人,毕业于东京帝国大学经济系,获经济学硕士学位。1921年冬加入中国共产党。1924年5月受党组织选派到广州黄埔军校任政治教官。

1925 年,毛简青奉调梧州,参与改组国民党梧州市党部,任国民党广西省宣传养成所教员,为广西培养了一批优秀的青年宣传干部,并参与停刊已久的《南宁民国日报》的复刊工作,重新开辟了一块指导群众进行反帝爱国斗争的舆论阵地。他还参与组建中共梧州支部,吸收一批优秀共青团员加入中国共产党。1926 年,毛简青任中共梧州地委宣传委员,并将自己的住所作为地委机关办公室,继续以学者身份从事各种革命活动。

1931 年,在湘鄂西苏区负责主编《红旗日报》。1932 年秋,在湘鄂西苏区肃反扩大化运动中被错杀。1951 年,经内务部批准,追认为革命烈士。

第三章 新闻传播事业的战时繁荣

从 1937 年 7 月 7 日卢沟桥事变至 1945 年 8 月 15 日日本宣布投降,是中国的全面抗战时期。独特的地理位置和政治军事形势的发展,使广西成为全国抗战的大后方。全国各地文化名流云集省会桂林办报办刊,共产党和进步势力主办的报刊得以公开出版,通讯社和广播事业也有显著进步,新闻教育和理论研究得以广泛开展,广西的新闻传播事业进入民国的繁荣时期。

第一节 报业——救亡宣传主力军

抗日战争时期,是民国广西报业的鼎盛时期。各种党派背景的报纸共同发挥了救亡宣传主力军的作用。

一、不同背景,共同抗日

这一时期,广西报业发展迅速,遍及全省各县,并一度达到民国时期的鼎盛状态。据统计,全省各种报纸总计 446 种。其中,从外省迁来广西复刊或创刊的报纸有 35 种;而以《广西日报》为龙头创办续办的省、专区、县各级官办的地方报共 212 种;另外还有广西学生军出版的报纸和各类民办报纸。

桂林是当时重庆之外西南各省的报业中心。据不完全统计,自 1938 年 11 月起至 1944 年湘桂大撤退止,省会桂林的报纸就有十几家。其中,大报就有《广西日报》、《扫荡报》、《救亡日报》(小报版面,大报内容)、《力报》、《大公报》和《新华日报》(桂林航空版)等,晚报有《自由晚报》《大公晚报》《广西晚报》《桂林晚报》等,其他小报有《小春秋》、《民众报》、《戏剧日报》

（两种）、《辛报》、《工商新闻》、《国防周报》、《正谊》等。为报纸提供新闻服务的通讯社和记者社团有国际新闻社、中国青年记者学会、战时新闻社、西南通讯社、中央社桂林分社、英国使馆新闻处桂林分处、美国使馆新闻处桂林分处和华侨战地记者服务团等。当时，桂林一般报纸的发行量均达到两三千份，有的达到一万多份，销行全国（含港澳）各地，远至南洋各国。

二、新闻事业繁荣的原因

首先，是得益于中国共产党的正确领导。中国共产党积极推动建立抗日民族统一战线，从 1938 年 12 月到 1939 年 5 月期间，周恩来三次来桂林，同新桂系领导人进行多次接触，做了大量工作。在党的推动和影响下，大批进步文化人和文化事业机构内迁到了桂林。这批文化人掀起了轰轰烈烈的抗日文化运动，使得桂林一度成为抗战时期大后方的文化中心，享有"桂林文化城"的美誉。据统计，当时集结在桂林的作家、画家、音乐家、戏剧家和新闻工作者等，达一两千人，其中闻名全国的不下 700 人。桂林文化城的形成集聚了新闻传播的人才、丰富了新闻传播的内容。

其次，抗战时期，新桂系较为开明的文化政策和国民党中央的鞭长莫及，使得广西成为国统区内的一小片文化绿洲。在"抗日救亡"的旗帜下，新桂系领袖李宗仁、白崇禧和留守广西的省主席黄旭初，对待文化事业相对开明，一时间，桂林人文荟萃，包括新闻出版在内的各项文化事业繁荣一时——"不到几个月，竟成为国民党统治下大后方的唯一抗日文化中心了"[①]。特别是一些知名报纸和报人因战火威胁而内迁桂林后，使得广西桂林成为国民党统治区新闻事业发展最为蓬勃的地区。

再次，受众的需要是抗战时期桂林新闻事业发展的内在动因。抗战时期的桂林一度拥有四五十万人口，是当时国内外来人口、流动人口所占比例最大，人员构成最为复杂多样的城市之一。从达官显贵到贩夫走卒，从商贾学者到工农学生，这些人共同构成了抗战时期桂林传媒复杂的受众生态系统，也由此决定了其多元化的传播渠道与内容。

最后，技术的进步和物质的保证是抗战时期桂林新闻事业发展的坚实基础。抗战以来，内地许多厂家迁来桂林，桂林的印刷业飞速发展。抗战前，桂林只有印刷厂 10 余家，而且大部分属于手工印刷，工效低，质量差。抗战后，据 1943 年 7 月的统计，全市共有大小印刷厂 109 家，排字能力每月

---

① 　胡愈之：《忆长江同志》，群言出版社 1994 年版。

可达 3000 万字到 4000 万字,有关印刷工人、技师在 1 万人以上。纸张的来源渠道也较多。当时多用湖南邵阳、浏阳及广东南雄土纸,数量充足,价格便宜,运输也很方便。桂林生产的黑色油墨就能满足桂林印刷业的需要。

三、中共背景的报纸

(一)《新华日报》(桂林航空版)

《新华日报》是中共南方局在国统区公开出版的机关报,创刊于汉口,武汉沦陷后迁往重庆。桂林是抗战文化的重地,为了使党的声音及时传达到桂林,更好地指导抗战文化运动,1938 年 12 月,《新华日报》在桂林设办事处,并从 12 月 7 日起,按日将重庆《新华日报》的纸型,空运桂林印刷出版。

《新华日报》(桂林航空版)的发行,不仅发挥了宣传中共抗战政策、鼓舞抗战军民士气的宣传教育功能,而且发挥了指导中共广西地方党组织工作的组织功能,以及联系和影响国民党新桂系共同抗战的统战功能,在广西抗战新闻史上具有重要的意义。

1939 年 1 月 20 日,由于国民党中宣部的阻挠,该报被国民政府内政部强令停刊。所幸,《救亡日报》(桂林航空版)的出现,使党的影响继续得以发挥。

(二)《救亡日报》

《救亡日报》原是上海文化界救亡协会的机关报,上海沦陷后,该报迁到广州出版。广州沦陷后,于 1938 年 10 月 24 迁到桂林。同年 11 月 25 日,该报在桂林先期出版《十日文萃》,1939 年 1 月 10 日正式复刊。《救亡日报》总共在桂林出版了两年多时间,以统战面貌出现,实际上是八路军桂林办事处的机关报,报社建立了中共支部,是宣传中国共产党抗战方针和推动抗战文化运动的坚强舆论阵地。[①]

《救亡日报》在桂林合法复刊,离不开新桂系当局的支持。1938 年 10 月 24 日,广州沦陷后的第三天,周恩来在撤离长沙的路上,利用同行的机会,向新桂系实权人物白崇禧宣传党的抗日民族统一战线方针。白崇禧同

---

① 万忆:《救亡日报纪事》,出自《广西社会科学专家文集——万忆集》,线装书局 2012 年版,第 97—162 页。

意中共在桂林设立八路军办事处,也同意在桂林恢复出版《救亡日报》。总
编辑夏衍带领《救亡日报》编辑、记者等工作人员辗转步行来到桂林后,即
在八路军桂林办事处处长李克农、新桂系高参刘仲容的陪同下拜访了著名
教育家、广西救国会的领军人物李任仁。李任仁代表广西救国会对《救亡
日报》来桂林复刊表示最热烈的欢迎,并承诺有什么困难可以随时找他。
接着夏衍在李任仁、刘仲容等的陪同下拜会了广西省主席黄旭初。黄旭初
以广西省主席的名义正式批准《救亡日报》在桂林复刊,并补助一笔办报经
费。对一家外来报纸在桂复刊,政治上承认合法,经济上予以资助,这在新
桂系新闻管理史上还是第一次。

　　桂林《救亡日报》的社长、总编辑仍为郭沫若、夏衍,社址在桂林太平路
20 号。报社的编辑记者许多都是共产党员和进步的知识分子,如周钢鸣、
林林、华嘉、谢加因、高灏、高汾等。报纸创刊后,经过编辑同仁共同努力,
得到了国内各界知名人士的支持——朱德、宋庆龄、徐特立、李济深、郭沫
若先后为该报题词题字,中共领导人毛泽东、周恩来、朱德、叶剑英等同志
和宋庆龄等民主人士都亲自为该报撰写文章和诗作。桂林《救亡日报》办
得最有特色的是文艺副刊。它内容丰富,形式多样,风格清新活泼,观点尖
锐有力,在当时桂林的报纸中颇为引人注目。这张 8 开版面的报纸还吸引
了许多文化人投稿。连日本进步文人鹿地亘、池田幸子等也常有文章在这
份报纸上发表。报纸日发行量也由最初 3000 份扩大到 1 万余份,在西南、
华南各省,港澳和南洋一带发挥了鼓励抗日的积极作用。

　　《救亡日报》配合各个时期的形势,与各种形形色色的不良倾向做斗
争,从而使桂林的抗日文化救亡活动,由一个高潮推向另一个高潮。台儿
庄大捷一周年,《救亡日报》发表了姚潜修写的《关于台儿庄的大胜利》等振
奋人心、鼓舞斗志的文章。当国难当头,少数文人在作品中流露出不利于
抗战的消极情绪时,《救亡日报》发表了大量引导舆论的文章——美术方面
有阳太阳写的《关于抗战画展》、江子美写的《新绘画的展望》;音乐方面有
李仲融写的《从〈虎爷〉演出谈音乐运动》、林林写的《关于〈江汉渔歌〉》、林
焕平写的《看戏谈》等,这些文章一致强调:一切文艺创作都要突出爱国抗
日的主题,否则便是逃避现实,将受到群众的唾弃。1940 年汪精卫投靠日
本,在南京成立伪国民政府,《救亡日报》发表了大量要求铲除汉奸的文章
和漫画,如周令钊作文、建庵木刻的《汪精卫是妓女政客》,特伟、赖少其合
作的木刻《汪精卫自毁前途》,郭沫若写的《汪精卫进了坟墓》,杨刚写的《怎
样反汉奸文化》等,这些作品有力地打击了汉奸的嚣张气焰。

图 8 《救亡日报》

　　桂林《救亡日报》时期,是夏衍一生中最为重要的新闻实践经历。夏衍在桂林通过《救亡日报》积极地宣传党的方针政策以及各种抗日主张,紧密团结了当时流亡在桂林的一大批文艺工作者,同仇敌忾,共同抗日。如,艾青到桂林后一时没有合适的工作,夏衍便邀请他去主持《救亡日报》副刊,使副刊办得有声有色。夏衍对报社的经营管理也颇有章法。在他的领导下,《救亡日报》建起了自己的建国印刷厂,还附设一个南方出版社,出版一些时事性的读物和文学读物,人员也从12人发展到50人。(本章第三节详述)

图 9 《救亡日报》社领导、部分编辑记者与外国友人

广西罗城人周钢鸣是桂林《救亡日报》的采访主任兼记者。他1938年11月到桂林，除在《救亡日报》供职外，还先后兼任广西地方建设干部学校指导员及中共地下党外省支部书记、文协桂林分会理事、《人世间》杂志主编。在桂期间，周钢鸣写作了大量文艺评论文章，著有理论著作《论文艺创作》，以深刻的理论思想和丰厚的成果，成为抗战时期进步文艺界有着广泛影响的重要的理论家之一。1944年6月，周钢鸣离桂。

皖南事变发生后，夏衍被国民党新桂系"礼送出境"，《救亡日报》也被迫于1941年2月28日停刊。中国共产党领导下的桂林《救亡日报》对指导和推动广西抗战文化的发展，做出了重要的贡献，在中国新闻文化史上具有重大的影响。

四、主要民办报纸

民办报纸较有影响的是《大公报》和《力报》。

(一)《大公报》

《大公报》是民国时期国内影响力最大的民办报纸之一。抗战全面爆发后，《大公报》于1939年初成立桂林办事处，先为驻广西的通联机构，后担负创办《大公报》桂林版的筹备工作。《大公报》桂林版于1941年3月15日创刊，馆址设在市东郊星子岩(原名为叫花子岩)，日出对开一张，由重庆《大公报》总管理处领导，总经理胡政之，发行人兼副经理王文彬，编辑主任蒋荫恩。《大公报》桂林版创刊初期，国内问题社评多采用重庆版，国际问题社评则多采用香港版，有时也根据需要由胡政之、蒋荫恩和王文彬执笔撰写。①

1941年，太平洋战争爆发，香港陷落，《大公报》香港版停刊。几日后，日本人要《大公报》限时复刊，总编辑徐铸成毅然拒绝，偕经理金诚夫等一行四人，化装出逃，一路险厄重重，终于到达桂林。自此，《大公报》桂林版由徐铸成任总编辑，金诚夫任经理，杨刚(女)任副刊《文艺》主编。

徐铸成来桂林后，执笔撰写社评，观点趋向进步，文章更加及时，颇具动员民众、鼓舞斗志的作用。徐铸成在言论方针上力求自由民主，撰写了大量直指国民政府的政治腐败、物价飞涨、市政建设等敏感问题的社评，使《大公报》桂林版开始表现出"独立思考"的鲜明风格，体现了他的新闻自由

---

① 广西壮族自治区地方志编纂委员会：《广西通志·报业志》，广西人民出版社2000年版。

主义思想。徐铸成还请进步文化人,如千家驹、张锡昌、夏衍等人执笔写社论和时评。

《大公报》桂林版的通讯报道颇有影响,凭借时效性强的新闻专电在当时的桂林新闻界独树一帜,并以其特点和优势在抗战文化中发挥着独特的作用。徐铸成的《广州探险记》、千家驹的《回忆香港》、胡政之的《访英游美心影记》等长篇连载;重庆版记者彭子冈、徐盈、高集等人的《重庆航讯》;曾敏之、陈凡、黄克夫、赵范如、高学逵等人的本地特写,加上编辑部外文翻译直接收录和翻译的国外英文电讯,使《大公报》桂林版常有独家报道。此外,《大公报》桂林版发表的报告文学亦深受读者青睐。如曾敏之记述欧阳予倩、田汉、熊佛西筹办"西南剧展"经历的《三杰传》,以及他描写艾芜、田汉、欧阳予倩、巴金、千家驹、金仲华等坚持文化抗战,揭露国民党特务监视和压制进步文化人事实的《桂林风雨与文人》,均轰动一时,不仅鼓舞了进步文人和抗战军民,也有力地揭批了国民党实行文化专制的反动行径。

《大公报》桂林版畅销于桂、湘、粤三省,发行数达6万份,是桂林其余各报的总和。这充分显示了徐铸成的办报才能。无奈好景不长,湘桂战役失利,桂林陷落在即。1944年夏,长沙、衡阳先后失守,9月11日,桂林被迫疏散,《大公报》桂林版于12日发表《敬告读者》,9月13日,《大公报》桂林版停刊。全体员工分别在徐铸成和副经理王文彬的率领下,徒步西迁贵阳、重庆。

值得一提的是,桂林青年罗孚,原名罗承勋,1921年生,1941年在桂林进入《大公报》社,任副刊编辑。罗孚先后在桂林、重庆、香港三地《大公报》工作41年,直至出任香港《大公报》副总编辑和香港《新晚报》总编辑,成为名满香江的著名报人。

(二)《力报》

《力报》原是湖南省一份拥有广泛读者的民办报纸,初版于长沙,长沙大火后南迁邵阳。1938年,张治中任湖南省主席,出资5000元资助《力报》,并指派秘书张稚琴任报社发行人。鉴于当时的抗战形势和报社的人事纷争,张稚琴并没有将这笔钱完全投到邵阳《力报》,而是携款3000元前往桂林,并招徕原《力报》干将欧阳敏讷等,创办了桂林《力报》。该报社址设于桂林城外的社公岩,营业处设于桂西路。桂林《力报》于1940年3月正式出刊,一般每天四版,第一版是报头和广告,第二版是社评和国内重大新闻,第三版是国际新闻,第四版是经济新闻或副刊。《力报》由冯英子、欧阳敏讷先后担任总编辑,邵荃麟、千家驹等人先后任主笔,设有副刊《独秀峰》

《新垦地》，编辑有聂绀弩、彭燕郊、王西彦等进步文化人士。

桂林《力报》倾向进步，颇受读者欢迎。主笔邵荃麟是当时中共南方局文委负责人，葛琴、聂绀弩、张先畴是中共党员，他们的作品战斗性很强。如，聂绀弩主编该报副刊《新垦地》时，为了痛斥国民党反动文人反对妇女参与抗战的陈词滥调，短短两个月，就组织夏衍、秦似等进步作者写了近70万字的杂文予以发表，并将这些杂文汇编成册，撰写序言后以《女权论辩》之名出版。1943年千家驹离职后，张稚琴征得总编辑欧阳敏讷同意，邀请储安平来桂林担任主笔。储安平在《力报》的主要工作，是和欧阳敏讷一起撰写社论。他写的专论往往篇幅很长，连续两到三天在报上连载。储安平写的《力报》时评，与其他报纸社论最大的不同，便是不再单纯地歌颂抗战伟大，或正面引导抗战的舆论，而是对国民政府在抗战中的一些过失进行批评。这一时期，他也开始将从英国学来的自由主义理论，正式应用到批评中国政治的新闻实践上。例如，储安平在《论行政上的刷新》一文中，对抗战中政府官员的腐败，行政机构的低能进行了深刻的批评；在《论官僚与政客》一文中，他批评了政府"媚上欺下畏强凌弱的官僚作风"，以及政府中那些"无一贯政治主张，专门以玩弄政治为终身职业"的政客。[①]

五、国民党背景的报纸

国民党系统的报纸主要有新桂系机关报《广西日报》和中央系的《中央日报》（广西地方版）以及军系的《扫荡报》。

（一）新桂系《广西日报》和其他主要报纸

《广西日报》是新桂系的机关报。1936年10月，新桂系发起反蒋抗日的"六一运动"后，将旧桂系陆荣廷迁往南宁的广西省会迁回桂林。原新桂系喉舌《民国日报》留在南宁继续出版，而在桂林另行创办《广西日报》。《广西日报》接收原《桂林日报》班底和设施，于1937年4月1日正式创刊，是桂林文化城最先出版的对开大报。《广西日报》社址在桂林环湖北路，1938年6月，新建营业大厦落成，楼层高耸，为当时桂林各报建筑物之冠。新桂系少壮派韦永成、韦贽唐、黎蒙先后任社长。总编辑莫宝坚，副总编辑周歧兴，经理陈雪涛，总主笔俞颂华，主笔先后有莫乃群、曾育群、韦容生、

---

① 韩戎：《储安平办日报：从歌颂、引导到批评．监督》，《南方都市版》2013年10月24日。

刘思慕、莫宝坚。①

　　新桂系对《广西日报》的管理方针是"只管人，不管事"。广西日报社实行社长制，社长在报社拥有最高权力。首任社长韦永成，广西永福县人，早年由李宗仁保送留苏。卢沟桥事变后，蒋桂合作抗日，李宗仁任第五战区司令长官，韦永成随任该部政治部中将主任，遗广西日报社长一职，由韦永成推荐韦贽唐兼任。韦时任广西绥靖公署政治部少将副主任，后任广西财政厅厅长。这两任社长对报社的具体事务很少直接插手，尤其是对编辑部的事务，几乎不参与。

　　《广西日报》采访部的记者大都是学生出身，年龄均在 20 岁左右，如陈如雪、陆君田、陈子涛、严杰人等，大都是一些要求进步的青年，他们富于正义感，敢于向一切黑暗腐败现象做斗争。这使当时《广西日报》的本地新闻，特别是社会新闻和舆论监督，呈现出生气勃勃的气象。《广西日报》的评论部以莫乃群为首。莫乃群思想进步，作风稳健，是当时评论部的主笔，承担着主要社论的撰写任务。李四光和张洁等亦曾参加撰写社论。评论部还聘请胡愈之、张铁生、李四光等为特约专论撰述，对当时世界大战形势，经常作较为深刻的分析。《广西日报》的副刊，先由艾青负责，名为《南方》，后由陈芦荻主编，改名《漓江》，内容都以进步的新诗为主，质量很好，不但培养了青年人对新诗的喜爱和写作，更重要的是，它引导了青年人认识真理和捍卫真理的思想，这与一般报纸把副刊编成茶余饭后的消遣品，是有着原则上的不同的。

　　《广西日报》的舆论态度，在"皖南事变"前后截然不同。"皖南事变"前，《广西日报》保持所谓的中间立场，经常收听和编发延安新华社的稿件，也时常报道关于中共领导下的抗日根据地的消息。该报在撰写社论和报道有关新闻时，常以"曲笔"或代名称呼敏感词汇。如，对中共领导下的抗日根据地，称"没有人欺负人的地方"；对马克思称"卡尔"；对列宁称"伊里奇"，对斯大林称"锤子"；以"本报特讯"的名义刊发延安新华社的消息等。"皖南事变"发生后，《广西日报》就转向反共反人民的立场了。②

　　1941 年，太平洋战争爆发，新桂系在香港办的《珠江日报》《新生晚报》停刊，社长黎蒙回桂接手《广西日报》，任社长。黎蒙是李宗仁刻意栽培的桂系青年才俊，得到了李宗仁给的"办事和任人自主权"承诺。黎蒙礼聘了香港、上海逃难来桂的进步报人，如俞颂华、金仲华、张锡昌、秦柳方、杨承芳、傅彬然、刘思慕、胡愈之、张铁生、千家驹、李四光等，担任《广西日报》评

----

　　①②　张洁：《回忆我在广西日报》，载《新闻与传播研究》1983 年第 5 期。

论、撰述、编辑、经理等要职,版面气象一新,还加出了《广西晚报》和《广西日报》周末版。1944 年夏,日军大举进犯广西,广西省政府疏散到百色。9月 14 日,《广西日报》停刊,全部设备和大部人员随迁百色。与此同时,疏散到昭平县的陈劭先、张锡昌、欧阳予倩、千家驹、胡仲持和莫乃群等人,利用疏散到此地的桂林文化供应社印刷厂的设备和工人,在黄姚古镇继续出版《广西日报》(昭平版),一直坚持到 1945 年 9 月 30 日。《广西日报》(昭平版)的新闻来源主要是各地电讯,同在昭平等地避难的何香凝、梁漱溟、陈此生、张铁生等文化名人也常给报纸投稿。由于战乱的关系,报社不再受到国民党中宣部桂林新闻检察机关的干扰,言论较为自由。鉴于《广西日报》(昭平版)对抗战士气的鼓舞作用,新桂系当局承认其为合法报纸。

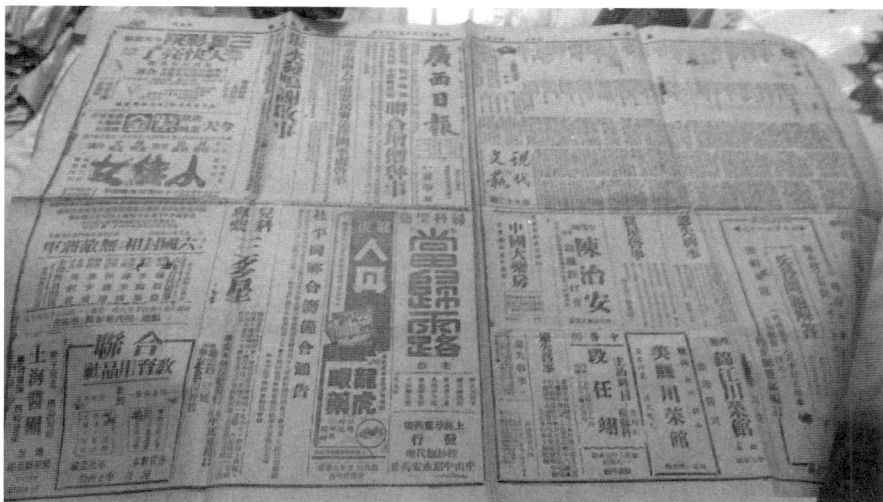

图 10　新桂系机关报《广西日报》

南宁的《民国日报》和柳州的《柳州日报》在当地较有影响。

抗战期间,国民党新桂系在中共团结抗日政策的影响下,还曾接受范长江的建议,在各个专区和部分县出版过地方报纸。1935 年创办的《柳州日报》和 1939 年创办的南宁《桂南日报》都曾实际掌握在中共地下党员手中。中共地下党员、柳州日报社长罗培元利用自己与新桂系元老尹承纲和第四战区司令长官张发奎的关系,以《柳州日报》员工为主组成一支抗日武装,曾活跃在桂中敌后抗日根据地。

民国二十七年至三十年(1938—1941)间,广西学生军在桂东、桂南陆续创办 88 种报刊,其中较有影响的是《曙光报》。① 1939 年 3 月创办的《曙光报》先后两次获得《新华日报》表扬。1943 年 1 月前,该报为中共地下组织掌握,主要宣传中共抗日主张,报道全国各地军民打击日寇的消息,以及学生军发动群众,支前锄奸缉私等情况。1943 年后由国民党右派掌握,日本投降后停刊。

学生军是新桂系广西省政府组织建立,获得中国共产党支持,并有共产党员从中发挥重要作用的抗日救亡组织。共有三届,第一届 300 余人,于 1936 年 6 月 27 日成立,9 月复员;第二届近 300 人,1937 年 10 月 12 日成立,活动于安徽等地,1940 年 3 月中共支部率党员和进步青年转移,学生军随即解散;第三届,1938 年 11 月组建于桂林,第 21 集团军总司令夏威任司令,招收大中学生 4269 人,其中女生 400 余人,按军队编制,编为 3 个团,每团辖 3 个大队、一个女生中队,这届学生军有占当时广西中共党员总数百分之十的近百名党员参加,每团均建秘密支部。1939 年 4 月,学生军分赴广西及广东南路 60 多个县协助地方政府工作,组织抗日救亡团体 3983 个,成员 46 万余人,单独或配合作战 130 次。

(二)《中央日报》

民国二十七年(1938)11 月,由国民党中央于广州创办的《中山日报》迁梧州复刊,1943 年改为《中央日报》梧州版。1944 年,梧州中央日报社人员和设备撤到桂西百色,在当地继续出版百色版。1945 年 5 月,南宁光复,《中央日报》百色版迁来南宁继续出版直至解放。《中央日报》的抗战舆论注重宣传国民政府取得的抗战功绩,注意对国际战争形势的宣传报道,为抗战的最终胜利做出了一定的舆论贡献。

(三)《扫荡报》《阵中日报》

《扫荡报》是国民党军事委员会的机关报,直接受国民党中央宣传部的领导。《扫荡报》桂林版于 1938 年 12 月 15 日创刊,社长丘武(易戈),副社长易幼涟,总编辑钟期森,经理卜绍周,社址位于桂林东华路 27 号。②

《扫荡报》是蒋介石在新桂系地盘上唯一的舆论工具,它除了反共反人民以外,还负有暗中监视着新桂系动态的任务。当然,该报对国民党军队在正面战场的军事抗战也做了大量的报道。《扫荡报》桂林版虽然政治上

① 广西壮族自治区地方志编纂委员会:《广西通志·报业志》,广西人民出版社 2000 年版。
② 广西壮族自治区地方志编纂委员会:《广西通志·报业志》,广西人民出版社 2000 年版。

反共,但副刊倾向进步,在宣传"统一战线,团结抗战"等方面做出过贡献。许多进步文化人士,如欧阳予倩、黄现璠、黄药眠、杨朔等,都在该报副刊上发表过文章。1944年9月湘桂大撤退,《扫荡报》桂林版于撤退途中出金城江版、独山版,后停刊。总编辑钟期森一家在撤退中遭日寇敌机轰炸遇难。

驻防柳州的国民政府第四战区还曾出版过《阵中日报》。全面抗战爆发后,国民政府军事委员会政治部颁令每战区都要有机关报,统一命名为《阵中日报》,为四开对折报纸,主要发行到本战区机关、所属部队和防区等。第四战区《阵中日报》为激励本区广西军民的抗日斗志起到了积极独到的作用。

六、报业发展迅速

这个时期,广西报业已形成现代报业的体制和规模。

报社一般设社长、发行人、经理、总编辑或编辑主任,编辑部设主笔、编辑、记者、采访主任、资料主任、校对等职,设置电台的报社还设报务员、译电员。报社的经营管理水平有了提高,条件较好的报社均有自己的印刷厂。

有些大报还利用自身新闻资源和人员设备的优势,同时编辑出版多种晚报和期刊,初具报业集团的雏形。

《广西日报》还建立了自己的通讯社,在省内外聘用特派记者、特约通讯员,建立起较为发达的通讯网和发行网。

七、中外新闻交流

抗战时期,桂林的中外新闻交流十分活跃。

法国东方问题专家、著名记者李蒙夫妇与《泰晤士报》驻美国纽约记者窦丁,是第一批踏上广西大地的西方新闻记者。他们一到桂林,就受到当时在桂林的《新华日报》《救亡日报》《中央日报》《扫荡报》和中央通讯社等同行的热烈欢迎。

上海沦陷以后来到桂林的英国记者杰克,做了《日军占领下的上海》的报道,将日军践踏下的上海人民亡国奴般的生活进行了详细描述,内容催人泪下、催人奋战。

德国女记者王安娜,应邀参加在华日本人民反战同盟西南支部的招待会,在会上用流利的汉语倾吐了自己反战的心声。

莫斯科《消息报》驻华特派记者卡尔曼来桂,《大公报》《救亡日报》《广西日报》等新闻单位的记者前往寓所采访,卡尔曼当即发表了对广西的观感和各特区的见闻。卡尔曼在桂林还拍摄了新安旅行团及广西学生军第一团的训练和生活的新片,献给桂林人民和世界人民。

日本反战作家鹿地亘、美国作家史沫特莱、美国《纽约时报》驻华特派员爱金生、日本的绿川英子等人在桂林都写下轰动一时的反战文章。

八、国民党对进步报纸的迫害

面对明显带有进步色彩的抗战文化形势,国民党中央政府对广西进步报刊的抗日宣传进行了严密的钳制。

民国二十七年(1938)12月,国民党政府军事委员会就通令查禁《新华日报》空运纸型在桂林翻印发行,并派特务没收部分报纸。

国民党中央执行委员会调查统计局曾派人在桂林进行秘密调查,对抗日进步文化团体和新闻机构及其活动进行密报。

国民党中央宣传部曾案准军事委员会办公厅特检函,通饬各地严密检扣在桂林出版的《救亡日报》。"皖南事变"后,国民党中央直接查封了《救亡日报》和《新华日报》桂林航空版。

民国二十八年(1939)5月,军事委员会战时新闻检查局在广西设立甲级(后改为特级)新闻检查所(处),柳州也于民国三十三年(1944)设立战时新闻检查机构,限制抗日言论和扼杀民主宣传。

国民党的这些行径,遭到了一些报社的抗议和抵制。国民党中央及新桂系当局曾颁布过近百种各式各样的法规,对进步和革命的新闻出版事业实行限禁,但都未能完全得逞。

第二节　通讯社——传播抗战讯息

抗战时期广西报业的兴盛,带动了新闻通讯社的全面发展。

一、国际新闻社

胡愈之、范长江创办的国际新闻社桂林总社,附设工商通讯社,并在国内和海外设立许多分社,培养了大批青年记者。国际新闻社在国统区和敌后根据地建立了广泛的通讯网，并经常派记者到前线及敌后采访。它的中、英文通讯稿广泛发表在许多海外报刊上，在向全世界传播中国抗日战争的消息、争取世界正义力量的同情与支持方面贡献卓著。

国新社的渊源主要有二。其一，1937年抗日战争全面开始后，为适应外国来华记者采访中国抗战消息的需要，上海文化、新闻界进步人士组成国际宣传委员会，发布抗战新闻，由胡愈之主持，国民党中央宣传部国际新闻处董显光、曾虚白参加，后迁香港，改名国际新闻社。其二，1938年9月，在周恩来指导下，范长江以中国青年新闻记者学会的骨干为基础，采取合作社形式，在武汉筹组国际新闻社，同年10月20日，国际新闻社在长沙正式建社并对外发稿，刘尊祺任社长，范长江任副社长，供国民党中央宣传部国际宣传处采用，长沙大火后南迁桂林，成为全国性通讯社，对国内外发稿，宣传团结抗战。1939年，桂林、香港两社合并，在胡愈之的安排下，以桂林为总社，范长江任社长。同年在重庆、金华设立办事处，并在国民党统治区和敌后抗日民主根据地建立通讯网。1941年"皖南事变"后，桂林、重庆两社被迫关闭。香港社坚持到太平洋战争爆发后停止活动。1945年日本投降后，国新社在香港重建，向海外华侨、外国报刊和国民党统治区报刊发稿，至中华人民共和国建立后宣布结束。

国际新闻社桂林总社成立后，青记（中国青年新闻记者学会，下同）的各地分会也就成了国新社的各地分社。这一时期，桂林总社、香港分社和重庆办事处的任务，就是对国外出版英文《远东公报》（又译《远东通讯》），对华侨出版《祖国通讯》《国新通讯》。当时的国新社有一百多名社员，稿件来源极广。负责总社的胡愈之、范长江、黄药眠、恽逸群等本身就是写作能手，专论大多由当时桂林的著名文人杨东莼、千家驹、张铁生、张志让、宋云彬等撰写。通讯员从一百多人发展到三百多人，基本队伍是"青记"的会员，他们采写的战地通讯，真实感人，深受国内外报纸欢迎。

国际新闻社首任社长刘尊祺，"皖南事变"后被中共南方局安排去新加坡《南洋商报》任编辑部主任。1942年12月，刘尊祺应美国新闻处处长麦克·费希尔的邀请，回国担任重庆、上海两地美国新闻处中文部主任。1949年以后，刘尊祺成为中华人民共和国对外宣传和对外传播事业的奠基人之一。

国际新闻社的"灵魂人物"当数范长江。对于国际新闻社桂林总社的建立，范长江早有想法。他曾对夏衍说，青记一定要做一点实际工作，办一个通讯社，可以发挥青记在各地会员的力量，青记在延安和晋冀鲁豫都有会员，可以通过这个通讯社向国际新闻处供稿，向中国内地和香港、仰光等地 150 多家海外报刊供应稿件,提供战地通讯,冲破国民党的新闻封锁,把解放区和国统区的真实信息发往香港报社和海外侨报,为争取团结抗战,民主进步尽一点力量。这个想法得到了周恩来的赞赏。在八路军驻桂林办事处主任李克农的支持下,经范长江、胡愈之、张铁生、陈侬菲等人的反复讨论,确定了两条建设基本原则:一是,政治上坚持抗战,反对投降,坚持团结,反对分裂,坚持进步,反对倒退;二是,范长江和主要负责同志都以爱国民主人士的身份和国民党、民主党派、桂系联系,争取公开合法。

图 11 抗战时期的范长江

1939 年 5 月,范长江离开桂林到重庆,孟秋江作为代社长主持桂林"国新社"的工作,领导社员们宣传抗日、宣传团结、宣传民主。孟秋江重点培养了以陈子涛、吴承德、唐海、任重、林珊等人为骨干的记者队伍,组织力量重点宣传中国军民抗击日军的英勇事迹,如第四战区司令长官张发奎率军收复南宁、爱国华侨陈嘉庚捐助巨资抗日救国等,还注意和国民党中央军杜聿明建立统战关系,以利新闻报道。抗日战争进入相持阶段后,孟秋江及时把大批经过专门培养的优秀青年记者输送到前线去,到敌后抗日根据地和游击区去开展新闻工作。皖南事变后,孟秋江在特务的窥伺下,依靠中国共产党的领导和李济深的帮助,坚守阵地,一面坚持对外发稿,一面暗中分批把"国新社"社员和文化界、新闻界爱国人士安全送达重庆和香港,并帮助他们找到工作,做好身份掩护,自己最后一个离开桂林到达香港。

二、其他通讯社

当时桂林的新闻通讯社主要还有——

救亡日报社附设的救亡通讯社,主要为本报服务。

合作社性质的战时新闻社,由中国青年新闻记者学会南方办事处"战时新闻工作讲习班"70多位学员组成,主要工作是系统地向外报道广西战时新面貌、新建设和团结业余新闻工作者,推进业余新闻工作的开展。

新桂系所属的广西摄影通讯社,为国内外提供前线和后方新闻图片,这也是广西第一家新闻图片社。

《广西日报》成立的西南通讯社,除为本报服务外,还向省内外报纸发布文字稿件,宣传新桂系抗战主张和广西战时建设的新成就。

中央通讯社桂林分社,民国二十七年(1928)开设,控制在"CC系"手中,分社社长陈纯粹,业务范围主要是抄送重庆中央社播发的电讯稿,有时也发一些广西官方的新闻,部分记者具特务背景,负有监视桂林进步新闻界的任务,湘桂大撤退时改设特派员,随省政府迁往百色,后迁至南宁,抗战胜利后迁回桂林,改称中央社广西总社或分社。

第三节　广播——发出抗日最强音

一、桂林广播电台

1937年6月,广西省政府在桂林筹备建立桂林广播电台,并于1939年1月1日建成试播,1939年7月16日正式播音。

由于处在抗日救亡和桂林文化城的历史背景之下,运用名人资源宣传抗日救亡运动是桂林广播电台节目内容的主要特色。其具体表现有:一是设置专门的抗日救亡宣传节目,如:新闻节目中有《抗战形势》《一周战况》《欧战消息》等。专题节目中有《抗战讲座》《抗战杂谈》《战时常识》《防空常识》等。二是经常邀请各界著名人士到电台发表抗日救亡演讲,如李济深、欧阳予倩、李四光、千家驹以及新桂系的名人李宗仁、程思远、刘士衡、郭德洁等。他们都多次到桂林广播电台发表演讲。三是把抗日救亡宣传与新文艺节目有机结合,比如通过在文艺节目中播放和教唱新歌曲《保卫广西》

《民族至上》等,播出话剧《到前线去》等,结合抗日救亡宣传还播出大量的
国乐、西乐、话剧、平剧、桂剧等新形态的文艺节目,每天播出的文艺节目最
多时达三小时。当然,作为一座地方性的广播电台,桂林广播电台还播出
了《广西建设计划大纲讲解》《公民常识》《名人传记》等。

特别值得一提的是,桂林广播电台不仅用国语、官话(桂林话)、粤语播
音,而且还结合抗战救亡宣传开设了日语和英语广播。其中用日语广播的
《告日本民众》《告日本士兵》在当时影响较大,而邀请当时在桂林的韩国义
勇队人员和国民党第四战区政治部日语播音队所做日语广播,影响比
较大。

桂林广播电台全台设总务、工务、传音三个科。其中,传音科相当于编
辑部。传音科又分为歌咏、国乐、平剧、桂剧、西乐、话剧等节目组,全台员
工达到 40 多人。所使用的中波发射机功率达到 10 千瓦。1942 年以后又
增加 1 千瓦的短波发射机。发射机房设在桂林会仙岩洞内,洞内还设有煤
气引擎和 75 千瓦的发电机,所使用的发射铁塔有两座。桂林广播电台与
南宁广播电台相比,虽然都使用 XGOE 这个呼号,但其规模更大,设备更加
精良,节目形态也更加完备,影响也大得多。其播音时间历时 5 年,到 1944
年底,因日寇侵占桂林而停止播音,设备在疏散撤退时散失。

二、其他广播电台

早期的广西广播,除了前述两座隶属省政府的广播电台以外,还有六
座小的广播电台。

其中最值得提起的是隶属于省教育厅的广西普及国民基础教育研究
院无线广播电台,这是广西第一座教育广播电台,也是广西建立较早的广
播电台。它是为辅导广西普及国民基础教育研究院实验中心区各基础学
校及各表证中心学校教育而设立的,台址在南宁津头村,呼号为 XNFE。
这座广播电台每天用国语和粤语播出 150 分钟,播出的节目主要有《国民
基础教育》《卫生常识》《气象及商情》《中西音乐》和《粤剧》等。这些节目以
教育家雷沛鸿提出的国民基础教育思想为指导,以文化、科技教育为基本
特色,当然也播报新闻。这座广播电台存在时间比较短。1935 年 10 月 10
日试播,1936 年 9 月就奉命停办。

以后,广西省教育厅又在桂林开办了粤西广播电台和广西省立教育广
播电台,这两座电台存在时间也很短,影响有限。

广西省立教育广播电台于 1949 年 10 月搬迁到南宁,中华人民共和国

成立后,成为广西广播电台的重要基础之一。

第四节　书刊——军民的精神食粮

抗战时期,桂林文化城出版的各种图书和期刊,成为全省乃至全国军民抗战最好的精神食粮。

一、抗战初期的书刊出版

广西建设研究会是新桂系三巨头李宗仁、白崇禧、黄旭初设立的广西最高智囊机构,实际主持会务的李任仁和陈劭先将出版列为要务。

1937 年 10 月 9 日研究会成立时即设编译室,万民一任主任,万仲文、夏孟辉先后继任。后又设编委会,李任仁兼主任,陈此生、张锡昌、万仲文、吴华梓、夏孟辉、李微、苏国天等为委员,张尔华为秘书。出版《会务汇刊》《时论分析》《敌国舆情》及《建设研究》月刊,后者以"刊布各种问题研究结果,及广西建设实绩"为宗旨,大量发表党政部门负责人和进步人士、专家学者的论文,反响甚大,至 1944 年夏秋,共出 10 卷 53 期。图书则有陈柏心《地方政府总论》、万仲文《中国外交之史的分析》、粟寄沧《中国租税制度及其改革》、夏梦辉《列国国势要览》等学术性现实性较强的专著出版。

官方主导的政府出版活动主要利用本地资源,服务有关需要,收到一定的效果,但著译队伍仍不够大,出版、印刷和发行规模也有限。随着抗日战争形势的发展,各方面人士加速向桂林会聚,民间力量纷纷进入,出版业很快开辟出全新的境界和空间。1937 年 7 月,全民族抗日战争爆发前半年的桂林,新刊密集推出,已显山雨欲来之势。据《桂林日报》报道,这年 1 月 14 日至 2 月 17 日,先后出版了《创进》半月刊、《正路》月刊、《风雨》月刊、《向导》周刊、《抗日》旬刊、《民彝》旬刊,以潘宜之为社长的民众通讯社也已于上年在桂林创办。3 月 1 日,又有《基础教育》半月刊创刊,邱昌渭作发刊词、黄旭初撰《民国基础教育与本省整个建设的关系》。4 月 11 日,国民革命军第五路军政训处主办的《街头漫画》第 8 期出版。5 月 6 日,广西文化救国会召开第三次理事会,陈望道、阳叔葆等到会,决定创办《文化救国》月刊。此后,每月都有刊物出版信息。11 月,千家驹主编的《中国农村》由湘迁桂,出版五卷第 1 期;广西抗战后援会主办的《抗战》半月刊问世。"七七事变"前夜的 1937 年 6 月,前导出版社开业,负责人黄溢椿、赵淑君,出书范围较广,计有宋庆龄《中国应何以自存》、刘栋译《日本与远东》、陈树霖编撰《嘉定三屠》、曾育群译《孤岛遇险记》等书,还有《前导》周刊。1938 年出版势头有增无减。五路军总政训处主办的《全面战》和国防艺术社宣传部主办,熊绍宗、李文钊、陈迮冬主编的《战时艺术》相继创刊,并以阵营强大,内容充实,出版周期紧凑展现一派新姿,黎明旬刊社出版的《黎明》和科学教育社编发的《今论衡》、华中大学桂声社编辑的《华大桂声》也纷纷发出自己的声音。这些出版物的传播在一定程度上为战时桂林文化城的诞生开了先声,同时也显示,新文化高潮的到来不特依靠开放、借重外力,本土亦有自身的根脉和承接包容的能力与准备。

二、桂林文化城的出版繁荣

1938 年 10 月中旬,日寇逼近武汉。周恩来指示武汉众多文化界人士陆续撤往重庆、桂林等地。比较之下,此时的桂林以丰厚历史和特殊现实所形成的文化、地理、交通、政治等方面的优势,正吸引成百上千的文化人出版人络绎不绝地来这里抒发保家卫国、反抗侵略的满腔热血与豪情。桂林文化城的大幕由此拉开。

(一)出版繁荣的原因

出版必需的三大要素——读者、作者和出版者,在桂林以前所未有的规模和速度聚集起来,天时、地利、人和均钟毓于桂林。

1. 桂林人口由七万剧增至五十余万

桂林不仅是广西省会,而且是战时我国大西南后方的重要枢纽。它北通两湖,东接广东,经贺州、曲江、韶关,可达江西、浙江,经东江、珠江保持与香港及海外的联络往来,西北则与重庆、四川、贵州、云南有多种沟通的便利。由于特殊的地缘关系,更兼当时新桂系为增强自身实力以与蒋介石抗衡,执政比较开明,蒋介石集团也就更加关注广西的动向。桂林既是国民政府军事委员会的行营所在,又是八路军办事处的驻地和中共中央与华南、香港及海外联络渠道上的一个重要接点。一方面,官贾看重,军人虎视,高层过往频繁;另一方面,大批内地难民,从关外、华北、湖南、江西等地如潮水般涌到桂林,加之众多文化人的聚集、内地与华东沿海教育文化机构的迁入,以及太平洋战争爆发、香港沦陷时数百文化人和一些文化机构的来桂,还有本省民众的流动,各方面军人的增加,诸多的叠加效应使桂林人口连年剧增。1936 年 10 月广西省会再迁桂林时,桂林人口不足 7 万,

1938 年底增至近 12 万,1942 年达 31 万,1943 年桂林大疏散时,"人口超过 50 万"①。

急剧增长的人口给生存自救带来了巨大的压力,同时造就了一个以桂林为中心,辐射各地的广阔的读者市场,积聚了不断成长的需求潜力。广大军民迫切希望尽快得到抗日战争和第二次世界大战的信息,得到鼓舞意志、坚定前行的精神食粮和多种多样的文化娱乐与滋养,他们是出版市场取之不尽的支撑力量,应该说,这是当时桂林文化出版能够大幅度繁荣发展的基础。

2.著作人、出版人云集桂林

有读者有市场,还需有众多著作人、出版人的创造合力。司马文森曾在 1944 年 6 月 21 日桂林《大公报》发表的《扩大宣传周之后建议设立西南文联》中概括:桂林和重庆是全国两大文化中心,桂林"集中了全国文化人中的三分之一"。这三分之一是多少?各种资料、著作均称"一千余人",《广西地方志·出版卷》统计当时桂林各方面著译队伍,哲学方面有 40 多人、历史地理 120 多人、法律军事 40 多人、政治和社会科学 90 多人、文化教育 60 多人、语言文字 70 多人、经济和科学技术 110 人、文学艺术 400 人(其中广西籍 70 余人)。以此合计,也近千人,加上此时暂未直接出版著作的文化人,会集桂林的文化人总数当过一千。其中全国闻名的远不下二百人。魏华龄、李建平主编的《抗战时期文化名人在桂林》(漓江出版社 2000 年 11 月),受 60 万字篇幅所限即已为 114 人立传,而这一数字明显不全,像词曲研究大师和杰出教育家任中敏、著名记者陆诒、舞蹈家戴爱莲、摄影家沙飞、会计学家张心澂等都遗漏了,可见名人远超 200 人同样是有根据的。当时报纸也说,"留桂林的文化工作者,无论质和量,有一个时期都是全国第一位"。

这些文化人中一部分是专业出版工作者,更多的是从事著述、教学、科研的作家、艺术家和专家学者、文化工作者,但他们的生活和职业均与出版密切关联,并有不少人直接从事出版,专任或兼任出版社、书店、期刊的编辑、主编、总编辑、经理、社长或其他负责人。龙谦、胡庆嘉在《桂林抗战时期出版史料·编辑、出版家简介》中,介绍了 92 位出版名人。而同书魏华龄的代序据不完全统计,桂林先后有各类书店和出版社 200 余家,其中仅 1942 年一年在桂林书业公会登记过的大小书店出版社就有 79 家。可见编

①　李建平:《桂林文艺概观》,漓江出版社 1991 年版,第 1 页。

辑、出版家总数也不止 92 人,至少应该超过 100。龙谦据《桂林文化大事记》整理出的抗日战争时期在桂林从事与编辑、出版、发行事业有关的人员或领导人名单,共 163 人(主要从事戏剧、音乐、舞蹈、教育、新闻等人员未列入)。综合各种资料,"文化人逾千、名人远超两百"大致能概括当时著作与出版阵营的强大。

(二)出版繁荣的景象

紧随书店出版社的兴旺,印刷业迅猛增长。抗战初期,桂林大小印刷厂不足 30 家,且多为手工操作,也没有专门的书版印刷厂。到桂林文化城期间的 1943 年 7 月统计,新建的和从上海、汉口等地迁来的厂家连年剧增,印刷厂总数已达 109 家,从事书版印刷的大型印刷厂有 8 家,设备普遍更新,并出现了专事彩印和地图印制及铸字、装订的厂家。每月生产用纸 1 万令到 1.5 万令,排字量每月 3000 万至 5000 万。每月出书约 40 种。每种新书印数二三千册,许多书一再重版。桂林文化城期间出版的图书在《桂林文化大事记》等书中列出书名、著译者、出版者的即达 2000 种。以大类区分,大致为哲学 57 种,法律 33 种,军事 73 种,文化教育 201 种,历史地理 135 种,政治社会科学 331 种,科学技术 71 种,综合类 32 种,文学艺术类 1051 种。文艺图书中有长篇小说近 30 部、中短篇小说集 100 多部、诗集 40 多种,还有戏剧、美术、音乐及翻译作品多种。单行本之外,丛书有 50 多套,240 余种。

文化城报纸、杂志的出版同样十分可观。抗战期间桂林出版大小报 10 多家,期刊 200 余种,综合类涵盖广泛,专门类分工很细,一个门类常有多种期刊。如以文学为主的文艺类有 20 种,文化类 7 种,音乐类 7 种,读书类 3 种。每天平均出版期刊 20 种以上,销路多以 5000 为单位,一般期印数近万,最多的可印 2 万册。平时以为销路狭窄的诗歌刊物竟有 4 种,专谈新诗的月刊 1 期卖到 7000 册。当时桂西路一带书店林立,形成有名的"书店街",其他大量新老民房、居室楼台乃至棚户陋宅、山洞溪边也四处可见作家、艺术家和众多编辑出版、文化文艺工作者的身影和活动。1938 年《克敌周刊》22 期丽妮的报道说,当时"桂林的街头,最容易醒目的,是贩卖精神食粮的书报店的增加率,和贩卖粮食的饭菜馆,等量齐观"。

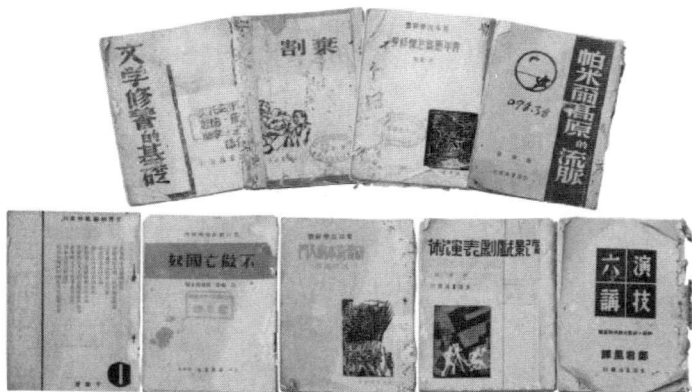

图 12　桂林抗战文化城时期的一些书刊

桂林的出版物不特深入本地大街小巷,更难得的是遍及全国的发行网。赵家璧在 1947 年 5 月 11 日上海《大公报》上撰文《忆桂林——战时的"出版城"》,谈到"以桂林为出发点,沿湘桂、粤汉铁路可以销到长沙、曲江,从耒阳转交公路,又可发到浙江、江西、福建等地;利用西南公路,桂林的书先运到贵阳,再由贵阳分运至昆明、重庆。重庆的市场可消化桂林书刊的半数,再由重庆西发成都,北上西安、兰州"。他还特别指出,由于桂林纸张充足,发运广远,抗战期间中国的精神食粮——书,"有 80% 是由桂林出产供给的,所以说桂林是文化城,不如说它是出版城更来得适当"。赵先生强调,"假如以中国出版业的发展史而言,桂林的这一阶段是值得大书特书的"。

(三)代表性出版机构

下面且就三大板块中若干有代表性的书店出版社择要略书,以志今日已难想象的当年桂林出版盛况与著译者、编辑者和出版发行者的杰出劳绩与职业精神于一斑。

1.核心旗舰——生活、读书、新知及其二三线机构

第一大板块是中国共产党直接领导的以生活、读书、新知为三大基点的革命出版机构,它们出书正道,品质优良,服务热情,管理规范,成为文化城出版的核心与中坚,发挥了不可替代的先锋作用和引领作用。

生活书店桂林分店与总店西南管理处,分别于 1938 年 3 月 15 日和 1939 年 1 月在桂林建立。先后由褚祖荣、卞祖纪、孙明心、邵公文负责。分店编印发合一,运营科学高效。总店西南管理处管理桂林、梧州、长沙、南

昌等地分支店。胡愈之兼生活书店编委会桂林分会主席,张铁生等任委员。徐伯昕不时往来于渝桂之间,策划大事,把握方向。图书出版实行新作与重印并进,先后推出多套重点丛书,如范长江主编"抗战中的中国丛书",白桃主编"战时大众知识丛书",柳湜主编"战时社会科学丛书",周扬主编"中国文化丛书",金仲华主编"世界知识丛书",沈兹九主编"妇女生活丛书",张仲实主编"青年自学丛书",沈志远主编"新中国学术丛书",还有"世界文学名著丛书"等。学术书中邓初民《新政治学大纲》、李达《社会学大纲》、葛敏中《科学的哲学》以及曹靖华译苏联名著《铁流》、梅益译《钢铁是怎样炼成的》影响广泛。书店发行的胡愈之、张铁生、千家驹主编《国民公论》、邹韬奋主编《全民抗战》、金仲华主编《世界知识》、沈兹九主编《妇女生活》、陶行知主编《战时教育》、沈志远主编《理论与实践》、茅盾主编《文艺阵地》、寒松和史枚主编《读书月报》等 8 种都属一流期刊,其中《国民公论》月刊在全国的分销点有 30 多个。至 1941 年底,生活书店拥有的邮购客户达 8000 个。

图 13　桂林生活书店旧址

　　生活书店由邹韬奋等创建,受中国共产党领导,店内有党组织。1941年 1 月皖南事变后,桂林分店被广西省政府限期停业,店址为国民党宣传部门霸占,西南管理处撤往重庆。面对寒流突袭,"生活"同人沉着应对,在停业前将大量存书赶发外地并在桂林优惠出售,一时前来抢购者几乎挤破门店。分店还将一部分人员、资金与三户图书社合作,继续出版图书,另一部分人员、资金则改头换面,开办文学编辑社和学艺出版社及其三个副牌社——文学出版社、自学书店和新少年出版社，并经营印刷和贸易业务。

图 14 抗战时期的邹韬奋

冯玉祥将军主办的三户图书社与生活书店合作后，生产力提升，出版了艾青《诗论》、周钢鸣《文艺创作论》、田汉《秋声赋》、臧克家《向祖国》、碧野《肥沃的土地》、严杰人《小鹰》，还有艾芜主编"创作丛书"，胡风主编"世界文学译丛"，后者包括鲁迅译《坏孩子和别的奇闻》、茅盾译《文凭》、周扬译《安娜·卡列尼娜》、周行译《杰克·伦敦》、穆木天译《巴尔扎克短篇集》、周立波译《被开垦的处女地》。"三户"还总经售王鲁彦编《文艺杂志》、熊佛西编《文学创作》、潘序伦编《立信会计》、温致义编《现代英语》等 7 种期刊。

学艺出版社及其副牌于 1941 年 4 月建立，学艺为经济实体，统一经营几个社的产品。建社后先出不带政治色彩的工具书和文化教育图书，然后是文学名著，中间穿插若干社科著作，尽量避开生活书店痕迹，给人新的感觉。四个社在短短两年时间里出书四十余种，包括邹韬奋《事业管理与职业修养》、吴泽《中国社会发展史》、平心《青年的修养与道德》、刘建庵《高尔基画传》、茅盾《创作的准备》、以群《文学基础知识》、胡愈之《书的故事》、沈起予《怎样阅读文艺出品》、徐迟译《第七名逃犯》以及多种名著的翻译与重印。

文学编辑社，"生活"迫停后的另一二线机构，社长李伯纪，1942 年开办，1943 年停业。出有姚雪垠、碧野、蹇先艾等短篇小说，臧克家诗集《黎明鸟》、茅盾译《雪人》、张叔夜译《苏联三大诗人代表作》等，由文化供应社和三户图书社经销。

新知书店，1938 年 1 月从武汉迁来桂林，次年 2 月其总管理处也迁到桂林办公。共有 20—30 人。徐雪寒、华应申任正副总经理。党总支书记由八路军桂林办事处干部沈毅然担任，华应申任副书记。奉李克农指示，与文化供应社和生活书店出资买下中共湖南省委《观察日报》编辑部在邵阳的印刷厂，成立秦记西南印刷厂，沈静芷为厂长。工厂为完成印刷和其他重要任务，做了许多有益的工作，在行业中起到很好的攻坚作用和带动作用。"皖南事变"后新知书店被迫停业，撤往苏北，部分人员和图书转给文化供应社，但在桂林仍留有办事处，并以部分人员和资金开办远方书店、实学书局和裕丰贸易行，作为新知三线机构，直到1943年秋桂林大疏散时结束业务。

新知书店侧重通俗理论读物，所出薛暮桥《经济学》《农村经济常识》，狄超白《通俗经济学讲座》，胡绳《辩证法唯物论入门》，杨松《社会科学基础教程》，陈昌浩《现代世界革命史》，钱俊瑞《中国经济问题讲话》，曹伯韩《中国现代史常识》，思慕《欧战纵横谈》，周木斋《民主政治论》和孙冶方译《简明哲学辞典》、徐懋庸译《斯大林传》以及"苏联发明故事""苏联建设小丛书"，很受欢迎。文艺书则出有冯雪峰《鲁迅论及其他》，夏衍四幕话剧《心防》与独幕剧集《小市民》，梅益译《对马》，林淡秋译《巧克力》，而以陈原等编《二期抗战新歌》，麦超、孟超《大众新歌》流传最广。新知还出版发行6种期刊：千家驹主编《中国农村》，刘季平、赖少其主编《工作与学习·漫画与木刻》，翦伯赞主编《中苏月刊》，张琦主编《国际英文选》，陈原主编《少年战线》半月刊，陆洛主编《战时儿童初级读物丛刊》。1939年至1941年6月，新知在重庆的分店接受党中央南方局任务，以中国出版社名义，出版了一批马列主义经典与毛泽东、刘少奇著作，桂林成为重要的发行基地。

皖南事变后新知书店于1941年4月开办的三线机构远方书店继续以灵活方式出版图书，聂绀弩《早醒记》、丁玲《我在霞村的时候》和齐蜀夫译《奥勃洛摩夫》、秦似译《人鼠之间》、柳无垢译《大年夜》、郑伯华译《喀尔巴阡山狂想曲》、吕荧译《普希金论》、陈秋子译《拜伦传》、张毕来译《尼赫鲁自传》、中国文协桂林分会编《二十九人自选集》都是"远方"有远见的可传之作。"新知"另一家三线机构实学书局开办于1941年8月。主要出版知识性实用性较强的读物，如学习参考用书、讲演辩论用书，李亚群曾以总编辑身份为掩护，在此领导文化界统一战线工作。

裕丰贸易行，类似几十年后的印刷物资公司，而其工作更艰难甚至可以说充满了风险，却取得了了不起的成绩。在这家继生活、读书、新知遭停后设立的商贸机构先后担任经理的有吉少甫、刘逊夫、曹健飞、周德荣等，而以刘逊夫任职时间最长。据当时"新知"负责人之一沈静芷回忆，贸易行业务分两路，一路由曹、吉携带书籍文具去西南各中等城市运销，大约往返过两三次，十分艰苦，也获得一定的利润帮补出书，后因他们另有工作而中止。还有一路由刘逊夫负责，他亲自去几百里之外的广东南雄了解情况，开辟南雄出版用纸运销贸易。大庾岭下邻近江西的粤北南雄是个山区，盛产纸张，却受困于战乱与交通，外销渠道不畅。刘逊夫徒步从南雄买纸运回桂林试销，利润约有四成。后来生意越做越大，资本不够，因得作坊老板信任，同意先运纸后付款，采取代运代销方式，利润对半分成。纸张到桂后暂存西南印刷厂仓库，由于纸质好，又比市场价低，深受出版社欢迎。当"远方""实学"资金紧张时，"裕丰"还以南雄存纸作为抵押，在广西银行秦柳方帮助下，取得银行低息贷款。依靠刘逊夫的往返奔劳和细心操作，实现了以副补书，为渡过出版难关做出了贡献。

读书生活出版社桂林分社，1938年冬建立。负责人刘麟。社内中共党员与生活书店党员同一支部。1941年1月被迫停业后，另办新光书店，直到1944年结束。"读书生活"出版《鲁迅丛书》《新中国文艺丛刊》《新音乐丛刊》，其中许多作品来自解放区。艾思奇的《大众哲学》，艾思奇与吴黎平合著的《科学历史观》经总社组稿，桂林分社排印出版。王亚南、郭大力译马克思、恩格斯巨著《资本论》由总社在上海印出后，桂林分社发行到重庆、延安及全国各地，在马克思主义经典著作传播史上为人们留下记忆。分社还发行《学习生活》等三大期刊。

新光书店作为读书生活出版社应变的二线机构，由范用实际负责，出版左拉《萌芽》、高尔基《海燕》、契诃夫《草原》、奥斯特洛夫斯基《从暴风雨里所诞生的》等名著译本。"学习生活小丛书"收艾思奇、胡绳《哲学论丛》，许涤新、石西民《经济问题漫谈》，陆诒《世界的漫步》，戈宝权《苏联建设的故事》，欧阳山《文艺阅读与写作》，为广大读者打开一扇扇知识之门。

第一板块还有两家书店值得一提。

一是白虹书店。这家在皖南事变后由中共地下组织安排重建，得到李济深赞助并题写店名的出版机构，开办于1941年11月，经理胡希明，发行人杨铁如。白虹办理出版发行和邮购，并负责联系进步作家和掩护中共中央南方局派来桂林领导统一战线工作的李亚群。白虹出版物有于逢、易巩合著长篇小说《伙伴们》，司马文森《奇遇》《人间》，韩北屏《荆棘的门槛》，聂绀弩《女权辩论》，徐迟《最强者》，鲁迅、茅盾、郭沫若等28位作家所写《学生时代》，茅盾、田汉、欧阳予倩、夏衍等30余人的讨论文集《戏剧的民族形式问题》，艾青等10人的《若干人集》，以及余所亚编并收入李桦、新波、建庵、烟桥等十余画家的《木刻》选辑。葛琴编《青年文艺》、吴风楼编《文艺新哨》等期刊也由白虹书店发行。

二是华华书店,1942年春为安置香港沦陷后撤出的《华商报》一部分工作人员而创办,由生活书店桂林分店负责人孙明心托其侄子孙怀琮出面建立,由胡愈之胞弟、学者胡仲持任总编辑,主要出版文艺、教育和儿童读物。茅盾《霜叶红于二月花》、胡仲持《文艺辞典》、葛一虹译《带枪的人》均由华华出版。由于刊物登记不易,华华"以书代刊"出版了三集"新文艺连丛"。陈鹤琴的教育专著和他主编的"新儿童文学"丛书也成为华华重头产品。1944年书店撤到重庆,胜利后迁上海,并在桂林、梧州设分店,桂林分店于1947年1月开业,经理魏华龄,1949年8月因反动当局迫害而停业。

还有一家大公书店,也是在生活、读书、新知被迫停业后,于1941年11月开办的,经理沈静芷,对外用名沈盛天。发行多种进步书刊,读者门庭若市;同时又是革命据点,来此联络、投宿或寻求帮助者都有。1944年桂林大疏散时结束,人员由地下党组织安排,资产交新知书店总管理处清理。

除上述机构外,重庆新华日报桂林办事处和救亡日报所属南方出版社存在时间虽短,仍各自发挥了特殊的作用,前者发行马列主义著作、毛泽东著作《论持久战》和《中共中央六届六中全会决议与宣言》《新华日报社论选辑》,以及《群众》《解放》《中国文化》等期刊,后者出版林林等主编《十日文萃》《南方文艺丛刊》及何家槐主编《战地工作丛刊》。其中《十日文萃》在《救亡日报》复刊前率先面世,刊登一系列各界名人的文章,如叶厥孙记《周恩来谈抗战的回顾与前瞻》、叶剑英《广州、武汉沦陷的抗战形势》、郭沫若《日本社会的危机》、蒋经国《答"赣南人"的一封信》、乔木《三国同盟的秘密条款》、萧乾《暴风雨前的英国》、茅盾《如何学习戏剧的民族形式》、巴金《广南道上》、艾青《我爱这土地》、立波《湘西苗民的过去和风俗》、马星野《日本报之罪恶》、刘白羽《二十棵树》、鹿地亘著、林林译《和平村——俘虏收容所访问记》等,为读者广泛关注。

2.文化人自办的民营出版机构

第二板块大多为文化人以多种形式介入出版业并发生重要影响的出版机构,其中商务印书馆、中华书局和世界书局在广西的经营,已在旧桂系时期做了介绍,其他在桂林创办的书店出版社,当以经营时间较长、出版阵营可观的文化供应社和开明书店、文化生活出版社等为代表。

最大的股份制民营企业——文化供应社。

文化供应社以股份制形式运营,极富开拓精神与活力。由胡愈之设计,与广西地方民主人士联合发起,成立于1939年10月24日,是中华人民共和国前广西最大的民营出版企业。1944年桂林大疏散时撤退到桂东昭平、八步,抗战胜利后回桂复业,负责重庆《新华日报》和生活·读书·新知三联书店、开明书店的图书发行或经销业务。文供社先后在南宁、广州、香港、上海设立营业处或门市部,其桂林机构运营至 1949 年以后,1953 年全部财产转归桂林市新华书店。

文化供应社股份有限公司董事长李任仁,陈邵先、万民一、万仲文、赵晓恩先后任社长或总经理,陈此生任秘书兼总务部长,胡愈之、张志让、傅彬然、邵荃麟先后执掌编政,王鲁彦、宋云彬、曹伯韩、姜君辰、杨承芳、欧阳文彬、林山、林涧青、莫一庸、杜麦青等先后应聘为编辑,其业务骨干多由八路军桂林办事处推荐介绍。出版图书 600 多种,以通俗读物为主。两大系列"文化室图书"和"通俗文库"发行至各县乡村,"青年自学指导手册""青年新知识丛书"和"青年文库""少年文库""世界大战丛刊""时事问题丛刊""初中精读文选""中学略读文选"以及通俗期刊《新道理》在广大群众中引起巨大反响。姜君辰《社会学入门》,艾芜《文学手册》,谷斯范《新水浒》,张健甫《中国近百年史教程》,金庆华《世界战争中的印度》,金仲华设计、金端苓绘制《第二次世界大战参考地图》等曾多次再版。

文化供应社的成功是抗日爱国旗帜下包容兼蓄、多方合作的伟大创造,而国民党反动派却视为眼中钉,想方设法要吞并它,在文供社担负领导工作的中共党员邵荃麟、赵晓恩等急谋后路,筹资设立了文光书店,陆梦先出面任经理,陆联棠和汪允安先后负实际责任。"文光"保存了进步文化力量并继续出版多种图书。收入"世界文学名著译丛"的邵荃麟译《被侮辱与被损害的》、宜闲译《白痴》、林陵(姜椿芳)译《不朽的人民》等书和茅盾《见闻杂记》、丰子恺《画中有诗》《音乐初阶》以及曹朴《国学常识》都为文光增光。文化供应社的生命力也由此得到延伸,其开放开阔的视野、为读者为社会的理念与灵活实效的运营策略均足堪当今出版人学习。

硕果累累的开明、良友和文化生活。

开明书店,1938 年在桂林设总管理处和分店,并新建董事会,宋云彬、傅彬然等任董事,编辑所则在重庆,由叶圣陶主持。开明桂林分店利用当地较好的印刷条件印制发行了大量青年读物、新文学作品和多种教材,品种数量仅次于生活书店。"开明青年丛书""开明文学新刊""开明少年科学丛书""开明少年英文丛书"以及"开明活页文选""开明中学讲义"与《中学生》杂志等招牌产品普遍流传,长盛不衰。书店经营活动延续到 1949 年。

文化生活出版社,原在上海,1938 年来桂林设办事处,巴金担纲编辑。他主编的"文化生活丛书""良友文学丛书""文学小丛书""译文丛书",琳琅满目,品种近百,其中茅盾《炮火的洗礼》、巴金《旅途通讯》、艾芜《南行记》、沈从文《昆明冬景》、艾青《大堰河》、曹禺《蜕变》、李健吾《黄花》、靳以《洪流》等引起文坛注意。巴金译《父与子》《处女地》，许天虹译《双城记》《大卫·科波菲尔》，高植译《复活》，李林译《悬崖》，黎烈文译《冰岛渔夫》等 20 余种译著在图书市场拥有持久的生命力。

上海杂志公司，1938 年底来桂林开业，主要出版文学、戏剧。郑伯奇主编的《每月文库》收入萧红长篇小说《呼兰河传》和老舍、艾青、任钧、白朗、臧克家、端木蕻良等作家作品，戏剧则有陈白尘《乱世男女》《秋收》，章泯《黑暗的笑声》，洪深《包得行》，宋之的《自卫队》，于伶《大明英烈传》，田汉《江汉渔歌》，凌鹤《战斗的女性》，马彦祥《最佳独幕剧选》和多种戏剧理论与演艺著作。1944 年桂林疏散时结束。

良友复兴图书公司，1943 年 1 月由上海迁到桂林。赵家璧任经理兼编辑。由他主编的"良友文学丛书"继续在桂林印行，包括巴金的爱情三部曲之二《雾》、张天翼《在城市里》、老舍《离婚》、王统照《春花》、丰子恺《车厢社会》、萧乾《落日》、谢冰莹《一个女兵自传》、徐志摩日记书信集《爱眉小札》和茅盾、沈从文、严文井、王西彦等人的作品。同时出版了耿济之译《卡拉马佐夫兄弟》第一册、赵家璧译《月亮下去了》和艾秋、萨空了译《斯汤姆·汤恩》等世界名著。"良友"在桂一年半出书 30 余种，质量较高，颇多流传。

科学书局，1940 年 7 月开办。总经理宋乃公，发行人陆凤祥。1943 年元旦成立新编辑部，俞颂华为总编辑，徐铸成、秦柳方为特约编辑，特约撰稿人有千家驹、金仲华、陈翰笙、张锡昌等 20 位知名学者。所出"科学小丛书"15 册，发行甚广，其中顾均正《科学之惊异》、高士其《菌儿自传》、王常《化学游戏》、邵慎之《数学知识》均为畅销读物。科学书店不仅关注自然科学，还出过唐纳译《永生》，胡仲持译《文人岛》和胡明树《良心的存在》，马宁《动乱》，宗鲁、宗诚《恋爱·结婚·家庭》等社科文学图书，并翻印发行原出上海的航空版《科学画报》《西风》《旅行者》和桂林出版的《野草》《青年生活》《科学知识》等杂志，品种丰富，经营活跃，为多方面读者所青睐。

万有书局，1941 年创办，经理贺季润。主要出版尺牍、升学指导一类实用图书。曾请小学教育专家陆静山主编《万有少年文库》，第一辑 20 种，以小学四年级至初中三年级学生为对象，涵盖社会与自然基本知识，作者多为经验丰富的教育工作者。出版后风行一时，许多学校图书馆收藏。其他如张安治《从甲午到七七》、戴自俺《海的故事》等都是质量较高的行销品种。1944 年书店结束经营。

光明书局，1941 年自上海迁来，1944 年去重庆。在桂林出版金人译《静静的顿河》、夏康农译《茶花女》、王独清译《新生》、平心著《中国近代史》、许幸之改编名著剧本《阿 Q 正传》《家》等。

　　文献出版社,经理夏雪清,1941 年春创立,出版司马文森主编《文艺生活》和秦似等编《文学译报》及一套文艺丛书、两辑"野草丛书","野草"每辑12 册。还有"现实文丛""翻译丛书"和一批质量较好的儿童读物,如黄一德《绣球花》、陆др夫《奇异的虾蟹生活》、黄且为《儿童卫生日记》等。

　　国光出版社,1942 年开业,出版"二次大战国际问题研究丛刊""世界文学名著文库""现代创作文库"和"工作学习丛刊",学术性、艺术性和现实性结合较好,四套丛书均由文献出版社总经销。

　　集美书店,1942 年创办,总经销《人世间》《文学译报》《诗》《艺丛》《戏剧春秋》5 大期刊,出版报告文学、唐海《十八天的战争》、马宁《南洋风雨》、田汉剧本《风雨归舟》、汪巩《炮火升平》、田涛《牛的故事》及徐迟《诗歌朗诵手册》等书,还出了一套"艺术新丛",既有胡明树译《裸体论》、瞿白音译《论剧场性及其他》,又有洪深《序〈分道扬镳〉》、戴爱莲《舞蹈艺术》、李桦《现实的与想象的》、丁聪《以刀还刀》、伯箫《战地之歌》、孟超《少年游》、杜宣《春日小记》、黄药眠《中国人之歌》、徐迟《诗的元素与思章》等不负店名的精彩之作。

　　文汇书店,1942 年开业,所出"世界艺术名著译丛"收入宗玮译《莎士比亚论》、吴纳逊译《苹果树》、于作良译《都柏林人》、卞之琳译《窄门》、雷石榆译《海涅诗选》等书均较新颖。诺贝尔文学奖得主高尔斯华绥、纪德和现代主义小说大师乔伊斯的作品尤为读者注目。

　　明日文艺社,1942 年创办,陈占元主持。出版《明日文艺》期刊和同名丛书,收陈占元译《夜航》《妇人学校》《马来亚狂人》,梁宗岱译《歌德与悲多汶》《交错集》《屈原》,卞之琳译《新的粮食》,刘思慕译《诗与真》以及卞之琳《十年诗草》、冯至《十四行诗集》。

　　南天出版社,1943 年创办,出版胡风主编"七月诗丛",收入胡风《我是初来的》《为祖国而歌》,田间《给战斗者》,艾青《向太阳》,孙钿《旗》,鲁藜《延河散歌》,冀仿《跃动的夜》,绿原《童话》,邹荻帆《意志的赌徒》等诗作。

　　这一板块的出版机构多属中间地带,色彩宽和而倾向进步,努力开拓,他们全凭一抹亮色而立足于书林,造福于读者。除上列机构之外,再如北新、海燕、耕耘、前线、石火、创作、大时代、文苑、文人、南光、南国、锦章,等等,都不乏为人称道的劳绩与创造。有些出版社因创办人的文化背景为读者看重,如熊佛西开办的文人出版社、马国亮主持的大地出版社。更多的出版社则以特色见长,拥有自己的专门领地,如经营外文彩印图书的大时代书局,影印外文科技期刊的龙门联合书局,献力诗歌事业的诗创作社,重点发行美术图书的艺术书店,专出音乐图书的立体出版社,专印中国古典小说的侨兴出版社,专为会计事业服务的立信图书用品社,主营地图的亚光舆地学社,以及自香港迁来,黄庆云主编《新儿童》、黄宁婴主编《中国诗坛》等,都在桂林文化城中争得了宝贵的一席之地。

3.共举抗日旗帜的国民党背景出版机构

还有一个板块是国民党、青年团和广西地方当局与军队主管主办或多少有他们作背景的出版机构。这一板块的构成、取向、产品和人员比较复杂,但在大敌当前,国家和民族利益至上的正义旗帜下,多能取得总目标与大方向的不同程度的一致,并为此而在出版上顺时应势,做出多种多样的努力与支助。其中民团周刊社的贡献较为显著。

民团周刊与"七七抗战"俱生。1937年7月,南宁《民团周刊》改组为民团周刊社,1939年秋迁到桂林,亢真化、梁上燕(南宁人,女)先后任社长。下属建设书店由钱实甫兼任经理,另有专职经理钟星云。这家广西省营的最大出版机构主要出版辅导乡镇村街基层行政人员和宣传抗战与广西当局言论的书刊。丛书有"焦土丛书""基层建设丛书",丛刊有"基本认识丛刊""纪念丛刊""常识丛刊""民团丛刊""地方自治丛刊""县政丛刊""国民基础教育丛刊",覆盖政治、社会、建设、教育诸方面,指向性实践性鲜明。自1938年至1944年共出书160余种,印数1037000册,包含部分文艺与自然科学图书,自然也多新桂系要人之作。李宗仁《民族复兴与焦土抗战》《三民主义在广西》,白崇禧《民族出路与青年出路》《乡镇村街长应有的修养》,黄旭初《广西建设的理论与实践》《中国建设与广西建设》等均为发行推广的重点,李品仙、夏威、陈良佐、邱昌渭、韦永成等人的作品也不少。周刊社至1944年大疏散时结束。

建设书店,民团周刊社主管的省营书店,1938年10月7日在南宁建立,1939年3月28日在桂林建分店。1943年秋结束。所发《国民基础教育丛刊》由省府通令各县采用,发行量大增。书店在全省66个县和湖南、广东等12个省建立经销网点,取得较好的效益。

拔提书店,国民党出版发行机构,1939年5月1日开办。发行蒋介石《中国之命运》及国民党宣传部编印的小册子,不受读者欢迎,由政府发给津贴维持。1944年秋结束。

青年书店,国民党、青年团于1940年创办,出版何炳《忠勇士迹》第一辑、陈伯康《日本研究》、邬翰芳《日本国力的剖视》等书籍。

国防书店,1941年4月1日在被迫停办的生活书店桂林分店原址建立,国民党文化宣传部门主办,先后出版李灵芝《战时公路交通》、陈士伟等《战时铁路运输》、王一蛟《农仓经营概要》、陈忠浩《欧战中的国际关系一瞥》、黄先明《日本间谍在中国》、金极《国防科学原理》、吴石《兵学辞典粹编》等书,并印行《国防周刊》。书局于 1944 年结束。

正中书局,1938 年底国民党中央宣传部在桂林设立分店。经理刘石诚。主要发行正中版大中小学课本和各科参考图书,并宣传推销蒋介石《中国之命运》等政治书籍。抗战胜利后,业务交由桂林力学书店代理。

广西学生军还出版过一批图书。据 1940 年 5 月的不完全统计,出版《抗战知识读本》《论敌我战略战术之演变》等书籍 12 种及抗战小册子 33 种。在广西当局推行的“成人教育年”活动中,学生军兴办一大批扫盲和青年学习班,174000 多人参加。学生军的强劲组织能力令新桂系大为震惊,1941 年 6 月,被当局下令解散。但学生军的影响已深植各地,不仅培养出一批文化出版骨干,而且造就了日后成为新桂系掘墓人的多个领袖人物。

这一板块尽管拥有公开的诸多优势,在软实力制胜的文化台面却常常硬不起来,其原因就在于人心、公理并非强权所能任意控制和左右。统治当局可以强迫生活书店停业,霸占其店址开设自己的所谓国防书店,而读者却不买账。生活书店营业时门庭若市,改成国防书店即门可罗雀,再好不过地说明刺刀下的出版和阅读没有了自由也就没有了生气。但这不意味着他们铁板一块,也不排斥其某些出版物客观存在的价值。有的出版者出于某种利益和现实的需要,还会聘请进步文化人士去编辑副刊、专栏、专版,发表不少受到读者欢迎的作品。

（四）中共对出版事业的领导

正是在中国共产党的正确领导和有力推动下,在抗日民族统一战线的旗帜指引下,各方面力量汇聚成巨大的洪流,使出版事业有如桂林奇山,拔地而起,蔚为大观,对鼓舞人民投入伟大的反侵略斗争和走向民主、进步、光明的历史进程起到显著的独特的作用。

这一空前并可称绝后的胜景的出现,首先由于有中共中央的正确决策和运筹以及周恩来的亲自谋划和活动,争取团结了广西当局和各界抗日力量,营造了文化出版得以繁荣的环境。而回顾桂林出版的每一个重要关头,都可见中共中央和南方局及时给予的指导和安排。

1938 年 2 月,毛泽东主席在延安接见读书生活出版社创办人之一李公朴时提出,“将来我们的后方更要缩小,因此书业界的工作,便不得不向游击区去发展,同时也是适应那边的需要”。他对桂林的出版物深为关注,要求每期《野草》出版后给他寄两册。1938 年 2 月 1 日,他还为孙陵主编、在武汉创办、后在桂林复刊的《自由中国》题词:“一切爱国人民团结起来为自由的中国而斗争。"

周恩来在同文化出版界人士的多次谈话中强调要学习党的抗日统一战线方针政策和毛泽东《论持久战》等著作，"不要太露锋芒""不要图一时痛快""要隐蔽，保存实力，作长期打算"。还具体指示，务必要区分一、二、三三条战线，以利战斗，免于遭受严重的损失。对日本侵略军步步进逼、国民党军节节败退时桂林出版如何应对，他语重心长地对沈静芷说："撤退，军队是家常便饭，临到你们搞书店的就不那么简单了。你们都是有家当的，是舍不得瓶瓶罐罐的。当然，这些确是党的财产，不能随便丢，但主要是人，是干部、是群众，安全转移，保存了他们，一切都好办了。"他提出兵分两路，到时候，一路从陆路向西撤至重庆，一路从水路撤往桂东，"那边是山地，地势很好，是打游击的好地方""告诉三家书店同志，要吸取 1938 年湖南长沙大火撤退时的严重教训，提高警惕，事先做好准备"。这些极具先见之明的提醒保证了桂林出版即使面对惊涛骇浪也不致惊慌失措。

当工作中出现片面追求商业利益影响到出版责任的践行时，党员作家、评论家和文艺组织中的健康力量便会勇敢地站出来展开严肃的批评，使出版与创作回到正确的轨道上来。

邵荃麟曾在 1941 年 11 月 19 日召开的 1941 年文艺运动讨论座谈会上发言，直言不讳地批评"出版界成为小市民低俗追求的尾巴，处处讲究'生意经'，将就迎合市民阶级读者的脾胃……市场的评价掩盖了文化的评价"，指出"写一篇文章，编一本刊物，都是要对人对己负责的"。

茅盾则大声呼吁："我们对于文化市场，不能仅仅满足于有书在出，我们还须看所出的书质量，还须看所出之书是否仅仅为了适合读者的需要，抑或同时适合于文化发展上之需要。"他说："倘把这两个需要比较起来，我们就不能太乐观，不能太自我陶醉于目前的热闹，我们还得痛切地下一番自我批评。"

正是由于党的清醒评估和坚定领导，桂林文化城出版工作尽管遭受过难以避免的挫折，行进在崎岖起伏的道路上，终能维持六七年之久的繁荣兴旺，实现了出书又出人，出版物与出版人同步发展的大好局面。

（五）年轻而优秀的出版人

那些已历考验走在前列，担负领导、指挥和谋划决策的优秀著作家、出版家其实大都不过三四十岁，有的甚至年仅 20 或 20 出头。

以 1937 年为线，欧阳予倩 48 岁，郭沫若 45 岁，梁漱溟 44 岁，邹韬奋、徐悲鸿 42 岁，茅盾 41 岁，胡愈之、陈邵先、张志让、宋云彬 40 岁，田汉、张静庐 39 岁,范长江、傅彬然、李文钊 38 岁,夏衍、杨东莼、胡仲持、熊佛西、林林 37 岁,陈此生 36 岁,张锡昌、胡风、孟超、顾均正 35 岁,聂绀弩 34 岁,薛暮桥、巴金、徐伯昕 33 岁,李亚群、邵荃麟 31 岁,金仲华 30 岁,刘季平 29 岁,千家驹、张铁生、黄洛峰、周钢鸣 28 岁,狄超白、艾青、瞿白音 27 岁,华应申、许觉民、万仲文、莫乃群、林焕平 26 岁,欧阳凡海 25 岁,胡明树 23 岁,司马文森 21 岁,秦似、曾敏之 20 岁。

在这些正当担大任之年的中坚力量领导和影响下,一班热血青年很快找到自己的岗位和努力方向。

那时的书店出版社普遍重视员工的学习和职业精神的养成,讲座、讨论和《出版线》等交流园地办得有声有色,邹韬奋为生活书店立下的宗旨——"竭诚为读者服务"成为所有矢志于出版者的行动指针。卞祖纪、邵公文在几十年后还记得当年桂林生活书店同仁们的火热工作场景:"分店最初的工作人员连同炊事员、工友同志在内共八人,每日工作十二个小时(早八点到晚八点),星期日也照常,搞财务搞邮购的同志把本身工作做完,就参加门市部售书。大家不怕苦不怕累,任劳任怨。这种情况一直持续将近一年,直到湘桂铁路通车,武汉,广州沦陷,桂林人口骤增,我们才陆续增加人员,改为轮休制。"至于开架售书,为读者找书寄书,尽力满足读者需求,更是进步书店一贯的传统,即使是大疏散时,生活、读书、新知三家出版机构,在向昭平、八步转移途中仍不畏艰辛,保护器材、书籍,并利用一切机会,沿途摆摊销售,还为《广西日报》昭平版的出版付出了弥足珍贵的人力和物力。

这些沐浴着抗战圣火成长的出版人大多成为日后文化战线上的骨干,当年的核心成员则成了新中国出版文化战线以至更大范围的领导。

中华人民共和国第一任出版总署署长、后任文化部副部长、全国人大常委副委员长的胡愈之就是在上海、武汉、桂林即已驰名的设计大师。这位早年以编辑《东方杂志》、翻译《西行漫记》、出版《鲁迅全集》而名噪学界的大手笔出版家,卸任国共联合的军委政治部三厅科长职务,来到桂林不过一年半时间,在继续主编《国民公论》和指导生活书店的同时,策划设计并参与创办了文化供应社和国际新闻社等重要机构,打开局面后又远走南洋,开辟新的战场。桂林抗战期间的胡愈之在他为出版为文化的一生中写下了光辉灿烂却不事声张的一页。

图 15　抗战时期的胡愈之

其他如徐伯昕、黄洛峰、徐雪寒、华应申、邵公文、范用……在战后在新中国出版与文化事业上都做出了卓越的贡献。

华应申在文化部出任办公厅主任等职后还有缘在 20 世纪六七十年代重返广西，担任自治区文化局局长，以其一贯的优良作风和工作能力博得文化界好评。

当年默默无闻工作在各个岗位上的年轻人，在书店出版社的大熔炉大学堂里成长进步，一如当年新秀欧阳文彬《在密密的书林里》所描写的那样生气勃勃。在众多出版史料里我们也能看到不少动人的细节。像白虹书店经理胡希明挺身救助危难作家的侠骨雄风、实学书局经理李易安以非党员身份掩护重任在肩的共产党人的侠肝义胆，读之令人肃然起敬。① 抗战文化城中出版所起的堡垒作用、辐射作用和孵化器功能在众多出版物出版人身上得到了充分的展示。

(六)国民党对进步出版事业的打压

文化城的出版之旅注定与风雨同行，与霜雪相伴。

国民党当局在读者中得不到优势，却迷信能从审查卡压、武力禁毁上取得，因而争取、捍卫与剥夺、扼杀出版自由的斗争不绝于世，亦不绝于书。

---

① 　魏华龄：《桂林抗战文化》，漓江出版社 2008 年版，第 200 页、206 页。

国民党取得全国政权和新桂系统一广西后即不断加强对新闻出版的控制，制订成套的法令法规和成立专门机构进行书刊审查，具体到中共及民主人士习用的 50 多个专有名词都被指为"谬误"，国民党中央宣传部曾特颁《抗战期间宣传名词正误表》，要求各地禁用那些被他们视为洪水猛兽的名词，一有发现必须删改，如"解放"要改为"复兴"，"团结"要改为"统一"，连"红军""阶级""顽固"等词都不许使用。

但当权者并非一成不变。

新桂系在"四一二"政变和"清党"时与国民党中央亦步亦趋，当日本侵略军严重逼近后，在中共统一战线政策的影响下，为救亡图存，也为壮大实力与蒋介石的挤压相抗衡，同意团结抗日，对文化人著作和书刊出版活动有意与国民党中央的严苛保持一定距离或实际执行时取灵活宽松的姿态，不但同意《救亡日报》在桂林复刊，还给予了资助。

黄旭初曾训示省图书杂志审查委员会："在此抗战期间应不与文化界发生摩擦。"还亲自批准当时国统区颇有争议的两篇文章——万民一的《中国社会变革与建国前途》和千家驹的《抗战新形势和我们的任务》"可发表，不必送中央复审"。

李任仁也曾因张铁生办的刊物被检呈中央审查委员会审查而遭查禁，找来省审委常委谢举荣当面严斥，明令广西书刊"嗣后先由广西图审会审，不得再呈中央"。

1940 年 8 月，中央图审委特派管举先来广西视察，发现书刊审查不力情况后，要求对全省图书市场重新检查一次，遭到生活书店联络时代书局等 15 家书店的坚决抵制，管举先惊呼"桂林已成反动分子的大本营"，"桂林直是延安第二"。① 管举先回到重庆，立即大做文章。

不久，皖南事变爆发，蒋介石掀起国共第二次合作以来的新一轮反共高潮。骨子里本就有反共情结的新桂系这时也疑忌共产党和进步人士在桂林的活动和力量增强，于是很快与蒋介石的倒行逆施合拍。

桂林文化城一时乌云密布，八路军办事处被迫关闭，生活、新知、读书等进步书店受到摧残。至 1942 年底，当局查禁书刊达 15162 册。1943 年 2 月 16 日一次销毁 94 种、1381 册书刊。之后又查封了《文艺生活》《西南儿童》《音乐与美术》等 10 余种期刊。1944 年初查封《野草》《戏剧生活》等刊物，并禁扣图书 92 种。

---

① 广西壮族自治区地方志编纂委员会：《广西通志·出版志》，广西人民出版社 1999 年版，第 72—73 页。

面对统治当局的控制和压迫,出版界奋起反击。

生活书店总负责人邹韬奋在国民政府第一、二届参政会上提出提案,要求取消《战时图书原稿审查办法》,获得多数票通过,但国民党政府拒不执行。

1939年2月12日,桂林文化、新闻、出版界26家单位的代表集会,要求取消《战时图书杂志审查办法》;9月15日,《国民公论》《中学生》和中国农村经济研究会等,具呈国民党中宣部,要求取消《抗战时期宣传名词正误表》。

1943年11月28日,留桂作家20余人再次联合致电国民党中央,要求改善审查制度。

1944年3月,桂林《大公报》发表社评《物价与文化》,揭露因政治环境恶化和物价飞涨而造成的"行行有饭吃,著书必饿死"的严酷现实,4月又发表黄洛峰、张静庐、余所亚、姚蓬子、田一文、康性天等人的《出版业的呼吁》,支持《大公报》社评,向政府提出7点改善办法。

这一次次抗争,伸张了正义,打击了反动派的气焰,增强了统一战线阵营团结求存的力量。由于抗日声浪高涨,中国共产党采取的政策获得全国人民的支持拥护,终于扭转危局,使桂林文化城的繁荣得以延续,直到日军大举进犯,1944年11月10日桂林沦陷,文化城美景随大疏散而不复存在。但文化城通过出版播下的种子遍及四方,孕育的人才长成栋梁,从而为出版和各项文化事业的进步积累了肥沃的土壤,开辟了广阔的前景。

桂林文化城的出版繁荣虽有天时、地利、人和之助,终究运行在严酷的战争环境之中,困难丛生,道路崎岖。

在日寇侵占前一年,国民党当局查封十多种刊物后,据1943年9月28日的桂林《大公报》报道:桂林出版业惨淡,作家为了生活纷纷易辙,孙陵去玉林某中学任教,王西彦到湘西养病,秦似和庄寿慈到良丰道慈中学教书,于逢去祁阳,骆宾基去兴安,严杰人到南宁任《曙光报》编辑,征军夫妇去博白,华嘉去长安镇,伍禾在平乐,杜宣去昆明,新波和郑思去榴江。留桂文艺工作者不多且生活贫困。

一年过去,1944年4月29日,亦即桂林第三次强迫疏散令颁布前五个月,《新华日报》以《桂林文化城衰落了》为题,谈到与一年前相比,每月出版的新书由四十多种减到"只剩一半,甚至一半都没有了",第一版印数也由"三千本以上",减到"最多只印一千五百本"。"物价飞涨,成本抬高,资金枯竭,购买力低,运输困难,加上图书审查严紧和捐税的负担,已经使文化事业气息奄奄。"

尽管如此,念念不忘职责的文化人仍在最艰危时日做难能可贵的努力。

1944 年 6 月 1 日,《金字塔》月刊出版。7 日,桂林图书出版界连续三天在十字街口举行义卖,捐款劳军。10 日,国内唯一的儿童画报《儿童漫画月刊》创刊,现代书局出版。从 6 月中到 7 月中,《文艺创作》杂志三卷二、三期相继问世。司马文森、曾敏之等投身抗日游击战争的文化战士更把出版成果带到了偏远乡村。

二、从启蒙走向救亡的期刊

1937 年抗日战争全面爆发至 1945 年抗日战争胜利,广西共出版期刊 340 余种,出版业达到民国时期的鼎盛。

(一)新桂系背景的期刊

全面抗战爆发后,新桂系认识到只有对广大民众进行爱国教育,激发国民同仇敌忾、一致抗日的爱国热忱,才能挽救中国。因此,在积极出兵抗日的同时,新桂系还积极发展文化教育事业,建立了一些文化事业单位和学校以及不少官方或半官方、准军事的社会团体或事业单位。出版期刊以研究"抗战建国"诸问题为主,进行抗战宣传,扩大影响,此时,广西的期刊出版业发展迅速。在广西省政府大力提倡官办期刊,要求各机关、团体、学校编印定期刊物的背景下,各机关、团体出版的期刊有:《广西省政府公报》《建设汇刊》《广西建设季刊》《广西合作通讯》《广西统计季报》《广西统计通讯》《广西物价月报》《广西统计月刊》《广西物价指数汇编》《广西卫生通讯》《广西教育通讯》《基础教育》《国民教育指导月刊》《广西省政府教育施政工作周报》《基层建设》《广西地方行政干部训练团团刊》《广西贸易》等。此外,梧州有广西出入口贸易处出版的《广西贸易》;湘桂铁路管理局在柳州出版了《湘桂月刊》《湘桂季刊》《湘桂周刊》《紫山村讯》等;驻柳州的第四战区司令长官司令部出版《国防研究》;桂柳师管区出版的《兵役月刊》;广西省立艺术馆于民国二十九年(1940)3 月成立,出版的期刊有《每周画报》《音乐》等。

1937 年 10 月 9 日,新桂系在桂林组建广西建设研究会,以"根据三民主义及广西历年来建设经验,为适应对日抗战时期之需要,从事于广西省政治经济文化诸方面建设问题之研究"为宗旨,创办了《建设研究会会务汇刊》《时论分析》《敌国舆情》和《建设研究》4 种期刊,对研究广西建设,宣传广西政绩,团结进步人士开展抗日救亡运动起过重要作用。

1938 年 12 月,抗日救亡团体广西学生军创建,随后在广大城乡开展了波澜壮阔的抗日救亡运动,对抗日战争做出了重大贡献。从成立之初到 1941 年解散,广西学生军先后出版了 87 种报刊,其中有《广西学生军旬刊》《火车头》等,这些期刊在内容上紧密配合当时的形势和学生军的实际情况,指导学生工作与学习、宣传动员群众抗日。

这一时期,广西期刊的思想文化内容,救亡取代启蒙成为时代的主题。主要表现在:第一,宣传抗日爱国思想,增强团结对外的凝聚力,树立抗战必胜的坚定信念。如《正路》刊载的《充实力量完成抗日救国任务》,《广西建设研究月刊》刊载的《怎样争取最后胜利》,《干校校刊》刊载的《动员全国民众力量争取抗战最后胜利》,《抗战时代》刊载的《以必胜决心迎接抗战第四年》等。第二,揭露日本帝国主义的残暴罪行和阴谋活动,报道抗战形势和进程,激励广大人民积极投身抗日救亡运动。如《克敌周刊》刊载的《最近敌机狂袭本省与我们的对策》,《抗战时代》刊载的《沦陷区内倭寇的残暴兽行》,《抗战》刊载的《广西学生军开往前线》,《创进半月刊》刊载的《当前的政治形势与学生救亡工作》等。第三,揭露和批判违反抗战、团结的言论和观点。如《干校校刊》刊载的《汪精卫叛国与敌阁改组》,《时论分析》刊载的《汪精卫谬论的驳斥》等。

(二)文化城新办的期刊

全面抗战开始后,一大批从上海、南京、武汉、长沙、广州等沦陷区撤退出来的文化教育界人士,陆续到达桂林从事宣传抗日救亡活动,使桂林文化城出版业空前繁荣,仅期刊就出版 297 种,其中大部分是以抗战为中心内容的综合性期刊和文艺期刊。其中,综合性文艺期刊有:《克敌周刊》《笔部队》《东线文艺》《抗战文艺》《耕耘》《自由中国》《半月文艺·半月新诗》《文艺新哨》《文艺生活》《文艺杂志》《创作月刊》《文学报》《种子》《文学创作》《青年文艺》《人世间》《明日文艺》《艺丛》《大千》《文学杂志》《新文学》《当代文艺》等。诗刊有《拾叶》《顶点》《诗》《中国诗坛》《诗创作》。杂文期刊有《野草》等。文学评论期刊有《文学批评》。翻译期刊有《文学译报》《翻译杂志》。戏剧期刊有《新中国戏剧》《戏剧春秋》。美术期刊有《漫木月选》《漫木月刊》《木艺》。音乐期刊有《音乐阵线》《新音乐》《每月新歌选》《音乐知识》《乐坛歌选》等。综合艺术期刊有《战时艺术》《工作与学习·漫画与木刻》《艺术新闻》等。少儿刊物有《少年战线》《西南儿童》《抗战儿童画报》《少年之友》《新儿童》《儿童漫画》等。妇女刊物有《广西妇女》《妇女岗位》

《妇女之友》《妇女通讯》。青年学生刊物有《广西学生》《火炬》《中学生》《西南青年》《青年生活》《青年先锋》《学生岗位》《新生代》《自学》《广西青年》《新道理》等。南宁出版期刊数量也不少。民国二十八年（1939）2 月，中共党员华嘉创办《大地》文艺期刊。民国二十九（1940）年 9 月第十六集团军出版有《挺进》月刊。民国三十二年（1943）2 月，又有一批青年文艺爱好者创办《绿洲》月刊。这些期刊在宣传抗战必胜、鼓动广大民众投身抗日救亡运动、满足人民群众文化知识需要等方面做出了重要贡献。①

　　夏衍在桂林主办《救亡日报》时，还主编一个刊物《十日文萃》，由附设在报社内的南方出版社出版，每期除选辑部分各地报刊的重要文章外，大半都是另行组稿，每期刊首的时论就由夏衍亲自执笔。夏衍还腾出时间与宋云彬、聂绀弩、孟超、秦似等人创办了杂文刊物《野草》。郭沫若、茅盾、柳亚子等一大批现代文学泰斗都是《野草》的热心支持者和撰稿人。这是一个富于战斗性、勇于向敌人投枪掷弹的刊物。它发表了大量短小精悍、尖锐辛辣的杂文，对国民党官员的营私舞弊、贪污腐败，做了无情揭露与抨击。《野草》继承了鲁迅的战斗精神、促进了中国杂文的发展，是中国现代杂文史上的一座里程碑。《野草》宣传抗日救国、反分裂、反倒退，在抗战文艺刊物中影响巨大，毛泽东和周恩来都十分关注它。毛泽东嘱人把每期的《野草》都寄给他 2 份，周恩来对办好《野草》的编辑方针做过两次具体指示。皖南事变后，桂林一度笼罩着白色恐怖，《救亡日报》《野草》先后被迫停刊。

　　1938 年 11 月，受周恩来的指派，胡愈之以救国会人士的身份和范长江一起到达桂林，开展轰轰烈烈的抗日救亡文化运动。胡愈之把原来在武汉出版的救国会机关刊物《国民公论》于 1939 年 1 月 1 日搬到桂林，由生活书店桂林分店出版，直到 1941 年 2 月出至五卷 49 期被国民党政府勒令停刊。《国民公论》在桂林出版期间，由胡愈之、张志让等 4 人轮流主编，每人负责一期。这也是胡愈之提出的办法，体现了他谦虚谨慎的精神和注重培养人才的意识。1940 年 5 月，中共中央发出了《放手发展抗日力量，抵抗反共顽固派的进攻》的指示，八路军桂林办事处主任李克农根据这一指示，决定让胡愈之首先离开桂林。胡愈之在桂林抗日救亡运动中，既是当时先进文化事业的先驱，也是一名杰出的政治活动家，更是一位出色的新闻出版工作者。他在桂林的新闻出版活动，不仅弥漫着对自由民主的信仰和追

---

① 廖晓云:《民国时期广西期刊概略》,载《图书馆界》2010 年第 4 期。

求,也散发着对中华民族的热爱与忠诚。[①]

第五节　电影——抗日宣传新武器

抗战时期,新桂系有意识地利用电影传媒作为救亡宣传的新武器,收到了良好的传播效果。

一、夯实救亡宣传基础

(一)政策管理

1936 年新桂系创办"电化教育",利用放映电影宣传民团制度和"四大建设"。

1938 年 3 月 31 日,国民党临时全国代表大会确定了文化建设原则纲领的提案,提案指出:"推广新闻、广播、戏剧、电影等事业,以发扬民族意识为宗旨。"

1938 年国民政府《电影施教纲要》要求灵活运用电影这一大众传播媒介,发挥其宣传教育群众的作用,达到"发扬民族精神、激发爱国情绪、培养国民道德、培植自治能力、鼓励生产建设、灌输科学知识、推进健康教育、提高大众文化的目的"。

抗战期间,新桂系当局相继出台了《广西影片检查办法》(1937)、《协助民众团体战时教育》(1938)、《电影院入场座位改善办法》(1939)、《抗战教育展览室组织简则征集展览品办法及项目》(1938)、《广西省戏剧审查规则》(1942)、《儿童影片检查标准》(1940)、《修正戏剧审查规则》(1943)。

这些政策从多维度多层次将电影放映活动纳入政府的管控中,对唤醒民众救亡图存的意识具有十分重要的作用。

(二)物质支持

1. 建立放映场所

抗战时期,广西各地新建了一批规模较大、设施较为齐全的电影放映

---

① 胡愈之:《我的回忆》,江苏人民出版社 1990 年版。

场所,总计有 27 家。

抗战时期,桂林先后开办大光明电影院、群众电影院等,当时桂林电影院总计 8800 余个席位。柳州新建的有新光电影院、大观戏院、民乐戏院、国泰戏院、华星戏院、金门戏院、大光明戏院。南宁新建的有大南有声电影院、同乐大戏院、中华电影院、新世界大戏院等。北海新建的有国兴电影院、永兴电影院。其他如宜山县、融安县等地也有少量新建电影院。

1938 年,随着抗战以来电影事业发展和逐步完善,省府相继出台了有关规定,比如明文规定电影院须用青砖建筑,开辟太平门,多设窗户,置备消防设施,保持场内卫生。所以这一时期建立的电影院的建设规模、放映设施以及观影环境等都有了一定的改善。

2.引进放映技术

当时一般电影场所的放映机器还比较落后。1903 年到 1931 年前后,广西放映器械多用 8 毫米无声机,光源使用白炽光源,甚或有用汽灯作光源的。使用直流电,用留声机配放音乐,有的雇请解画员解释剧情。自 20世纪 20 年代起逐步使用 16 毫米无声机。自 30 年代起逐步使用 35 毫米机。初时多为手摇式提包机,20 世纪 30 年代中期使用座机。这些放映机多从外国舶来。光源多用炭精棒电弧光灯,放映频率为每秒 16 画格,画面闪烁不稳。1933 年南宁首次放映有声电影。至中华人民共和国成立前,原配的有声放映机绝少,多在无声机上加声头,配上还音扩大器和扬声机充用。桂林作为战时广西的省会,放映技术也一直在更新换代。紫金、大光明电影院均使用美国和日本放映机,从无声到有声,从黑白到彩色,都是普通银幕。

1939 年梧州市新光戏院首次上映美国出品的彩色影片,包括纪录片、卡通片等。此后省内上映彩色片渐多。

抗战时期,广西省政府电教部报告本省电影教育巡回放映队概况时提到,设备方面有提移发电机一架,十六米放映机一架,十二伏特留声机一架,幻灯机一架,影片二十八套,并于 1942 年 8 月组建有声电影队一支,专在广西省内及桂林市附近各机关巡回放映。

由于抗战期间各种现代设备和物质奇缺,但国民党新桂系还是尽其所能地购进先进机器设备,满足广西电影放映的需求,物质条件的满足,使得广西抗战电影救亡宣传活动成为大后方文化救亡运动的一个重要方面。

3.组建放映队伍

1933 年广西政府在南宁成立了第四集团军总政训处宣传科电影队,

1936 年 11 月电影队迁往桂林。第四集团军总政训处宣传科电影队的主要工作是在广西各地区巡回放映电影,也摄制抗战影片。1937 年 5 月广西省府成立国防艺术社,由巡回游艺演讲团、国防剧社和电影队三支艺术宣传队合并组建,隶属于第五路军总司令部政治部,国防艺术社设电影部,从事巡回放映活动,至 1942 年 9 月解散。为了配合电影救亡宣传活动,省政府还组建广西电影巡回队、"乡建"电影队进行电影放映工作。

1937 年,广西省政府为培养电影教育人才,从广西省内选拔 12 个青年去南京参加教育部办的电化教育人员训练班,由于战事紧张,被迫返桂,次年元月结业后即编成 4 支巡回放映队,归省教育厅电化教育辅导处第三科电化教育室管辖,分桂北、桂中、桂南、桂东 4 路免费进行巡回放映。战后,随着国内形势的发展,至 1948 年,电影教育队减至 2 个队,1949 年秋,最后的 1 个队自行解散。

1938 年,省政府为养成电影教育人才,将年前赴京受训,后因"京(南京)沪抗战"返回的学员组建电教训练班,请江苏省教育学院的戴公亮、陈汀声二位教授担任电影与播音教师。训练班所需要之材料,由广州方面购买。(1938 年 3 月 2 日《南宁国民日报》报道)

1938 年 10 月 26 日,广西省政府战时民众教育工作团成立。将电教队编为 6 组,分 2 期深入县、乡开展工作,每期 2 个月。在人才和设备都完备的情况下,广西省政府开始组织多种形式的电影宣传活动。

截至 1942 年 10 月,广西省府电影教育队由原来的 5 队扩大为 7 队,分配于 7 个行政区,各队经常巡回于区内各县乡镇村街施教——放映教育影片,每分队有队长 1 人,队员 3 人。除此之外,当年 8 月省政府还组建有声电影队一队,专在省内及桂林市附近各机关工厂做巡回放映。

二、积极开展救亡宣传

(一)救亡宣传的控制

新桂系是抗战时期广西电影救亡宣传的控制主体,保证了广西电影救亡事业的顺利开展。

1.控制放映内容

据当时的报刊资料记载,新桂系当局多次购买抗战影片以供向民众放映之用。新桂系通过加强电化教育,扩大救亡宣传,源源不断地购买大量抗战影片,为文化救亡运动提供了丰富的电影资源。

1937年5月24日,抗战时期广西唯一的专业综合性艺术团体国防艺术社成立,隶属于第五路军总司令政治部。队长黄学礼是留美学生,负责技术领导及人员培训,副队长刘延年负责行政及队员生活管理。先后招考了两批学员二十余人培训,学员有杭梅玲、李露莎、雷卡玲、方衣玲、周仕露、何漪萍、苏纯煦等人。国防艺术社电影队设备齐全,从拍摄到制片均可独力完成,是广西最早的电影纪录片摄制单位。1939年1月22日,五路军政治部国防艺术社电影部改组为电影队。国防艺术社主要的电影活动是摄制抗战影片,如《第五路军抗战实录》《修建湘桂铁路》等新闻纪录片,摄制完成后还派人到各地放映,这些影片点燃了民众保家卫国的决心。1942年9月,该社解散。

除了巡回放映队,国防艺术社、各地抗敌后援会和民间的电影团体、电影院等机构,也积极放映抗战电影,大力开展电影救亡宣传活动。

2. 控制放映渠道

新桂系还通过行政手段对广西电影救亡宣传的渠道进行控制,使之更好地为电影救亡宣传服务。

1937年7月16日,广西省政府颁布《广西省教育电影巡回讲映办法》。该办法将全省划分为四个教育电影巡回放映区——桂林、平乐两区(行政专区)为第一区,辖桂林、兴安等二十一县;柳州、庆远、浔州三区为第二区,辖柳州、融县等二十三县;梧州、玉林、南宁三区为第三区,辖梧州、扶南等二十六县;天保、百色、龙州三区为第四区,辖百色、龙州等二十九县。每区派巡回放映工作人员两名,协同放映机一副,影片两套,每套四片,到各区巡回放映。

1939年,省政府为了进一步推行战时民众教育,又将四个电影放映区扩大为五个。电影放映区的划分规范了战时电影的放映范围,保证了电影巡回队放映工作的顺利有序进行。

新桂系的电影救亡宣传主要是通过公益放映的渠道实现的。为了募集款物支援抗战,新桂系也利用电影义映的方式筹集善款和各类物资,积极支援前线和慰劳负伤将士。

(二)救亡宣传的内容

1. 宣传抗战建国

抗战时期在广西放映的宣传抗战的新闻纪录片有《第五路军抗战实录》第一集。这部新闻纪录片是第五路军总司令政治部国防艺术社拍摄的。目的是加强救亡宣传,提升民众抗战建国的热情。拍摄的内容是各省民众战时动员及敌机轰炸不设防城市的惨况。此外,还放映全面抗战前拍摄的《十九路军抗日战史》等纪录片。全面抗战爆发后,光 1938 年 1 月约至 10 月间,中国电影制片厂就拍摄了 46 部抗战新闻纪录片,这些片子都在广西各大影院放映过。

除新闻纪录片外,省政府巡回放映队还利用电影进行广泛的教育宣传,播放农牧知识影片,例如教育部分发的教育影片——牧牛、牧羊、航空救国等多种。

放映的故事片中,《八百壮士》堪称经典之作。《八百壮士》由中国电影制片厂 1938 年 7 月出品,阳翰笙编剧,应云卫导演,袁牧之、陈波儿主演。这部影片取材于发生在"八一三"淞沪抗战中的 7 个真实故事,表现了国军官兵坚强勇敢,不畏牺牲的爱国精神。

《同仇》也是当时热映的抗战题材故事片。《同仇》拍摄于 1934 年,夏衍编剧,程步高导演。当时,日军正与各路汉奸紧锣密鼓地酝酿并制造"华北事变",在这民族危亡的关头,该片通过一个爱情故事,表达了在大敌当前之际,同胞们应当放弃个人间的积怨,积极投身抗日救国的主张。

《木兰从军》《铁扇公主》等取材于中国传统文化的抗战影片也大受欢迎。表现香港民众民族气节和支援抗战爱国行动的《白云故乡》《前程万里》等片也受到观众和行家的一致好评。

这一时期在广西上映的较有影响力的故事影片还有《大丈夫》《保卫我们的土地》《热血忠魂》《中华儿女》《孤城喋血》《风雪太行山》《火的洗礼》等。这些故事片采用现实主义手法,直接表现了人民反抗日本侵略者的心声,丰富深化了团结一致,共同抗战的主题。

2. 宣传统一战线

抗战时期,桂林由于其特殊的地理位置和人才优势,成为抗战时期中国对外交流的一个重要窗口。在文化交流中,中国与苏联的关系最为密切。抗战期间,苏联影片可由兰州航运抵桂,公开展播。在广西放映的苏联影片有《游击战》《无敌坦克》《游击队之女》《粉碎敌巢》《雪中行军》《斯维尔特洛夫》《红舰队》《夏伯阳》《夜莺曲》《战争一日》《新世界的一天》等二三十部,还有《苏联建国二十五年纪念影片》《苏联空军》等新闻纪录片。

尤其值得一提的是,苏联摄影师罗曼·卡尔曼 1938—1939 年间在中国拍摄了两部表现中国抗战的纪录影片《中国在战斗》和《在中国》。这两部影片记录了武汉会战的激烈场面,用事实向世界人民揭露了日本法西斯的战争罪行,而且,还以广阔的视野,从各个角度生动地表现了中华民族顽强乐观的战时生活,以及中国军民善待俘虏的人道主义精神。

美国影片当时也深受欢迎——由《飞虎队》《建国之一页》《如此天皇》《封锁大西洋》《荒江女侠》《空中之霸》等纪录片,还有反映儿童心理教育的彩色故事片《青鸟》等。

(三)救亡宣传的对象

电影的宣传对象就是观众。

1.抗战将士

军人是抗战电影宣传的主要对象。新桂系当局积极向前线军人及军校官兵放映抗战电影。据报载:当时,各地各界欢送征兵,讲影队都要到场放映抗战电影;驻桂军警各单位及各军校学生经常集体观看抗战影片;广西伤兵管理处的荣誉大队官兵也经常观影。每逢节假日,各地都有电影劳军的活动。

2.普通民众

新桂系当局开展的电影宣传活动,民众当然是最广泛的受众。在对民众进行的抗战宣传中,学生群体是一支不容忽视的队伍。新桂系及各电影团体通过向广大学生群体进行抗战电影救亡宣传,使大批进步青年投笔从戎投身抗战。抗战时期,妇女也是广西抗战电影救亡宣传的对象之一。通过组织各地各界妇女观看抗战电影,向妇女宣传抗日救亡思想,极大地促进了妇女界开展募捐、献金、劳军和举办各种妇女训练班、战时工作队,开展对伤兵服务和救济难童难民等活动的积极性。

(四)救亡宣传的效果

广西的电影救亡宣传活动影响巨大,成效显著。

1.电影放映的现场效果

电影宣传活动的现场效果,在当时的新闻报道中可见一斑——《南宁民国日报》1938年3月7日报道:"本市公共体育场放映《我们的首都》及《献机祝寿》两片,民众往来观者极为踊跃,观众每观到我们的首都南京时,无不表示眷恋于痛悼,威誓必驱逐日寇,恢复我的首都及失地。"《扫荡报》1938年7月25日报道观影观众:"是晚到场参观民众不下千人,情形极为热闹。"同年9月9日,省党部放映抗战影片,《扫荡报》报道"前后十余天,每次观众逾五百,实况甚为热闹,四日晚,为最后一天,观众更见踊跃"。

招待伤兵观影时,在电影散场后,还常常出现伤员立刻要求重返前线场景。1939年6月12日,电影放映第二队在桂林新世界戏院放映《八百壮士》招待广西伤兵管理处荣誉大队各官兵。该影片映出时,"见片中壮士之坚决抗敌,予敌人以巨大打击,殊为感动,故多有欲重返前线,积极发扬八百壮士之精神,为国家民族争光荣"。

2.电影宣传的社会影响

广西的抗战电影救亡宣传深入广大民众,宣传教育民众,提升了民众参与抗战的热情。

全面抗战爆发后,广西全省掀起抗日救国的热潮,各族青年纷纷应征入伍,大批学生投笔从戎。抗战时期,广西子弟兵英勇参加了许多战斗——淞沪会战、徐州会战、台儿庄战役、武汉保卫战、拱卫鄂西北等多次战役,均有八桂子弟的英勇身影。

抗战期间,广西是全国抗战兵源的主要供给区。在8年全面抗战中,广西总共征调100万兵员,以补充部队和组建新军。在全国各省中,广西输送兵员总数仅次于四川,而按省内人口所占比例则为全国第一;抗战期间,广西还动员和组织民工200多万人次投入各种劳役,为抗战胜利创造了条件。

第六节　抗战时期的新闻教育研究

战时广西的新闻教育与研究,处处体现出为抗战服务的特点。

一、教学为抗战服务

抗战时期,是民国广西新闻教育事业的鼎盛时期。

抗战时期桂林新闻事业的繁盛推动了新闻教育的飞速发展。当时,桂林的新闻教育机构和教育形式多种多样,教师均为新闻名家,教学目标"一切为抗战服务",教学内容理论与实践并重。

1938年10月,武汉、广州相继失守,大量知名报刊和知名报人辗转来到桂林。为了更好地进行战时新闻宣传,中国青年新闻记者学会和国际新闻社依靠中国共产党的领导,争取新桂系和民主力量的支持,一面组织吸收培养大批的青年通讯员,一面团结吸引进步的、在全国享有盛名的新闻工作者参加到队伍中来。

为了尽快提高整个队伍的新闻业务水平,孟秋江和范长江、陈同生(陈依菲）等先后组织举办了"战时新闻工作讲习班""桂林暑期新闻讲座"，和陆诒、夏衍、冯乃超、张铁生、杨东莼等分别担任战时新闻学概论、新闻采访与编辑、国际形势讲话和对敌宣传等课程的讲师。国民党新桂系觉得自己办的报纸不能令人满意，新闻人才太少，于是支持"青记"办培训班。经过不到两星期的筹备，"青记"的"战时新闻工作训练班"开学了。这件事，使国民党当局很不愉快，他们用种种方法破坏，还派了特务混进训练班当学生，以便刺探"青记"、国新社的内幕。

1939 年 2 月 1 日，"战时新闻工作讲习班"正式开班上课。"青记"总会会长范长江、国民党中宣部国际新闻处国际宣传委员盛成在开学典礼上讲演。"战时新闻工作讲习班"由陈依菲主持举办，学员是公开招收的，因为是业余学习性质，又不限文化程度，所以报名的人很多，其中多是在职青年和在校学生，也有一些失业青年，大多是中学程度，也有大学肄业和毕业的。开学时，约有学员 80 人，课堂是临时向中华路国民基础小学借的，利用该校的教学间隙，在晚间上课。"战时新闻工作讲习班"所开设的课程内容包括"战时新闻学概念、采访、编辑、新闻管理与经营、战时新闻事业史、宣传技术、写作方法、国际宣传、对敌宣传、战时经济、中山遗教等"。该班先后聘请了范长江、陆诒、孟秋江、钟期森、程晓华、宗祺仁、邵宗汉、夏衍、汪止豪、黄药眠等人前来授课，聘请知名政界人士李宗仁，知名教育界人士杨东莼，文化界名人千家驹、张铁生、张志让、冯乃超等人前来学校演讲或做专题报告。徐特立同志也来做过报告，徐老精神抖擞讲了三个小时。他的话朴实、具体、生动，对党的政策做了很精辟的阐述，连那些成见很深的国民党机关报纸的记者也认为"语语真实，字字感人"。1939 年 3 月初，陈依菲同志主持了毕业典礼。部分学员组织了一个战时新闻社，年底，成员先后奔赴抗日疆场。

1939 年 2 月 3 日，广西学生军"战时新闻工作讲习班"在桂林开讲，全国知名人士郭沫若、范长江、夏衍、张志让、陆诒等也曾去做过演讲和授课。[①]

1940 年 6 月 1 日，在中共地下党领导下，中国青年记者学会桂林分会和中华职业教育社广西分社合办了"桂林暑期新闻讲座"，讲师共计 15 人，学员共计 265 名。"桂林暑假新闻讲座"邀请当时的新闻名家亲自讲授相关业务知识——王文彬讲授新闻概论，夏衍讲授新闻报道，卜绍周讲授中国新闻史，钟期森讲评论研究和怎样编副刊，汪止豪讲如何办壁报，张稚琴

---

① 曹爱民：《广西新闻教育的历史与现状探析》，载《新闻知识》2010 年第 1 期。

讲广告与发行,宗维庚讲摄影,梁中铭讲画报编辑,陈纯粹讲通讯社组织,胡愈之讲各国新闻概况,张铁生讲怎样读报,莫宝坚讲怎样编辑新闻,孟秋江讲战时新闻事业,黄药眠讲怎样写作,易幼涟讲报馆管理。这些人都是当时桂林各大报馆、通讯社的负责人和知名新闻人。

1942年2月,中华职业教育社广西分社与桂林市新闻记者公会联合会合办了"短期新闻讲习班",共招生60名,经考试后入学。3月16日上课,每周上课12小时,学制为5个月。

1942年春,广西第一所高等级新闻学校在桂林诞生。经广西省教育厅核准立案,著名报人成舍我创办的"私立北平新闻专科学校桂林分校"成立,又称"桂林世界新闻专科学校"。成舍我自任校长,教务主任由原北平《世界日报》编辑虞肆三担任。这所学校位于桂林城东20里左右的尧山附近,是借用广西省政府干训班的旧校舍和附近农家的桌椅板凳办起来的,在桂林西街设城内办事处。原计划仍沿用"北平新专"旧制,但实际上只办了一个印刷初级职业班。学校仍然以"手脑并用"为校训,要求学生既要学好文化知识,也要学会铸字、排字、打版、印刷等技术。1944年,由于日军向湘桂黔进犯,桂林紧急疏散,该校被迫再迁重庆,直到1945年抗战胜利后,才宣告结束。

二、研究为实践指南

广西的新闻传播研究始于抗战时期。

抗战时期桂林新闻事业的繁荣,促进了新闻传播研究的发展。这一时期新闻研究的内容主要是与新闻实践紧密联系的业务研究。

1938年11月,受周恩来的指派,胡愈之以救国会人士的身份和范长江一起到达桂林,开展轰轰烈烈的抗日文化运动。20世纪初期,西方新闻学理论中对于新闻事业功能的探讨早已为中国绝大多数新闻界知识分子所接受。

在桂林期间,胡愈之结合中国实际对新闻事业功能做出新的阐释,他将西方新闻学理论中通常所说的报道新闻、引导舆论、传播知识、提供娱乐、刊播广告五大功能合并为三大功能,即传播新闻、引导舆论和社会服务。其中,社会服务功能包括教育国民、提供娱乐等。

中国青年新闻记者学会南方办事处成立后,对青年记者新闻业务的提升十分重视。"青记"内部是彻底民主化的,重大问题都由常务理事会作决定。"青记"的"记者之家"只有三句口号:集体生活!集体学习!集体工作！孟秋江还和范长江、邵忠汉、陆诒、黄药眠等合写了一本《怎样做好新闻采访工作》的小册子，作为"青记"会员，也就是"国新社"记者和通讯员的学习读本。

抗战时期，桂林的报业同行还以开演讲会、假期新闻讲座、学术讨论会等多种形式开展业务研究。此类学术性质的讨论会结合当时新闻实践，针对适时的新闻业务需求进行学术讨论，参会者均为业内人士。如《扫荡报》1939 年 4 月 30 日就刊载了一次讨论"精神动员与新闻工作"具体情况的文章。据报载，此次学术讨论会分五个专题——由《扫荡报》副总编程晓华，《救亡日报》经理翁从六，《人世间》副主编周钢鸣、邝大方，《新华日报》经理张尔华五人主讲，并在会后展开讨论。

结合抗战形势和学习需要，桂林的出版社还出版了一批名家撰写的新闻学著作。

桂林文化供应社出版了柯天的《新闻工作基础常识》、艾秋飙（萨空了）的《科学的新闻学概论》；开明书局出版了吴好修的《战时国际新闻读法》、章丹枫的《近百年来中国报纸之发展及其趋势》；铭真出版社出版了程其恒编、马星野校订的《世界报社现状》等。

特别值得一提的是，1939 年由生活出版社出版的《战时新闻工作入门》，分《战时新闻工作的理论和实践》《战时新闻记者的修养与学习》《战时办报的教训》《战时编辑工作的新动向》《战时国际宣传资料采访的经验》《战时报纸供应问题》《战时新闻政策意见的提供》《附录》等八个部分，内容翔实、涵盖面广，从新闻理论到具体业务，均有精辟的论述。收录的文章多由当时的新闻名家撰写，如范长江、张季鸾、成舍我、黄药眠、邵力子、邹韬奋、曾虚白等报业巨人。

第四章 民国大众传播事业的衰亡

第一节 走向反动的桂系报业

抗战胜利初期,与全国一样,广西人民求和平求民主的呼声高涨,各地新办的报纸不少。仅南宁一地,民国三十五年(1946)内就新办了 11 家。这一时期的广西报纸,计有 190 多种。每种报纸的发行量,多则一两万份,少则几百份。内战爆发后,国民党新桂系积极支持蒋介石政权打内战,同时加强对报纸的控制,成立广西新闻指导委员会,扼杀进步舆论,报业趋于衰落。这个时期全省先后有 50 多家报纸(其中官办报纸 23 家)先后衰亡。①

抗战胜利后,《广西日报》在桂林设总社,南宁、柳州各设分社。《中央日报》亦在桂林设广西总社,出版广西《中央日报》,在南宁设分社,出版《中央日报》南宁版。蒋桂这两个报系之间,也展开了既互相利用、互相渗透,又互相竞争、互相攻讦的明争暗斗。但是,在反共反人民,坚持内战的立场上,双方高度一致。如国民党政权崩溃前夕,《中央日报》南宁版还努力宣传新桂系军事领袖白崇禧的"总体战",并配发广西青年党主席王世昭写的《我们为什么要反对共产党?》的评论文章,以通栏标题登出。

1945 年 9 月,《广西日报》由昭平迁回桂林,黎蒙返港恢复《新生晚报》,石兆棠任社长。但未满一年,由于言论和标题倾向进步,石兆棠就被迫宣告辞职。石兆棠辞职后,省政府主席黄旭初要省府编译室主任李微继任,但编辑部和工厂工人不愿移交,也不开工。省政府为此调动警察,手持机枪到报社进行镇压,并将为首的工人开除出社。李微接任广西日报社长

---

① 广西壮族自治区地方志编纂委员会:《广西通志·报业志》,广西人民出版社 2000 年版。

后,正当蒋介石国民党发动全面内战,整个《广西日报》已面目全非,满纸"匪""贼",全面"中央化"了!至此,《广西日报》已经紧跟国民党中央,亦步亦趋了。

　　1949年中华人民共和国成立前夕,省会桂林只剩下6家报纸,官办报纸先后逃迁、停刊或被接收。而中共广西地下组织和游击队创办的报纸则纷纷出版,达10多种,宣传解放战争的捷报。

图16　1949年元旦广西日报总社全体职工于报社门口合影

第二节　出版业的没落

　　抗战胜利至中华人民共和国成立前,广西共出版期刊190余种。[①] 20世纪40年代中后期开始的广西出版发展,更多地体现在书店的销售发行上,编辑出版含量一般不大,民营出版力量更显薄弱。到1949年底广西解放前夕,全省书店共有167个,从业人员700余人,其中桂、柳、邕、梧和北海五市书店57个,约占全省书店总数34.13%。

　　抗战胜利后,迁回桂林的广西省政府各机关陆续恢复期刊出版。民国三十四年(1945)底复刊、新办的期刊有:《广西省政府公报》《桂政导报》《广西民政》《广西统计季刊》《广西统计通讯》《建设杂志》。民国三十五年(1946)出版的期刊有:《广西建设月刊》《活力》《广西教育》《广西人事通讯》。《青天白日》半月刊和《建设杂志》《岭表论坛》创刊,商务印书馆桂林

---

　　① 　广西壮族自治区地方志编纂委员会:《广西通志·报业志》,广西人民出版社2000年版。

分馆恢复图书发行业务。教育界人士石玉昆、张家瑶、莫一庸等集资建立的迈进出版社,开始编印补充乡土教材与教育辅助读物。另外,驻南宁的广西公路管理局出版了《广西公路》月刊,四区专员公署出版《行政月刊》。在柳州的湘桂铁路工程局出版《湘桂黔旬刊》等。其他各地方政府也出版了不少教育刊物。

抗战胜利后,外来文化人士和文化机构大量回归各地,曾在桂林复刊的期刊仅有《新道理》《文化通讯》《国文杂志》《半日文萃》和《国民指导教育月刊》等寥寥数种。新办的期刊有《迈进》《岭表论坛》《少年生活》《风虹文艺》《乐坛歌选》《新生》等。战后南宁的文艺期刊有《人民世纪》《大路》《绿洲》《青年月刊》《文潮》《淳风》等,但存在的时间都不长。1949 年 4 月又有《耕种》创刊,"只是为了要打破过去文艺运动的第一声号角","希望从事文艺写作的朋友得这些篇幅来发表自己的意见和作品","希望广大劳苦大众在这刊物里得到一些印刷精神的兴奋剂"。此外,梧州、柳州也有少量文艺期刊,如《春蕾》《春秋》《新潮》《黎明歌丛》等。这些期刊存在的时间普遍不长,其思想性、战斗性远不能与抗战时的期刊相比。

南宁在 1949 年 12 月 4 日解放前,有 20 家专营或兼营图书发行单位。按当时 8 万人口数计,平均每 4000 人左右有一个图书销售点。除商务、中华两家大店外,有清末民初开业的麟经阁、文海楼;有革命历史悠久,前身为苍梧书店并经营至 1956 年的春秋书店;有"湖北帮"杨葆福等创办的强华、文风、新光等书局。

梧州为广西门户,书业一向兴旺。中共地下组织在广西开办的第一家书店苍梧书社于 1926 年成立,钟云、杨秋人、易泽苍和新中国建立初期曾任中共广西省委书记的陈漫远(陈万里)先后负责。20 世纪 20 年代,梧州有近十家书店,20 世纪 30 年代增加到十多家。临解放时尚有 9 家,包括创办于 1946 年 4 月,由中共党员黄经柱经营的八桂书店。

柳州解放前夕有 16 家书刊发行机构,北海也有几家书店。其他各地书店以新知书店在宜山开设的分店,桂林文化供应社在八步开办、柳亚子题写店名的兄弟图书公司以及桂东南书业繁华的玉林所属五县开办的书店——如玉林的强生、群生,贵县的抗建、环城,陆川的清湖、民生,博白的七七、博文与北流的北流书店等影响较大。桂东及桂东南众多书店避过国民党政府和邮局的检查,通过公路水路直接从广州等地引进大量进步书刊,令广大青年学生和知识分子读者获益匪浅。此外,百色、龙州、田阳、融县等地也有网点传播新潮书刊和知识读物。

内战爆发后,新桂系集团追随蒋介石,为巩固统治,控制思想与文化,一方面迫害进步文化人士，使不少期刊被迫停刊。另一方面为了宣传反共思想，控制舆论，为内战寻找借口，加强了军警机关刊物的出版。这时官办期刊成为其进行专制统治的工具之一。民国三十五年（1946）12月广西警察训练所创办了《广西警察》。民国三十七年（1948）10月省保安司令部出版《广西保安》。1949年11月省政府又出版《戡建周刊》，不久桂林解放，《戡建周刊》的创刊号也就成了终刊号。

第三节　为人民广播事业打下基础

从技术上说，民国时的广西广播事业基本上处在起步阶段。

截至1949年，广西先后出现过8座广播电台，全省拥有的收音机仅1100部，能直接收听广播的人还很少，广播的影响在很大程度上需要通过收音员收听、抄写、刻印、散发之后产生。也就是说，还需要通过别的媒体增强传播效果。

尽管如此，从业务上说，广西的广播事业起步并不低。

广播电台除了新闻综合台，还出现了教育台、商业台，发射波段也有中波、短波，中波发射功率达10千瓦，至于广播节目则有新闻、文艺、专题和服务、教育、广告等，基本类型都有了。广播所用的语言不仅有国语、方言，而且有外语。广播的影响，尤其是在抗战期间桂林广播电台的影响也是比较大的。当时的日本帝国主义对桂林广播电台的广播，尤其日语广播恨之入骨，曾多次派出飞机轰炸，迫使电台转入山洞。总之，广西的早期广播起步不算晚，规模不算小，节目形态完备，有一定的影响。

除此之外，还有三座电台值得一说。

内战爆发后，随着解放大军的南进，国民党华中军政长官公署广播电台先是从汉口搬迁到桂林，并改名为"桂林绥靖公署桂林广播电台"，后再搬迁到南宁，恢复原来的名称。

还有同样位于汉口的两座商业电台，在国共内战结束前夕，奉国民党华中军政长官公署的命令，从汉口搬迁到广西，即"柳州江汉广播电台"和"广西省柳州广播电台"。这两座商业电台除增设广告节目外，其节目内容和形式与官方电台相比均无特别之处。

令人欣慰的是，随着国民党在祖国大陆统治的崩溃，上述三座广播电台于1949年12月被中国人民解放军接收，成为中华人民共和国成立以后广西人民广播事业的重要基础。

下 篇 中华人民共和国时期

第五章　人民新闻传播事业的诞生

第一节　政治家办报

　　1949 年中华人民共和国成立后,中国共产党立即开始着手建设社会主义性质的新闻事业,对中国共产党在革命战争中发展起来的新闻媒体进行调整与充实,建立起一个以北京为中心的社会主义性质的公营新闻媒体网。

　　1949 年 12 月,广西全境解放,广西的报业迎来了全新的发展时期。中华人民共和国成立至今,广西的报业发展可以分成四个阶段,即 1950 年至 1957 年中华人民共和国成立初期的阶段,1957 年至 1966 年开始全面建设社会主义时期的阶段,1966 年"文化大革命"爆发至 1978 年中共十一届三中全会召开以前的阶段;1978 年至今的阶段。

一、创办人民报纸

　　1949 年 12 月 3 日,中共广西省委机关报《广西日报》在桂林创刊,广西报业掀开了崭新的一页。1950 年至 1957 年,是广西各地、市、县报纸和对象报、企业报等各类报纸欣欣向荣的时期。1953 年 2 月 7 日,广西第一家企业报《广西铁路工人》报创刊。1957 年 7 月 1 日,全国唯一的壮文报纸《壮文报》创刊。到 1958 年上半年,各地、市级党委机关报先后创办,工、青、妇、少年、兵、侨等特定对象报亦陆续出版。全省共有 51 种报纸。"大跃进"期间,各县纷纷办报,"三年困难时期"停办。"文化大革命"开头两三年,《广西日报》几度停刊复刊,其余各报相继停刊,倒是群众组织办的派性小报大行其道。1970 年后,全区只有《广西日报》和《铁路工人》两种报纸出版。1980 年以后,各地市委机关报、各类报纸先后复刊与创刊,到 2013 年底,全广西公开发行的报纸已达上百种。①

中华人民共和国的报纸秉承马克思列宁的新闻思想,强调政治家办报,强调政治意识,具有很强的政治色彩。特别是"文革"期间,媒体的新闻价值取向处于唯政治论与泛政治论的状态,把政治的功利性作为新闻价值的唯一取向,把任何事件都视为政治事件,都具有政治意义,任何报道都以政治目的为目的,以政治需求为需求。"文革"后,随着党的工作重点转向"以经济建设为中心",报业的双重属性日趋明显。在坚持"政治家办报"的前提下,报业的发展强调"社会效益与经济效益"的统一。

二、中共《广西日报》的创办

1949 年 9 月,中共广西省委在武汉成立,即着手组建了广西日报社的领导班子随军南下。稍后,又调来一批经过《新湖南报》和华东新闻学院培训的青年干部作为编辑记者充实办报队伍。11 月 22 日解放桂林后,广西省委吸收了一批由中共地下党推荐的青年知识分子,并接收新桂系广西日报社,留用其部分人员,以其旧址,利用原有机器设备,创办了中共广西省委机关报《广西日报》,首任社长史乃展,副社长兼总编辑刘毅生。当时的报名由时任中南局第一书记的林彪手写。同时组建新华社广西分社,史乃展兼任首任分社社长。

图 17　《广西日报》首任社长史乃展

---

① 广西壮族自治区地方志编纂委员会:《广西通志·报业志》,广西人民出版社 2000 年版。

1950 年 1 月初,按照中央部署,中共广西省委迁至新设省会南宁,《广西日报》于 1 月 22 日随迁南宁出版,部分人员留在桂林创办中共桂北区委机关报《桂北日报》。新华社广西分社亦随迁至南宁。原国民党中央社广西分社在南宁解放时被军管会接收。广西各地原国民党党政机关报也先后被接管。各地民办报纸共 20 多家,在解放前夕和解放初期先后停刊。中共地下组织所办报纸和各游击队办报纸,也先后由地、市委机关报所代替。

这一时期的广西报纸,继承和发扬无产阶级报纸的优良传统,贯彻执行"全党办报,群众办报"的方针,配合党的各项政治运动开展宣传,使人民提高觉悟,积极投身社会主义改造和新中国建设。1950 年春到 1951 年底,《广西日报》和《桂北日报》(1951 年 4 月 30 日终刊)的剿匪报道较为突出,报社记者携带电台设备随军行动,及时发回重要稿件配合对敌斗争,推动剿匪工作的开展。[①]

1951 年 6 月 15 日,《广西日报》与《桂北日报》合并,由廖经天、姚天纵先后任社长,刘毅生任副社长。从这时起到 1956 年,是广西日报历史上第一个发展时期。报社领导团结全社记者编辑和职工,积极完成了各项重大报道与宣传任务,并在人力物力积累、作者队伍与新闻专业队伍建设等方面,为报纸的长远发展开辟了道路,打下了基础。编辑、采访、通联和电台、印刷、发行等各项工作逐步进入正轨,达到了一定的规模和质量。

这一时期,《广西日报》紧密配合全省各地人民政府,在稳定社会秩序,安定人民生活,农村土地改革和城市民主改革,镇压反革命,"三反"和"五反",恢复和发展国民经济等方面,进行了大量宣传报道。1953 年以后,《广西日报》突出宣传过渡时期总路线,对农业、手工业和资本主义工商业的社会主义改造和第一个五年计划,还大力开展批评与自我批评,民主与法治,民族区域自治和民族团结的宣传工作。1956 年,《广西日报》学习和推广《人民日报》改版经验,克服教条主义和党八股的缺点,报纸内容和形式均有进一步提升。

1957 年 6 月,国务院做出关于建立广西僮族自治区的决定,并在同年 7 月召开的第一届全国人民代表大会第四次会议上通过相应的决议。1958 年 3 月 5 日,广西僮族自治区第一届人民代表大会第一次会议召开,宣告广西僮族自治区成立。《广西日报》和全区各地党报为此做了大量宣传报道。

---

① 广西壮族自治区地方志编纂委员会:《广西通志·报业志》,广西人民出版社 2000 年版。

三、全党办报，全民办报

广西报业的通联工作也始于此时。

通联工作是指新闻机构的编辑部门组织、培训通讯员和联系受众工作的总称，又称编辑部群众工作。通联工作是办好中国社会主义新闻事业的重要条件，是实行"全党办报，群众办报"方针的重要一环，是无产阶级新闻事业的优良传统。

1951 年 6 月，广西日报社开始在 10 个专区和省辖市设立通讯站，工作重点是开展通讯工作，发展通讯员，建立通讯网和组织驻地的新闻报道。1956 年后改为记者站，数目时有增减。

从 20 世纪 60 年代开始，一些地市报纸亦在所辖区域内设立记者站。记者站和驻站记者、通讯员一般由报社的群工部或通联部管理。

"文革"期间记者站改为群众工作站，工作重点是开展群众工作，其次才是组织新闻报道。

改革开放后，广西日报社还在一些厅局和部队机关设立通讯员制度，有条件的也设立记者站。

四、《宜山农民报》事件

1953 年春发生的《宜山农民报》批评中共宜山地委的事件，对新中国新闻事业产生了重大的影响。事件发生后，中共广西省委宣传部对《宜山农民报》的做法进行了批评，并上报中宣部。

中宣部的复信提出了"报纸不得批评同级党委"的原则，指出："不经请示，不能擅自批评党委会，或利用报纸来进行自己同党委会的争论。"

1954 年 7 月，经中共中央政治局通过的《关于改进报纸工作的决议》再次对报刊批评与自我批评工作做了指示，提出了报纸批评的三项标准：一是报纸上的批评必须展开，二是批评必须正确，三是批评必须在党委的领导下进行。在这以后，新中国报纸的批评工作进入了有序规范的轨道。

五、经营管理的"苏联化"

中华人民共和国成立初期，报纸的经营管理问题，曾经引起过主管部门的重视。此后不久，经过社会主义改造，私营报纸相继转为公营，报纸的经营管理问题,也不再列入政府的议题。第一个五年计划后,全国经济纳入计划的轨道,报纸的经营管理也按计划经济的模式运作。事业的发展,只能按国库拨款的多少,量入为出,没有多少回旋的余地。广西的情况也大抵如此,一直持续到改革开放前。

1955 年 3 月,广西日报社在全国报纸学习苏联经验的形势下,改社长负责制为总编辑负责制,不设社长职务,由总编辑全面领导报社各项工作,社长办公室改为总编办公室。其他各报也大体参照这个办法,只是机构规模较小,人员较少,组织分工不太细。①

六、"左倾"路线的干扰

1957 年至 1966 年的阶段共 9 年,是广西的新闻传播事业大起大落的时期。这一阶段,为适应社会主义建设全面发展的需要,广西的报纸和广播电台数量曾经增长迅速,但是,从 1961 年起,受国民经济调整的影响,大大压缩了新闻事业的规模。到 1966 年上半年,全自治区报纸仅剩 11 种。②

1957 年的"反右"斗争对广西新闻事业影响颇大。一是随着全国范围内开展"反右派"斗争,《广西日报》及各地市党报均以大量篇幅宣传报道省内外的斗争情况,影响了正常的新闻宣传;二是广西日报社内百余名干部中就有周中仁、张谷、戴启予、吴子厚、钟运生等 15 名编辑、记者被错划为"右派",有的甚至被迫害致死。

全区各地其他报社也有一些领导干部和编辑、记者被错划为"右派",直到中共十一届三中全会后才得以彻底改正,这对受害者及其家人和广西本已薄弱的新闻人才队伍造成了不可弥补的持久伤害。

七、毛泽东对办好《广西日报》的指示

1958 年 1 月 12 日,南宁会议期间,毛泽东主席写信给中共广西区委领导刘建勋、韦国清,强调办好省报的重要性,并提出了办好省报的方法:"送上几份地方报纸,各有特点,是比较编得好的,较为引人看,内容也不错,供你们参考。省报问题是一个极重要问题,值得认真研究,同《广西日报》的编辑们一道,包括版面、新闻、社论、理论、文艺等项。钻进去,想了又想,分

---

①　广西壮族自治区地方志编纂委员会:《广西通志·报业志》,广西人民出版社 2000 年版。
②　广西壮族自治区地方志编纂委员会:《广西通志·报业志》,广西人民出版社 2000 年版。

析又分析,同各省报纸比较又比较,几个月时间就可以找出一条道路来的。精心写作社论是一项极重要任务,你们自己、宣传部长、秘书长、报社总编辑,要共同研究。第一书记挂帅,动手修改一些最重要的社论,是必要的。一张省报,对于全省工作,全体人民,有极大的组织、鼓舞、激励、批判、推动的作用。请你们想一想这个问题,以为如何?”

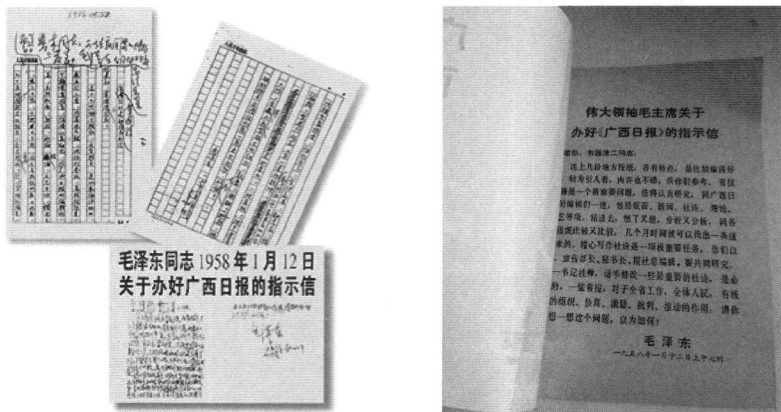

图 18　毛主席关于办好《广西日报》的指示信

时任省委第一书记刘建勋接到指示信后,立即把《广西日报》编委找到他的办公室进行研究,要求报社认真学习与实践。此后,自治区党委几乎每年 1 月 12 日或前几天,就听取报社负责人关于报纸工作的汇报,对照指示信检查和研究改进《广西日报》工作。

毛泽东指示信及其他省的几份省报于 12 日晚即由专人送到广西日报社。当晚值班的工作人员看到这封珍贵的亲笔信后,都非常激动,奔走相告。13 日晚做 14 日报纸时,夜班编辑在编辑一版的版面时,精心安排了一张群众大会场面的通栏大照片,并把标题压在这幅照片上,使整个版面显得气势磅礴。毛泽东看了 1 月 14 日出版的《广西日报》后,赞扬道:“《广西日报》的版面立即有了改进嘛! 很好!”①

毛泽东的这封信,是对广西工作的关切,也为全党重视新闻工作和如何办好党的报纸指明了方向。他所指出的省报问题的性质、对省报的功能作用的定位以及如何提高办报质量的明确指示,至今仍然有很强的指导意义,仍然是党委领导报纸和报社办好报纸的不可移易的正确指南。毛泽东

① 　《毛泽东领袖挥手望仙坡》,载《广西日报》2009 年 12 月 3 日。

主席关于办好《广西日报》的指示，使《广西日报》的新闻报道同实际工作的联系更加紧密了，指导作用更为加强了。经过一年的努力，《广西日报》在版面、新闻、社论、理论、文艺等方面都有了较大改进。1959年北京出版的《新闻战线》曾经专门发表了一组文章介绍《广西日报》的办报经验。1978年，毛泽东主席写指示信20周年，广西日报社遵照自治区党委的决定，在报社办公大楼前面建起了一座高4.5米、宽2.8米的白色大理石纪念碑，正面镌刻指示信铅笔手稿，背面刻着用毛笔书写的楷书指示信全文。这座纪念碑已成为报社一代又一代新老报人和区内外新闻工作者前来瞻仰和受教育的一座丰碑。

八、《广西日报》的"七性"改革

20世纪60年代初，国民经济陷入困境，中央号召大兴调查研究之风，新闻工作者实事求是、联系实际、联系群众的优良传统与作风得到恢复与发扬。当时，新闻媒体还积极发挥传承文化、传递知识和提供娱乐等多种功能，以配合全体国民共度时艰。

在这样的背景下，《广西日报》在总编辑钟林的领导下，学习《北京晚报》等报社的办报路子，从改进副刊入手，研究制订出"七性"——思想性、艺术性、学术性、知识性、趣味性、多样性、群众性的办报方针，使宣传报道和副刊版面大有起色，较好地体现广西的民族特点和地方特点。在宣传报道上，着重抓了一批工农业先进人物的典型报道，经济宣传和理论宣传注意反对形而上学，提倡从实际出发，实事求是；在副刊版面上，开辟了一批新栏目，如《红雨集》《园边杂话》《言路》《桂林文化城忆旧》《桂岭风云》《广西历史百题》《影城来信》等。这段时期是《广西日报》办报历史上重要的一页，对今天的编辑方针仍有一定的指导和借鉴作用。

1961年，鉴于国家经济困难，纸张供应缺乏，中共广西壮族自治区委员会决定县报一律停办。此后，《广西工人报》《广西妇女》《广西青年报》《广西侨报》《铁路工人报》等也相继停办。1963年1月，桂林等4个地委机关报停刊，《广西日报》增出四开四版的《广西日报·农村版》，面向广西区内广大农村干部和农民。《广西日报·农村版》在通俗化方面下功夫，采取诗歌、说唱等形式对农民进行社会主义教育，给农村读者提供健康的精神食粮。

九、"十七年"的"左"倾问题

1966 年,中华人民共和国成立十七周年,以《广西日报》为代表的广西报业,在完成党的新闻宣传任务,取得一定成绩的同时,也存在不小的问题。

由于政治大环境的影响,当时广西的报纸普遍存在着简单机械地理解和执行办报方针,混淆新闻报道与工作简报的区别,群众办报流于形式,舆论监督长期缺位,报社领导和记者编辑以及通讯员视野狭窄、好大喜功等问题。1958 年"大跃进"期间全国出现浮夸风,《广西日报》及省内其他报纸都先后发表过不少"假、大、空"的宣传报道。1960 年,广西日报社认真检查了之前的报道失误,并实事求是地突出报道了柳州电厂、柳州钢铁厂等重点建设项目的建设,改进经济、文化建设的宣传。但是,1962 年以后,由于中共中央强调抓意识形态领域的阶级斗争,广西各报宣传报道的"左"倾错误又有了扩大。

缺乏足够的新闻专业人才也是当时广西报纸的通病。中华人民共和国成立初至"文化大革命"前,各报社人员主要由各级党委机关干部抽调配备,从北方各报社调来的具有办报经验的人员并不多。即使是像《广西日报》这样的省报,从业人员的文化素质也偏低,大学生比重较小。而且,由于知识分子参于的政治运动频仍,各报社也难以对专业人才提供必要的关心和保护。

第二节　出版业曲折前行

1949 年 10 月 1 日,中华人民共和国成立。政务院设立新闻总署和出版总署分管新闻出版。后来新闻管理业务逐渐划归出版部门或由宣传部统一进行管理,出版的职能、成分也有新的发展和变化。

1949 年 9 月 28 日,《中国人民政治协商会议共同纲领》第 49 条规定:"发展人民出版事业,并注重出版有益于人民的通俗书报。"10 月 3—21 日,全国新华书店第一届出版工作会议举行,毛泽东为会议题词:"认真做好出版工作。"

1950 年 9 月 15—25 日,第一届全国出版工作会议召开,朱德莅会讲话,胡愈之作《论人民出版事业及其发展方向的报告》。12 月,新华书店总管理处改组为新华书店总店、人民出版社和新华印刷厂总管理处三个独立机构，从此，出版社、印刷厂、书店即编辑、印制、发行三大环节分立，加快了专业化发展的步伐。

一、广西人民出版社成立

1949 年 12 月，广西全境解放。1950 年 4 月 1 日广西省人民政府设立新闻出版处，统一管理全省新闻出版工作。但有头而无身，下面没有一家出版社可管，因为旧的出版机构或停或走，新的尚未及建立。1951 年，清匪反霸胜利完成，全省大局已定，中共广西省委宣传部在《关于加强工农报刊出版物的决定（草案）》中提出，"应即成立通俗读物出版社，负责组织人力物力，编印或翻印适宜于工农群众阅读的书刊"，并于 9 月 19 日拟定了省新闻出版处组织系统表，表中明确列入"广西省通俗读物出版社"。中央有关部门还为此下拨了开办经费。与广西邻近的湖南根据《共同纲领》精神，早在这年 1 月就成立了湖南通俗读物出版社（1954 年改名湖南人民出版社）。1952 年上半年，中央指示各省市建立地方的人民出版社，广西才调整筹办方向，派人着手进行地方人民社的筹建。

1952 年 9 月 18 日，广西人民出版社宣告成立。此前已有省委宣传部创办的《宣传员读本》于 1951 年 4 月出版发行。第二年 5 月，又出版了覃惠的山歌体著作《农村对唱》，社名署为 4 个月后才正式诞生的广西人民出版社。[①] 这看似"超前"，其实是出版滞后的表现。由于国家体制的更替使原来的出版渠道和格局一下子变得单一和拥挤起来，导致大量待出图书无法正规出版的矛盾现象不时出现，说明出版审批制在有利于宏观把控的前提下如何保障出版的丰富和效率是一个值得不断注意解决的问题，而不能止步于制止滥编滥印、打击非法出版上。

广西人民出版社一成立就处于独家地位，本着为人民服务、发展人民出版事业的宗旨，将配合中心工作列为出书重点。建社第一年 1952 年出书 6 种：《土改复查工作讲话》《土改复查生产山歌》《农村对歌》《蒋在球在苏联》《速成识字参考教材》《1953 年农家历》，共印 142700 册。其中最畅销的《1953 年农家历》共印 2 次，印数 4 万。这份不足一年的书单大体上代表了广西人民出版社今后相当长一段时期的出书走向：配合中心工作，为人

---

　　① 　陈相因：《广西人民出版社建社前二三事》，出自《广西出版史志资料》第 8 辑，广西新闻出版局 1992 年编印，第 150—151 页。

民服务的思路处于主导地位,来自生活、有一定群众根基的品种构成较坚实的基础,介于两者之间的学术文化、教育科技读物占有一定的比重。经过五六年的摸索,初步搭起了框架,有了大略的指向。1957—1958年的反右派斗争,使本来单薄的骨干力量遭到沉重打击,出书思路收窄,出版物质量下降。1958年刮起的全民"大跃进"狂涛同样给出版升了虚火,出书种数和印数虽获较大幅度的增加,而有较高积累价值的品种难得一见。进入三年困难时期,出版乏力,不景气现象呈露。经过外出取经和自身总结调整,刚有些起色,正要迈向一个高点的时候,遇到了超越历次政治运动的"文化大革命"风暴前后10年的猛烈摧折,广西人民出版社一度走在崩溃、消亡的边缘。

二、邓小平为《广西革命回忆录》题词

在高低起伏、曲折前行的新中国前17年中,作为广西人民出版事业中坚和母体的广西人民出版社,从小到大,从单一到多样,从稚嫩到渐渐成熟,从高潮热浪到冷雨凄风,走过了一条既不平坦又不平凡的道路。几十年过去,回顾往昔,盘点家底,仍能有弥足珍贵,堪为人道的财富历历在目。那些为政治服务的作品,在大量泡沫消失后仍积淀出许多历久弥新的佳作,张云逸、韦国清、李天佑等著《广西革命回忆录》和莫文骅《回忆红七军》、谢扶民《转战千里》以及《回忆韦拔群》等红色文化结晶,让人看到了当年全国最大革命根据地之一的左右江根据地战斗者们的丰采和雄姿。1963年3月,中共中央总书记邓小平曾为广西军区组织编写、广西人民出版社出版的《广西革命回忆录》续集和再版《广西革命回忆录》题词——"用革命的事迹来教育我们的子孙后代,像我们前辈那样,像我们的先烈那样,永远当一个为人民大众的集体事业服务的社会主义者,永远当一个共产主义者。"可惜,小平同志这一重要题词和两本精彩的革命回忆录,在不久到来的阶级斗争尖锐的形势下,未能及时出版,直到改革开放新时期初启时才得以公开出版发行,成为出版界一件大事。

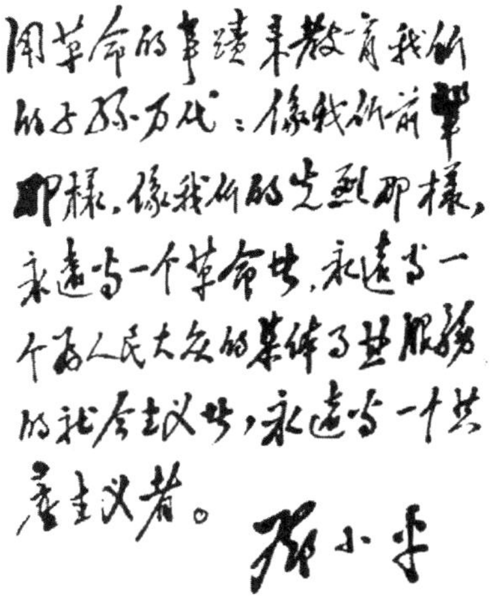

图 19　1963 年邓小平为《广西革命回忆录》题词

　　广西人民出版社虽然没有采用原拟的"广西通俗读物出版社"的名称，但忠诚于人民出版事业、为广大工农群众提供优秀通俗读物的热忱不改，贯彻始终。每年一册的《农家历》就是广西人民出版社精心打造、延续多年的品牌。新农家历将当下农民群众感兴趣的话题和知识融入为大众喜闻乐见的形式和框架中，农民感到实用实惠，亲切可读，乐意年年购买。1953年本发行 4 万册，第 3 年印数上升到 30 万册，1961 年至 1966 年自 45 万册起连年增加，"文革"前的 1965 年版达到 98 万余册。

三、优秀民族文化成果脱颖而出

　　广西素称歌海，山歌无处不在。广西人民出版社建社伊始即重视这一大众文艺形式的运用，几乎年年都有民歌体作品发行，并促进了一批优秀作者的成长和多方位民族民间文学的发掘、整理和研究。尽管民歌内容应时而生，因时而变，大多难以传承，但借出版延续了民歌的生命和记忆，仍不失其一定的历史价值。在传统文化基础上诞生的一些优秀成果更成为广西文化的符号和标志。广西人民出版社 1959 年 12 月出版柳州《刘三姐》创作小组的彩调《刘三姐》，印行 5 次达 30 万册。第二年 7 月出版歌舞剧《刘三姐》，印行 4 次，近 10 万册。更早些时候出版的广西版第一本民间故事集《百鸟衣》和 1956 年广西版第一本美术画册《广西少数民族图案选集》

都属发掘民间文学、艺术的可传之作,后者还在 1959 年 3 月被选送参加莱比锡国际图书博览会,成为广西第一本参加国际书展的图书。

在学术文化成果与遗产累积方面,广西人民出版社也做了开拓性的努力,出版了《辛亥革命在广西》《忠王李秀成自述校补本》《桂林古本伤寒杂病论》和第一本小说《一对夫妻》、第一部长篇小说《山村复仇记》、第一本文学史《广西壮族文学》、第一本科普读物《仙镜彩霞》等具有某种标志性意义的著作。1959 年广西解放十周年时,广西人民出版社出版的《短篇小说选》《诗选》《广西民歌选》和翻译整理的壮族长诗《布伯》等十部献礼作品,给新中国广西头一个十年的文化做了回顾和检阅。

广西人民出版社出书品种以租型印制的政治、教育图书居多,本版书数量有限,把控从严,即使在政治挂帅年月里,也未曾查找出严重的政治错误。比较起来,更大的不足倒是视野较窄,出书范围不广,有较多创意和积累价值的作品偏少。

四、广西民族出版社诞生

广西民族事务委员会领导的广西民族出版社,于 1957 年 5 月 1 日成立,为配合壮文推行和广西少数民族文化教育事业的发展,着重出版壮文图书,使中华文化大家庭第一次有了壮文书籍的身影。1957 年至 1966 年,累计出版图书 497 种,其中新出 416 种——包括壮文图书 357 种、汉文图书 59 种,印数共计 1688.77 万册。图书品种涵盖各类壮文教材、教学参考用书和政治、文艺、少儿、科普读物,其中以工农大众和农村基层干部为对象的通俗读物,字大图多,易学易记,定价又较低廉,一般每种能发行 5 万册,有的达 10 万册以上。与此同时,《壮语词汇》和《壮语常用词汇简编》等工具书也相继得到出版。出版的中间环节——印刷,也是党和政府十分重视的特种行业,书刊印刷需经特别审查,颁证经营。近百年广西印刷业走过的道路大致与编辑出版环节的演变同步,但也有"文革"期间境遇悬殊的差异。

五、上海大东印刷厂迁到南宁

广西解放后,除接收原有的印刷力量外,新办了一些国营印刷厂,但能印书刊的厂家屈指可数。1952 年,经广西省人民政府新闻出版处核准的书刊印刷厂仅有 12 家,很多印品要到省外加工。几经调整,情况有所改善,而较大型的骨干企业依然空缺。广西省领导与有关部门多次向文化部求援，文化部与上海市商量决定将沪上四大书局印刷厂之一的大东印刷厂迁来南宁支援广西。

广西党和政府对此极为重视，决定在大东基础上组建广西民族印刷厂，并成立以省委常委、桂西壮族自治区党委书记兼主席覃应机为组长，省文化局副局长岳平、张纯之为副组长的筹办小组，调集多方力量配合大东，做好建厂工作。在上海市领导的关怀指导下，大东厂员工从上到下，踊跃报名西迁，某些设备与工种人才不足，上海新华厂、中华厂慷慨支援。一家大厂的迁移成了上海全行业共同献力的大协奏。

1956年4月25日民印厂厂房破土动工，设备陆续运到，以厂长芮新、党支部书记陶祖章为首的大东及其他厂职工一百余人，离开繁华的大都市上海，来到南宁安家落户，支援少数民族地区的文化建设。1957年3月10日，广西民族印刷厂正式投入生产，成为广西印刷行业的龙头企业，生产稳步上升，技术工人队伍不断扩大。1959年，在上海举行的全国书刊印刷质量评比与技术革新经验交流会上，广西民族印刷厂承印的自治区党委理论刊物《思想解放》印制质量荣登榜首；教科书印刷质量也进入全国五个先进省市区行列。1960年9月，民印厂作为广西先进集体，派代表出席全国文教群英会，受到党和国家领导人的接见。1987年生产实力在全国116家同类企业中居第15位。直至几十年后的今天，广西民印厂始终是广西印刷的王牌和骄傲，是党的民族政策成功、中华大家庭团结相助的光辉榜样。

与此同时，广西日报印刷厂、南宁市人民印刷厂和各地市报纸印刷厂也有一定的发展，但到20世纪60年代困难时期，专区报、市报停办，有关印刷厂的生产受到不小的影响。

六、"新华"发行到八方

居于出版产业下端的发行最终体现和检验着编辑与印制成果的优劣与效应。出版分工的日益专业化趋势凸现发行环节的重要性和与市场密切关联的复杂性。

中华人民共和国成立后，广西发行形势类似全国，遍及各市县的新华书店主导着发行大局。成立于1937年4月24日的新华书店资格老于中国共产党旗下的任何一家出版社，早年的出版、印刷都是从书店派生出来的，悠久的历史和光荣的摇篮地位使它成为党的强有力的动员与制胜武器。

1949年11月上旬，人民军队解放广西战役尚在火热进行时新华书店华中区管理处已派王重等 11 人带运 402 包约 30 吨图书,从武汉出发,随军南下广西建店。12 月 9 日,离桂林解放不过半个多月,新华书店广西分店已在桂林开业。紧接着各市县新华书店一个个在硝烟刚刚散去的氛围中,迅速兴建起来,而且无一例外地占得城镇中心的风水宝地。

各地新政权的执掌者兴奋地挤出有限的资金开办书店,出资少则三五百元,多则数千上万元。陆川县府一下拨出 6000 余元筹办书店,合浦县委投入建店资金达 10300 元,象县县委为办书店挤出学习费结余 137 元,再从教育事业费中挪出 400 元,县政府再拨 50 元作为修理费,硬是在象县中学接待室把新华书店办起来了。当时还有社会力量的热情相助——贵县支店就是广西日报投资 3000 元,派人下去建起来的。

1950 年省会南迁,为给广西分店选址,惊动省委高层几次开会讨论,最后由省委省政府主持日常工作的二把手、20 多年前在梧州办过书店的陈漫远拍板,选定在南宁市中心最繁华街道之一的兴宁路 117 号落户。

1953 年末,全省新华书店开建工作基本完成。1956 年实现了一县一店,并在平桂、大厂建立了矿区新华书店。1959 年在专署所在地建立了管理型专区新华书店。书店名称自 1958 年起统一做了规范。管理体制则沿用计划经济模式,实行总店与地方双重领导。1979 年 8 月以后,广西壮族自治区新华书店由长期隶属自治区文化局,改隶自治区出版局和出版总社,不久,民印厂也从工业部门划归出版局管属,至此,广西出版才形成一个编印发衔接、上下游相通的整体。广西新华书店边建店,边开展业务——主要是完成总店安排的任务,同时负责广西人民出版社、广西民族出版社和整个广西出版物的总发行。

七、"左"倾路线对出版事业的干扰

在服务政治、配合中心工作的首要目标指引下,为发行好马克思列宁主义和毛泽东著作与课本教材等人民需要的读物,出版人紧张应对,辛勤劳作,取得了适时有效的巨大成绩,同时,也付出了不少的代价。如 1958 年,广西新华书店于 8 月 20 日发出通知,要求文化馆、书店以及有关文化部门开展大协作,于 9 月底以前完成"乡乡建立民办书店,社社建立图书室,队队有图书流通"的任务。三天之后又发文要求用"大搞群众运动"的方法,"苦战四十天,促进图书发行大普及"。10 月 29 日,为"配合钢铁粮食丰收庆祝大会的宣传运动",再次提出"掀起一个以共产主义运动为中心的发行运动"。如此雷厉风行的结果,到 1958 年底由推广阳朔经验一哄而起的公社办书店热潮迅速形成，全区 808 个人民公社建起了 993 个公社书店。①然而，泡沫吹出的好景不过是"一日游"行情，没过多久就在人员、资金、市场都无保障的情况下消失瓦解了。②

"大跃进"狂涛甚至卷到了出版社的兴建环节，1958 年 9 月 7 日，自治区文化局函复中共玉林县委宣传部称：关于该县成立出版社的问题，经他们请示地委同意后即可试办。9 月 20 日，自治区文化局又函复玉林专员公署称：关于该署拟在专区《大众报》内，利用报社已有人员编制设立专区人民出版社的问题，经他们请示地委同意后即可试办。11 月 25 日，区文化局主办、发至基层指导工作的内刊《广西文化》第 11 期评论提出，"苦战三年建立从自治区到公社的印刷网"，并在《全民办出版，大放图书出版卫星》评论中，进一步强调："出版工作必须像其他工作一样，贯彻群众路线，提倡全民办出版事业，迅速地有计划地，把专区、市、县、人民公社的出版社建立起来。"③所幸这些梦呓式胡闹未及实施就被无情的现实击碎了。

任何事物都有不容背离的发展规律。书店性属企业，盈利自是天职。广西新华书店初建的三年中出现亏损，自 1953 年开始便有 28.82 万元盈利，以后的亏损年份为 1959、1961、1962、1970 和 1976 五年，亦即"大跃进""三年困难时期"和"文化大革命"时期。一旦这些环境因素的影响消失或减弱，书店便能盈利，而且盈利额逐步上升。据财务统计，广西新华书店盈亏相抵后，1950 年至 1993 年利润总额为 10987.48 万元，平均每年递增 10.16％，按全区新华书店累计平均职工数计算，每年人均创利 1766 元。在书业微利以保障履行好社会责任的情况下，这样的创收成绩是来之不易的。

八、"新华"发行的补充

庞大的发行大军以新华书店为主力，同时邮局系统在报刊发行和供销社系统在农村图书发行两大板块上发挥了巨大的作用。供销社售书几经起伏，到 1964 年末售书点已有 359 处，1965 年末增至 865 处，销售图书 511

---

① 朱星辉、陆宝琪整理：《广西壮族自治区新华书店大事记（1958—1959）》，出自《广西出版史志资料》广西新闻出版局 1992 年编印。

② 张昌华：《广西办公社书店的回顾与反思》，出自《广西出版史志资料》第 2 辑，广西新闻出版局 1992 年编印，第 249—252 页。

③ 冯廷杰整理：《广西出版行政管理大事记（1950—1958）》，《广西出版史志资料》第 5 辑，广西新闻出版局 1992 年编印，第 231—233 页。

万册、97.64 万元,占同期新华书店销售总量的 10.65％和 9.16％。这样的业绩在农村分散、农民购买力低微的情况下取得同样是值得珍视的。

一向充当国营书店的补充力量,甚至有过超越国营书店纪录的私营书店在新中国万象更新的大气候下,发生了很大的变化。增减相抵,私营书店的数量,1950 年末为 154 家,1951 年末 165 家,1952 年末 157 家,1954 年末 69 家,1955 年末 56 家。不难想见,前三年私营业主们还在维持观望,还在利用可为的空间,谋求站住脚跟,后两年的经营兴趣和信心便明显低落了。新华书店为着团结私营业主,壮大社会发行力量,本着《共同纲领》规定的“公私兼顾,劳资两利”和“分工合作,各得其所”的政策,做了不少扶持相助的工作,乃至让出自己的市场份额以解私营书店的燃眉之急。到“公司合营”之风骤起时,私营书店书摊书贩的业务均由新华书店负责安排,较大的并入新华书店,转行的另谋出路,民营发行这条腿的重生成了改革开放时期的新事大事。

九、期刊出版少有亮点

中华人民共和国建立之后,广西期刊业的发展进入了一个新阶段。

中华人民共和国成立之后,从 1950 年到 1978 年,广西的期刊出版一直在低水平徘徊,至 1978 年,广西公开合法出版的期刊只有 33 种。内容上以宣传和社教为主,严格意义上的新闻期刊为零。

政治宣传类的主要有 1950 年 3 月省人民政府办公厅创办的《广西政报》,1951 年中共广西省委组织部、宣传部联合创办的《支部生活》,省委宣传部创办的《宣传员手册》,1964 年 5 月广西人民出版社出版的《农村俱乐部》等。

文艺类期刊最早创刊的是 1951 年 6 月,省文学艺术界联合会筹委会主办的《广西文艺》。《广西文艺》曾先后改名为《漓江》《红水河》《广西文学》《广西文艺》《革命文艺》。1980 年 7 月起,改为《广西文学》至今。在近半个世纪的历程中,《广西文学》在不同的历史时期推出了一批批优秀作品,扶持和培养了众多老中青三代各民族作家、作者,其中不少经《广西文学》而走向全国文坛。新时期以来,该刊对于繁荣广西文学创作、积累地方文化和培养文学新人,更是做出了不可磨灭的贡献。1961 年 7 月《文史春秋》问世;1963 年《故事天地》创刊。

教育类期刊是这一时期的亮点。最早创办的是 1951 年南宁儿童文化社主办的《新儿童》;《广西教育》创刊于 1954 年,为面向全国公开发行的教育综合性刊物,是广大教育界人士开展教育研究、学术探讨的参考文献和交流平台,在业界具有重要影响力;1962 年《中学文科参考资料》和《中学理科参考资料》创刊;1963 年《小学教育参考资料》创刊。

科技类期刊主要有:1956 年 6 月广西省农业厅主办的《农业知识》,1956 年 8 月《广西气象》创刊,1959 年 5 月《广西林业》创刊,1964 年《广西农业科学》《广西蚕业通讯》创刊,1965 年《绝缘材料通讯》和《广西中医药》创刊。

这一时期还诞生了广西第一本高校学报类期刊——1957 年 8 月广西师范学院主办的《科学论文集》。

第三节　人民广播事业的建立

中华人民共和国成立以后,广播回到人民手中。1949 年 11 月 25 日,柳州解放以后,中国人民解放军桂北纵队派员接管国民党时期的商业广播电台——柳州江汉广播电台,并在此基础上筹建柳州人民广播电台。柳州人民广播电台于 1950 年 2 月 16 日成立并开始播音,这是中华人民共和国成立后建立的第一座人民广播电台,隶属于当时的中共柳州地委。随着人民政权的不断巩固和国内形势的逐步稳定,广西又陆续建立起隶属于省委省政府的广西人民广播电台和分别隶属南宁、桂林、梧州等市委市政府广播电台。以后,市一级的广播电台根据形势的变化和上级的指示,播音时断时续,只有广西人民广播电台建立以后一直持续播音。

一、广西人民广播电台开播

广西人民广播电台成立于 1950 年初。1949 年 12 月 28 日,中国人民解放军南宁市军管会文教部接管国民党在南宁的两座广播电台的人员和设备,由新华社广西分社派员负责筹建新的人民广播电台。1950 年 4 月,中共广西省委书记、省人民政府主席张云逸为广西人民广播电台成立题词"将人民要说的话和要做的事播给全省人民,大家共同努力去做",省委副书记陈漫远也题词"密切地联系群众"。4 月 30 日,广西省人民政府副主席雷经天和省委宣传部负责人参加广西人民广播电台成立大会。第二天,即1950 年 5 月 1 日,广西人民广播电台正式播音。

广西人民广播电台成立之初,人员少,设备简陋,中波发射机只有 500

瓦,全广西的收音机大约只有 2000 部,分布在南宁、柳州、桂林、梧州以及少部分县城。尽管当时交通不便,土匪骚扰,报纸传递慢,弱小的广西人民广播电台充分发挥了无远弗届、迅速快捷的优势,在传达政令、传播新闻、澄清谣言等方面发挥了极大的作用。其主要做法有三:

第一,当时的党政领导人经常到电台发表广播讲话,指导全省工作。广西人民广播电台开播当天,省主席张云逸即到电台发表《五一广播词》,半个月后,省政府副主席陈漫远又到电台发表《广西省人民政府五个月施政工作报告》。5 月 17 日中苏友协南宁支会筹备会副主任方管应邀发表了题为《中苏友好的伟大文件——中苏友好同盟条约》的广播讲话。以后省政府副主席雷经天、李任仁、莫乃群,广西军区司令员李天佑等都先后到电台发表过广播讲话。12 月 11 日,省政府主席张云逸发表《广西一年工作》。党政军领导人的这些重要讲话都是首先通过广西人民广播电台直接传达到全省各地,为巩固新生政权、恢复社会秩序、发展国民经济发挥了很大的作用。

第二,广播电台充分发挥自己的优势,对一些重大的政治活动进行直播或转播。比如,在中华人民共和国成立的第一个国庆节前夕,增加时间开办《庆祝国庆节特辑节目》。而且在国庆节当天转播中央人民广播电台的"北京庆祝中华人民共和国国庆节大会"的直播。1951 年 4 月 26 日,南宁各界人民代表扩大会议控诉土匪恶霸,支持抗美援朝,内容十分重要,广西人民广播电台进行了直播。仅南宁市就有七万二千人收听了会议实况,直播过程中还接到听众电话一百多次,可见当时广播影响力之强。

第三,由于当时收音机还很少,广播的内容无论是领导人讲话,现场直播,还是播报新闻,播报政令,都通过收听记录后再传播到人民群众中去。1950 年底,全省建立收音站 113 个,这些收音站的主要是任务抄收省台记录新闻,即时印发新闻简报,发到每个乡,并供给各城镇出黑板报的单位。据 1951 年省委宣传部对 44 个收音站 9 月份工作的统计,这些收音站共记录广播、出版油印小报 18000 份,供给 7 万块黑板报和向 1200 处屋顶广播供稿,仅屋顶广播的听众每次大约 70 万人。

广播电台的特殊作用得到了当时省党政军领导人的重视,1951 年中共广西省委代书记陶铸就指示,"无线电广播是现代化的宣传武器",广西人民广播电台"必经依靠各地收音站,迅速地传播新闻和政令,结合各地工作经验,并随时把人民群众的呼声反映上来"。广西人民广播电台"每月向省委作一次工作报告"。以后,广西历任党政领导也都十分注重发挥广播电台的宣传鼓动作用,每一任的领导人都到广播电台发表过广播讲话,通过广播指导全广西的现代化建设。

　　随着国家的繁荣稳定和经济建设的开展，广西的广播也逐步成为人们获取信息、休息娱乐和丰富精神文化生活的重要方式。由于受到收音条件的限制，在收音机还不普及的年代，有线广播曾发挥重要作用，有线广播曾经是广西广播业的一支重要力量。早在 1938 年，广西省政府教育厅就在桂林市设置放音台（即现在有线广播站），每天分别在上、下午向桂林市民广播新闻、播放音乐。1956 年以后，全广西各市、县也都逐步办起有线广播站。以后，有线广播站有如雨后春笋，逐步遍布城市乡村，各工矿企业、机关、学校、人民公社。这些有线广播站大多数都按时转播中央和省、市级人民广播电台的无线电新闻广播，同时也用普通话或本地话广播本地本单位相关的内容，广播本地人喜欢的音乐和其他文艺节目。

　　由于有线广播的繁荣，人民群众接受广播信息内容的方式，也从阅读收音站的油印小报、黑板报、壁报、听取屋顶广播等方式发展为自费安装有线广播喇叭。据不完全统计，全广西有线喇叭最多时达 370 万只，由此可见广播对社会的影响之大。

　　作为一种独特的文化形态和传播媒介，广播主要是通过说与听来实现传播与接受的。因此，口头语言是其主要的表现形式。为了使识字少、阅读能力低的群众能够更加便捷地了解新闻、学习知识、欣赏文化、娱乐身心，广西各级广播电台除用普通话广播之外，也采用当地群众普遍听得懂的方言广播。广西人民广播电台开设的方言广播，主要是在广西地区比较流行的白话（粤语）广播、官话（桂林话）广播，壮语广播等。

　　白话（粤语）在广大的桂南沿江地区普遍流行，许多少数民族群众也使用；又流行于粤、港、澳地区，因此，白话从一开始就是广西人民广播电台的播音使用语言。最初只是用来重播重要新闻和部分文艺节目，如粤剧等。1961 年开办第二套节目以后，粤语节目又增加了知识性节目、对农村广播节目、民兵节目、各地见闻等对象性、专题性节目，改革开放以后，随着港澳的回归，粤语广播又有了新的发展，到 1994 年，第二套节目改为经济台，采用白话广播，1995 年白话广播每天达到 690 分钟。内容十分丰富，影响也很大。

　　官话（桂林话）广播主要是面向桂北、桂西北地区农村。广西人民广播电台从 1953 年 9 月 1 日起用桂林话广播，每天 15 分钟；1955 年 10 月 3 日起改用柳州话广播。第二套节目开播以后，1963 年，柳州话广播在两套节目里都有使用，播音时间最多时每天达到 90 分钟。随着普通话的不断普及和人民群众文化水平的提高，到 1994 年 10 月 1 日，广西人民广播电台官话广播全部改成普通话广播。

1958年3月3日,在全省各族人民欢庆广西僮族自治区成立前夕,广西人民广播电台开设的壮语节目正式播音。壮语节目是在1957年国务院批准壮文方案、壮族人民有了自己统一文字的前提下开设的。壮语广播最初以北部方言为基础,以武鸣壮话为标准音,每天播音30分钟。壮语广播的任务,就是宣传党的路线、方针、政策,推动壮族社会经济文化发展,宣传爱国主义和党的民族政策,增进民族团结,促进汉族与少数民族共同繁荣。同时也介绍少数民族文化遗产,反映少数民族丰富多彩的文化生活和崭新的精神风貌。节目的内容,每周三次综合性政治节目,两次壮文讲座,一次民族文艺节目。其中民族文艺广播最具特色,内容有民歌、壮戏、民间故事。1959年,民族文艺广播录制了壮、瑶等广西各少数民族的各种山歌、民谣、快板、山歌剧、说唱、采茶、师公戏、壮剧、诗歌、民间故事等节目1100多个,约3000分钟,还系统地收集了全区6种壮戏的65个唱腔和曲牌。

第四节　人民电影开新花

1949年中华人民共和国成立以后,广西才真正有了电影创作生产的发展和发行放映的市场,有了电影艺术的繁荣。

一、新闻纪录片、译制片和科教片成就斐然

南宁电影制片厂的电影制作生产是从新闻片和纪录片起步的。1958年南宁电影制片厂建厂之初,大部分人员被派到长春电影制片厂培训,少部分人员留在南宁采取以老带新的办法,边学习拍电影边建厂,年底完成新闻片《广西新闻》第1、2、3、4、5号,纪录片《钢铁卫星特辑》第1、2、3号和《亩产13万斤》。以后,南宁电影制片厂屡有调整,但新闻片和纪录片的拍摄却一直没有中断。拍摄最多的一年是1962年,一共拍了24部。除"文革"期间的1967年以外,年年都有新闻纪录电影作品发行放映。这些作品,新闻片一般都以《广西新闻》《广西简报》为题目,编号发行放映,纪录片则有片名。这些新闻片和纪录片的内容,反映了当时广西工农业生产和社会生活的方方面面。如纪录西津水电站工程建设情况的《新断郁江》《西津水电站》,反映中越两国边境人民共同建成归春河水渠水利工程的《友谊花开归春河》《中越边民情谊深》;还有记录重要事件的《全区"刘三姐"文艺会

演《广西壮族自治区第二届第一次人代会》《首届全区运动会》《1972 年全国体操比赛》《1973 年全国游泳比赛》《工农兵上大学》；宣传先进人物事迹的纪录片有《木工王全禄》《新跃进的起点》《劈山开路人韦江歌》《摩天苗岭种药人》《壮乡十姐妹》等。另外还有记录周恩来、邓小平、胡志明等中外领导人视察、访问广西，以及记录庆祝打倒"四人帮"、庆祝党的十一届三中全会胜利召开等历史场景的影片，等等。总之，从 1958 年到 1988 年广西电影制片厂一共摄制了新闻片 59 部、纪录片 184 部。这些影片的内容都带有强烈的时代特点，为广西保留了弥足珍贵的历史影像资料。

广西是一个少数民族自治区，普通话不是很普及。为了使群众看得懂电影，把电影翻译成少数民族语言或本地方言发行放映，就一直是广西电影界的一项重要任务。1958 年广西刚刚建立电影制片厂，就将《水库上的歌声》《党的儿女》《边寨烽火》三部影片译成壮语发行。以后又将《金铃传》《我们村里的年轻人》《老兵新传》《万水千山》《回民支队》《五朵金花》《星火》《黄河飞渡》《战火中的青春》《金玉姬》等 13 部当时比较流行的优秀电影故事片译成壮语，发行壮族地区。1973 年广西新闻纪录电影制片厂改为广西电影译制片厂以后，译制的电影有《青松岭》《艳阳天》《闪闪的红星》《难忘的战斗》《决裂》等 21 部。这些电影有的被译成壮语，有的被译成粤语方言。在 1985 年以前，除广西电影译制片厂外，广西电影公司在全区建立了 17 个少数民族语电影译制点，译制了大量的影片。从 1985 年到 2009 年，全区共译制壮语、侗语、苗语等少数民族语电影故事片 93 部，科教片 45 部，其中有不少获奖。如苗语故事片《毛泽东和他的儿子》、侗语故事片《秋收起义》、壮语科教片《泡桐树》在 1994 年获得了第一届全国少数民族语电影译制片"腾龙奖"。在全国少数民族语电影译制片"骏马奖"评奖活动中，广西译制的侗语故事片《孔繁森》和《解放大西北》、苗语故事片《这方水土》获得优秀译制片奖。壮语故事片《孔繁森》、苗语故事片《相伴永远》获综合技术奖。2008 年以后，广西的电影译制开始采用数字化录音工艺，从 2010 年到 2014 年，广西电影集团少数民族语电影译制中心和 7 个壮语、苗语、侗语译制点，一共完成少数民族语电影译制录音节目共计 200 个，其中有 100 多个登陆了国家数字节目中心交易平台。2013 年还完成了越南语故事片《天琴》、柬埔寨语故事片《阿佤山》的译制，为民族电影走出去打下了良好的基础。

看电影是人民群众休闲娱乐的重要方式，也是学习科学文化知识的一种好形式。为满足各少数民族群众学习科学文化知识的需要，广西的电影制作机构也曾摄制过许多电影科教片。广西第一部电影科教片是 1960 年

10月摄制完成的《水稻插秧机》,以后又陆陆续续摄制了《怎样用好拖拉机》《毛竹种子育苗和造林》《油茶》《水库养鱼和捕捞》《小火箭人工降雨》《三品种杂交水牛》《防治稻飞虱》等。据不完全统计,从1960年到1985年,广西电影制片厂摄制的电影科教片共有16部,内容涉及农业、林业、能源、气象、教育、卫生等方面。后来,由于电视的普及,科教片和新闻片、纪录片主要由广西电视台负责制作播出,广西电影制片厂则把主要创作力量和人力、财力放在电影故事片的制作发行上。

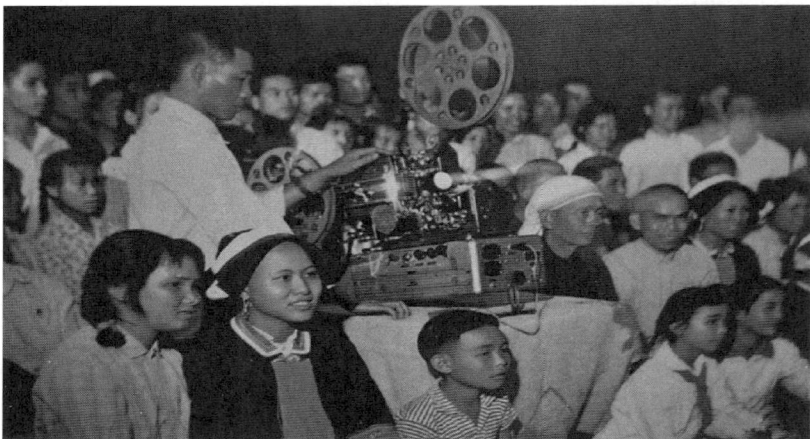

图20　电影下乡为各族人民服务

二、《刘三姐》与民族题材故事片

南宁电影制片厂的电影故事片制作,最早可以追溯到1960年与长春电影制片厂联合摄制彩色电影故事片《刘三姐》。

摄制这部故事片的来龙去脉是这样的:1959年,文艺工作者根据壮族民间传说《刘三姐》自编自演了山歌剧《歌仙刘三姐》,迎接中华人民共和国成立10周年和广西僮族自治区成立一周年。这个传说流传很广,故事优美动人。广西各地纷纷以当地喜闻乐见的彩调剧、壮剧、采茶剧、侗戏、苗剧等形式来演唱《刘三姐》,一时间在壮乡瑶寨刮起了"刘三姐热"。自治区党委因势利导,决定于1960年春在南宁举行"广西僮族自治区《刘三姐》文艺会演大会",以此推动广西的文艺创作,把广西的文艺创作提高到一个新的水平。后来,由时任自治区党委书记、主席韦国清建议,并经自治区党委研究,决定由南宁电影制片厂与长春电影制片厂联合摄制彩色故事片《刘三姐》。邀请乔羽先生出任编剧,苏里先生担任执行导演,区党委常委、柳州地委第一书记贺亦然负责抓文学剧本的创作。贺亦然传达了自治区党委主要领导的两点意见:一是要求《刘三姐》在广西拍外景,把美丽神奇的广西山水风光作为背景去叙述故事;二是希望多用广西本土演员。乔、苏二人当即表示完全赞同自治区党委的意见,并提出外景以桂林、阳朔为主,兼选其他。乔羽执笔编剧的文学剧本最初题目为《刘三妹》,自治区党委审查时明确提出片名应改回原来的《刘三姐》。在送审样片时,韦国清还就刘三姐的造型,如发式、头饰及服装等提出意见,主创人员根据韦国清的意见,加以研究、修改,就成了现在看到的影片《刘三姐》的美丽形象。

彩色故事片《刘三姐》,总投资额为34万元,南宁电影制片厂和长春电影制片厂各负担17万元。南宁电影制片厂派出了一个摄制组建制的导、摄、录、美等配套人员,人盯人向长春电影制片厂的艺术家跟班学习。5月在长影摄影棚内搭景开拍内景,6、7月份在桂林、阳朔、漓江拍外景。当年摄制完成后,在全国各地发行公映,很快引起了巨大轰动。它不仅是新中国第一部音乐风光故事片,也是当时拷贝发行量最大的影片。后来发行到港澳地区以及东西亚各国,风靡一时,久映不衰。在新加坡连续两年,每年连续上映120天;马来西亚将《刘三姐》评为世界十部最佳影片之一。1963年,第二届《大众电影》百花奖授予《刘三姐》最佳音乐奖、最佳摄影奖、最佳美术奖、最佳配角奖四项大奖。黄婉秋因主演《刘三姐》一举成名,她的表演纯朴自然,清秀俊美,成为一代青年的银幕偶像。壮族山歌智慧幽默,美丽动听,使无数观众激动不已。广西歌海之名从此天下传扬,广西人美、歌美、景美,从此深入人心。

电影《刘三姐》取得了巨大的成就,许多广西的文学、戏剧、电影文艺家以及党政领导都为此做出了贡献。南宁电影制片厂也投入了资金,照理在《刘三姐》正式发行的拷贝中应该有"南宁电影制片厂、长春电影制片厂联合摄制"的署名,但当时正是国家经济困难时期,在"调整、巩固、充实、提高"方针下,南宁电影制片厂按要求将调整下马。因此,广西方面的领导主动提出,在《刘三姐》这部影片里,南宁电影制片厂不再署名。这就是为什么南宁电影制片厂参与电影《刘三姐》的制作却没有署名的原因。

图 21   电影《刘三姐》海报

《英雄虎胆》和《南岛风云》以真实的革命战争故事为创作蓝本。剧作者本身都是亲历其事的革命战士。所不同的是,《南岛风云》是广西本土作者写海南题材,《英雄虎胆》则是本土题材,解放军的作者。而真正的本土作者写本土题材,并被拍成电影在全国发行公映的,则是周民震创作的《苗家儿女》。

周民震,广西鹿寨县人,壮族。1948 年高中毕业后即参加中国人民解放军柳北纵队,担任过中队指导员;后来又参加剿匪和抗美援朝,1954 年转业到地方工作后长期从事电影和戏剧文学创作。青年时代的周民震酷爱文学创作,曾发表过散文、小说和戏剧文学作品,1957 年在《广西文艺》杂志上发表过电影文学剧本《双九记》。《苗家儿女》是他第一部被拍成电影的电影文学剧本。这部电影取材于柳北苗族地区,那里是周民震长期从事武装斗争的地方。他对那里的民风、民情和苗族的生活十分熟悉。故事讲的是:苗族青年卡良从部队复员回乡,刚进村,就遇上自己暗中爱慕的姑娘迈香同自己的好朋友春亮举行婚礼。这使卡良极度痛苦。但家乡热火朝天的建设热潮使他从个人情感中摆脱出来,毅然投身到建设劳动之中。影片还突出表现了苗族山寨在发展生产中的矛盾:是只顾粮食生产不顾森林保护,还是根据自然条件进行"林粮并举"。《苗家儿女》形象地表现了新中国成立之初广西少数民族充满生机的生活状况,故事情节生动,人物性格鲜明,生活气息浓郁,既有民族特色,又有时代特征。影片所提出的"保护森林,林粮并举"的问题,现在仍有现实意义。影片的人物对话和苗族歌曲令人难忘,插曲一直传唱至今。这是一部在广西电影史上具有深远影响的优秀影片。

三、专业电影制作机构的建立

真正把广西少数民族题材电影推上新高峰的是故事片《刘三姐》,这是一部广西电影制作机构参与制作的故事片。这里所说的广西电影制作机构即广西电影制片厂,成立于1958年,原称南宁电影制片厂。

1958年4月,文化部在北京召开会议,决定筹建包括新疆乌鲁木齐电影制片厂、内蒙古呼和浩特电影制片厂和广西南宁电影制片厂等一批综合性的民族地区电影制片厂。会议还决定,南宁电影制片厂由长春电影制片厂和中央新闻纪录电影制片厂负责配备干部,提供技术咨询和接受人员实习培训等。7月,文化部从长春电影制片厂和中央新闻纪录电影制片厂调派来10名艺术、技术和经营管理骨干,自治区又从区内文教宣传部门挑选70多名干部、工人,组成了广西最初的电影制作队伍。

1961年,南宁电影制片厂改名为广西电影制片厂。1962年,国家调整与充实原有的电影故事片制片厂,广西电影制片厂被要求撤销,所有的器材设备被调走。1963年自治区党委决定广西电影制片厂改名为广西幻灯制片厂,转产幻灯片,同时,继续拍摄和汇编广西题材的电影新闻纪录片,供广西各地发行放映。

1964年冬,自治区党委决定成立"广西电影摄制组",负责拍摄本地区的新闻纪录片,积累影片资料。后来又扩建成一个完整的小型广西新闻纪录电影制片厂,以后又改为广西电影译制片厂、广西电影制片厂。

四、异军突起的电影文学

电影是一门综合艺术。是编剧、导演、表演、音乐、美术等各门类艺术的综合体现。其中最具有基础作用的,则是文学编剧。如果说在20世纪30年代初期,何诹创作小说《碎琴楼》并不是主动为电影制作提供剧本和故事,那么到20世纪50年代初期,李英敏的电影文学剧本《南岛风云》则是主动的、专门为制作电影而创作的。

李英敏,广西合浦县人,京族。1936年毕业于广东省中山大学法学院。曾任合浦县中共地下党支部书记、区委书记、县委宣传部部长及特派员,六万大山粤桂边地区抗日游击队指挥员、政委。1937年,李英敏被派遣到海南岛,与冯白驹将军一起进行艰苦卓绝的敌后斗争。《南岛风云》就是根据他在海南岛斗争中的一段亲身经历写成的:当时,有个游击队医务所因环境艰苦,所长和医生携款潜逃了,只剩一名女护士在坚持看守着伤病员。在没一分钱、一点药品的情况下,这位普通的海南妇女十分镇静。一面安慰伤病员,一面到处去为战士们弄粮食,自己动手采集中草药,为伤病员们烧饭、洗衣、看护,甚至喂饭、喂药,终于把伤员们医治好,使他们重新归队。后来李英敏受命去了解和处理这件事,派人把当了叛徒的所长和医生抓了回来予以严惩,表彰了那位女护士。

李英敏把这个故事编成剧本,最初题目叫《归队》,后来根据夏衍的提议更名为《南岛风云》。剧本《南岛风云》描写了海南岛人民坚持抗日武装斗争的史实,真实地再现了抗日战争时期海南岛的历史风貌、民族风情。电影很快投拍,于 1954 年底就拿出了样片,1955 年 2 月 28 日发行放映,以后轰动全国。1955 年,毛泽东主席看了这部影片,后来在视察上海期间还专门接见了主演上官云珠。1956 年,电影《南岛风云》获文化部颁发的优秀影片二等奖。

作为一名富有传奇经历的老战士,李英敏根据自己深厚的生活积累,还创作了《柳林曲》《十天》等电影文学剧本。先后出版了电影文学剧本集《南国红豆集》《李英敏电影剧本选》等,奠定了他作为广西电影文学创作拓荒者的地位。他还担任过中央电影局党支部书记,广西电影制片厂厂长,广西文联名誉主席,中国影协党组副书记、书记处书记,中宣部文艺局局长等重要职务,是中国电影界的风云人物。此外,他还创作了大量的小说、散文、报告文学等。

在 20 世纪 50 年代末 60 年代初,还有一部风靡全国的电影《英雄虎胆》。这是一部根据中华人民共和国成立初期解放军在广西十万大山剿匪的真实故事编剧的电影。剧中人无论是正面人物还是反面人物都能在广西找到原型,因此,人们也把这部电影看成是广西电影。故事讲的是,解放初期,为剿灭盘踞在广西南部十万大山的一股土匪,部队派出侦察科长曾泰,化装成境外派来的匪军副司令,深入匪窝。经过敌人接二连三的惊险考验,终于取得匪首的信任,送出情报。后又掌握了敌人的指挥权,配合大军一举歼敌。剧情敌中有我、我中有敌,情节跌宕起伏,险象环生,被誉为新中国电影史上谍战片的代表作品。

这部电影由八一电影制片厂创作生产,导演是严寄洲和郝光,主演是于洋和王晓棠,他们都是中国的电影艺术大家。编剧是当时"空军三少尉"之一的丁一三。丁一三是天津人,是解放军剿匪部队宣传队的队员,对解放军在十万大山剿匪的情况很熟悉。剧中的男主角曾泰,真名叫林泰,是解放军某师侦察科长,参加过辽沈战役,平津战役和广西十万大山剿匪战役,先后立过六次大功,获得过六枚"勇敢勋章"。在丁一三创作电影《英雄虎胆》的剧本之前,就有人把林泰化装卧底,深入十万大山侦察的传奇故事编进书中,题目就叫"英雄虎胆"。当时由于林泰的工作是保密的,所以不用真名。后来改编成电影,林泰再次要求不用真名。林泰 28 岁时由陶铸夫妇做媒,与柳州姑娘、部队医院的护士翁顺华结婚,1955 年转业到柳州市公安局,先后担任过交警大队大队长、看守所所长、行政科副科长和柳州市公安局调研员等职务,1977 年病逝于柳州。

第五节　培养党的新闻工作者

新中国广西的新闻教育事业始于 20 世纪 50 年代初。当时,初创的广西日报社自办新闻干部培训班,培养编辑记者。稍后,广西省委宣传部也开办宣教班,短期培训新闻干部。然而,接二连三的政治运动使刚刚出现的新闻教育活动还没来得及向更高层次发展,就被汹涌的政治浪潮席卷而去了。①

这一阶段的新闻教育主要是一些讲座、培训等非正式的教学活动,教学内容比较注重实践,教学人员有着丰富的实践经验,但是条件简陋,创办时间都比较短。

中华人民共和国成立后,广西的新闻研究主要分为业务研究和学术研究两部分。新闻团体的建立和恢复,是广西新闻业务研究开展的重要标志。1960 年 5 月 5 日,中华全国新闻工作者协会广西分会成立("文化大革命"中停止活动)。

"文革"后,特别是随着广西大学新闻系等正规的新闻教育和科研机构的成立,广西的新闻传播学术研究开始走上了一条健康发展的道路。

---

① 　曹爱民:《广西新闻教育的历史与现状探桥》,载《新闻知识》2010 年第 1 期。

第六章 "文革"时期新闻传播事业的停滞

第一节 "唯政治论"下报业的浩劫

1966 年至 1978 年的阶段共 12 年,其中,"文化大革命"10 年间,广西报业受到极大的扭曲和破坏,失去了基本的新闻品格。

1966 年 5 月,"文化大革命"爆发,中国新闻事业遭到空前劫难,绝大多数报刊被迫停刊,残存的少数报刊蜕变为林彪、"四人帮"篡党夺权的宣传喉舌。在新闻宣传上,报纸被异化为林彪、"四人帮"篡党夺权的政治工具,新闻宣传报道的主题,不是"横扫一切""造反有理",就是"大书特书"领袖权威。新闻作品被彻底政治化,新闻故意失实乃至编造"事实",千篇一律、千报一面。

1966 年至 1976 年的"文化大革命"10 年,是广西报业肃杀凋零的时期。

1967 年 1 月,《广西日报》及其农村版在动乱中三次停刊,直到 1968 年 3 月才恢复出版。区内其他各报也先后停刊。到 1970 年下半年,全广西只剩下《广西日报》《铁路工人》两种报纸。由于《广西日报》是当时全自治区唯一的党报,同时自治区革命委员会又对农村人民公社、生产队订报实行地方财政专项补贴,因而发行量一度达 67 万多份,创有史以来广西一家报纸发行量的最高纪录。①

广西的"文化大革命"是从宣传文化界开始发动的。

自治区党委于 1966 年 6 月召开常委(扩大)会议,成立广西"文化革命

---

① 广西壮族自治区地方志编纂委员会:《广西通志·报业志》,广西人民出版社 2000 年版。

小组"。6月下旬派出工作队到学校、新闻、文艺等单位开展"文化大革命"。与此同时,《广西日报》以反党反社会主义反毛泽东思想的罪名点名批判自治区党委宣传部副部长、作家陆地和《广西日报》总编辑钟林,并经自治区党委批准,撤销了他们的职务。新闻、文化单位的党政领导干部和知识分子也是受冲击的主要对象。

1967年初,受上海"一月风暴"的影响,1月7日起《广西日报》几度停刊,被群众组织封报、夺权,先后改出《每日电讯》《新闻报道》《红色新闻》。3月25日,广西日报社实行军管。1971年,广西日报社成立革命委员会,以军管小组组长、副组长为主任、副主任,同"革命领导干部和群众代表"组成"三结合"的领导班子,下设政工、编辑、办事三个组和印刷厂。报社在各地、市设群工联络站。1973年,广西日报社撤销军管,改设总编室和处级业务机构。"文化大革命"中,《右江日报》等地、市报纸在停刊后也实行军管,大致与《广西日报》境遇相同。

1976年,广西新闻图片社和广西画报社划归广西日报社领导。

1976年10月,"文化大革命"结束,中国新闻事业开始拨乱反正。之后的真理标准问题大讨论,为新闻体制改革与新闻事业发展奠定了坚实的理论基础。1978年底,中国进入了改革开放的新时代,新闻传播观念的更新、新闻宣传报道的创新、新闻机构体制的革新,使新闻事业得到长足发展。

第二节　出版业的政治风暴

中华人民共和国成立前17年的出版之路虽然往复曲折,毕竟有过成立前几年的更新气象和20世纪60年代初调整时期的反思改进,而1966年燃起的"文化大革命"烈火使广西出版遭遇的危机已远非历次政治运动的冲击所可比拟了。

一、毛著出版发行压倒一切

广西民族出版社为服务壮族读者,促进民族团结和进步做出了重要的贡献。不幸的是,遭遇"文化大革命"冲击,1969年10月被撤销,人员四散,图书资料化浆,造成了巨大的损失。

不久广西人民出版社并入毛主席著作出版办公室,只在书籍上还有个名号,整个出版任务简化到仅余一项,即毛主席著作的出版发行。

1966 年 8 月 18 日全区召开第一次毛主席著作印制工作会议,要求"立即行动起来,全力以赴,把出版、印刷和发行毛主席著作作为压倒一切的任务",到 1966 年底前印制《毛主席语录》总政版 427 万册、工农版 1500 万册,《毛泽东选集》普及版 1—4 卷 50 万部,毛主席像 8 开标准像 1000 万张。① 为此,突击增添印刷设备,扩大货栈厂房,并在河池新建三线厂——广西新华印刷厂。

新华书店负责送书。1968 年 5 月 1 日广西新华书店向自治区革命委员会筹备小组报告,已向全区 530 万多户贫下中农每户送 1 本《毛主席语录》和"老四篇",向全区 80 万个生产队、大队的 180 多万名干部每人送 1 本《毛主席语录》,给每个生产队送《毛主席著作选读》甲种本 3 册、乙种本 5 册,"老四篇"10 册。当然少不了还有一批批失时失势之作要做撕贴或化浆处理。新华书店积压、破损、报废的开支最终落到财政头上。

二、老将的远见与担当

逆理难存,物极必反。不近人情、违反常识的极左思潮总有走向破产、激起人们重新思考的一天。

抗战文化城时期的出版家,"文革"初期被打倒后复出主持广西毛著出版办公室工作的华应申,深感十几亿人只读几种书,只看几出戏的日子不会久长。还在乌云密布的日子里,他就着手做着逐步改变现状的努力。他大胆撤销空泛的编辑出版组,成立政治文教、文艺(含少儿)、科技三个编辑室和编务室(含资料室),陆续调集出版社下放人员和社外有编辑工作经验的人员充实业务队伍,并配备编辑室负责人和副总编辑,认真落实三审制。1971 年秋,他强调指出:"出版社不能只出配合政治运动的小册子,要积极组织出版传播知识积累文化的书籍,特别是有广西特色的民族书籍。"② 在他主持下,有关编辑陆续组织出版了《太平天国人物》《灵渠文献粹编》《柳宗元在柳州》《广西花鸟集》《现代诗韵》《热带鱼》《常用饮食疗法》《观天看物识气象》等优秀图书。1972 年,他又提出创办一本向农民普及科技文化知识的通俗刊物《农民之友》,并亲自拟定了"要做农民的朋友,想农民之所想,急农民之所急。编辑不能以先生自居,应以与农民平等的身份去谈心"

---

① 龙谦整辑:《广西壮族自治区毛主席著作出版办公室大事记》,出自《广西出版史志资料》第10 辑,广西新闻出版局 1992 年编印,第 282—296 页。

② 王益:《文化出版战线上的老战士——华应申》,出自《广西出版史志资料》第 2 辑,267 页。

的工作指针。刊物办起来以后很受农民欢迎,最多时每期发到 30 多万册。

1975 年 3 月 29 日,自治区毛主席著作出版办公室撤销,广西人民出版社和广西新华书店恢复独立核算,重获法人地位。在华应申、郭铭、王东焘、高万枝、曾霞初等老同志带领下,广西出版重接地气,聚积破茧而出的力量,迎接久违的春天的到来。

三、期刊出版陷于停滞

1966 年至 1976 年"文化大革命"期间,广西绝大部分期刊遭到停刊。少数期刊停而复刊,复又停刊。

1971 年 1 月,《红小兵》创刊,1973 年 6 月终刊。1971 年 3 月,广西民族学院创办《广西民族学院学报》;1976 年 4 月,广西大学创办《广西大学学报·自然科学版》。

这一时期,广西期刊业最大的亮点是《广西画报》的创刊。《广西画报》创刊于 1971 年 7 月,和《人民画报》《解放军画报》一起,成为当时全国仅有的 3 份新闻画报之一,在国内引起了强烈的反响。1976 年 6 月,为了更好地发挥《广西画报》的舆论宣传作用,根据自治区党委的决定,广西画报社从广西文艺创作办公室分离,改由广西日报社主管。40 多年来,《广西画报》用大量真实生动的图片和文字,见证八桂大地各个历史时期的发展和变化,成为广大读者了解广西的重要窗口之一,多次被评为"广西优秀期刊",被国家新闻出版总署列为"中国期刊方阵双效期刊"。

第三节 广电事业的艰难前行

不同于印刷媒体,由于技术的进步,"文革"期间,广西的广播电视事业在纷乱的时势中艰难前行。

一、壮语广播的遭遇

壮语广播因"文革"的干扰破坏,1967 年 1 月 12 日被迫停办,到 1971 年 10 月 1 日恢复。

广西壮语分为南、北两大方言,大致以右江、邕江、郁江为界。江以南为南部方言,以龙州壮话为代表,约 15 个县市。江以北为北部方言,以都安壮话为代表,约 39 个县市。

为更加方便壮族群众收听,恢复以后的壮语广播分别采用南部方言和北部方言播音,节目内容除新闻和文艺以外,又增加了科学知识等,每天广播时长达 120 分钟。

二、广西电视台的诞生

20 世纪 60 年代初广西就有建立电视台的想法。1966 年初,广西再度提出兴建南宁电视教学台,因"文革"干扰没建成。1969 年,广西筹建电视台的工作第三次起动。1970 年 9 月 1 日,广西第一座电视台——广西电视台才建成试播,10 月 1 日正式播出。这标志着广西电视传播事业在经历十年波折之后正式诞生了!

广西电视台建成之初,条件非常简陋。

电视中心采用的是 1959 年生产的一套教学用的电子管黑白播控设备。电视发射机是以南宁电视机厂为基础,组织 50 多名技术人员设计装配的 1 千瓦黑白发射机。发射天线是一根 35 米高的木杆,覆盖半径只有15 千米。

节目制作和新闻采集设备也极为匮乏,全台只有两部不能变焦的黑白摄像机。电视新闻主要使用 16 毫米电影摄影机拍摄。拍摄后自己不能洗印,要送到广州或北京洗印后才能剪接编辑。这样一来一往,加上配音制作,一条新闻至少三天,有时甚至一个星期之后才能播发,"新闻"成了"旧闻"。

1970 年 10 月 1 日,广西电视台正式播出的这一天,原计划拍摄的"自治区首府庆祝国庆节大会"的电视新闻,就是因为无法及时洗印制作,只好改播图片报道。由此可见广西电视事业起点之低,起步之艰难。

1972 年,广西电视事业发展出现了新的突破。

标志性的事件有四:一是建成 167 米高的电视发射塔和大明山电视转播台,使全区能收看到电视节目的县、市达到 36 个,电视和电视传播的内容开始成为人们日常生活的话题。二是广西电视台建成电影胶片洗印室。这间简易洗印室虽然只有 12 平方米,但它使广西电视台拍摄的电视新闻片能在当天完成洗印,提高了电视新闻报道的时效。三是广西电视台完成了首部电视纪录片《林茂粮丰》的拍摄制作。这是一部用电影胶片拍摄、时长 30 分钟的黑白片,反映的是广西高峰林场既种林又种粮,全面丰收的情况。这部片子的成功播出,标志着广西电视台节目制作水平有了较大的提升。四是建成一间 70 平方米的小型播控室和调试组装了一辆黑白电视转播车,从此具备了自制文艺节目和专题节目的能力。而且也能够进行文艺演出、电影放映和体育比赛实况的现场直播了。

尽管如此,当时广西电视台的节目制作能力仍然十分有限。一般每周只能播出四次,每次150到200分钟不等。往往从晚饭后的19点开始,先播出几条电视新闻片,后播出一部电影故事片或直播一场文艺演出,有时是体育比赛。形式与当时电影院差不多。即先播"新闻简报"等短片,后播电影故事片等所谓长片、正片。因此,当时的电视台被人们戏称为"微型影剧院"。这种"微型影剧院"的传播方式延续了好多年。直到后来电子采访和录像技术的普遍使用,节目制作能力大大增强,节目内容和节目形式大大丰富之后,电视给人们"微型影剧院"的印象才逐渐消失。

三、电影《主课》

广西虽然为《刘三姐》的制作做了大量的工作,但《刘三姐》并非广西自己独立制作的电影故事片。广西独立制作的第一部电影故事片,是1975年摄制的《主课》。

那时候,广西电影制片厂之名尚未有,以广西电影译制片厂摄制故事片则是名不正言不顺。所以《主课》是以广西壮族自治区电影学习班的名义出品发行的。

这部影片的内容是讲知识青年在农村现实生活中接受阶级斗争教育和锻炼的故事,思想内容极具"文革"特色。

影片影响也不是很大。不过《主课》的成功摄制和发行,使广西电影界增添了制作生产电影故事片的信心,为以后广西电影制片厂的电影繁荣打下了基础。

第四节　新闻高等教育的起步

中华人民共和国成立后,广西的新闻高等教育是一片空白。20世纪70年代初,国内政治空气缓和,高等院校开始招收工农兵学员,一些新闻单位也开始进入恢复阶段。

在这样的大背景下,1971年,广西大学成立中文系,广西师范学院(今广西师范大学)中文系副主任秦似调任广西大学中文系主任,赵盛德、李春邦等12名老师同时调到广西大学中文系任教。

1972 年 6 月,根据自治区党委决定,广西大学恢复和增设了一批专业,其中,中文系开设新闻专业,在中文系设立新闻理论教研室,首任教研室主任是赵盛德。

当时教学资源十分缺乏,学校通过多方渠道从原教育部、文化部下放到"五七"干校劳动的知识分子中抽调,从区内外兄弟院校及有关单位选调。在自治区党委的支持下,还从新闻出版部门延请了一批教师。[①] 后来成为广西新闻高等教育"一代宗师"的虞达文也在这时(1972 年)奉调广西大学中文系任教,主要负责新闻专业的教学科研工作。

广西大学是国内最早招收新闻学本科生的四所院校之一。

---

① 曹爱民:《广西新闻教育的历史与现状探析》,载《新闻知识》2010 年第 1 期。

第七章 新时期新闻传播事业的恢复与发展

第一节 报业的市场化改革

1978年12月18日至22日召开的十一届三中全会,是中华人民共和国成立以来中国共产党历史上具有深远意义的伟大转折,开启了改革开放的序幕。党掌握了拨乱反正的主动权,有步骤地解决了中华人民共和国成立以来的许多历史遗留问题和实际生活中出现的新问题。但是,由于当时自治区党委某些领导错误地认为广西"文化大革命"中存在着一条所谓的"正确路线",致使广西以解放思想、纠正极左路线和平反冤假错案为主要目标的"文革处遗"工作,直到1983年才开始取得决定性突破。

《广西日报》作为自治区党委机关报,不可避免地受到这些错误的波及和影响。1984年,广西日报社经过"文革处遗",原来的派性领导班子得以更换,一些"文革"中受到冲击的报人得以调回,广西日报社开始跟上全国新闻界的前进步伐,为宣传贯彻十一届三中全会以来的路线、方针和政策发挥党的媒体应有的作用。

一、报业的恢复与发展

1978年至今的这一阶段是广西新闻传播事业变化巨大、发展迅速的时期——报刊种类和发行量成倍增长,收音机和电视机的社会拥有量急剧增加,互联网开始走进人们的生活。广西新闻媒体的总体结构也发生了变化,由以报纸为主体,逐渐转移到电视、报纸、期刊、广播、网络、基于网络的新媒体等多种媒体互相配合互相促进的新格局,形成了一个多层次,多品种,多功能,有特色,能够满足各种受众需求的新闻媒体体系。

在这种大变革的背景下,广西报业逐步深化新闻改革,出现了许多可喜的变化,呈现了空前繁荣景象。各类报纸相继复刊或创刊,广西报业由"文化大革命"中的《广西日报》"独此一报"的单一型构架,恢复和发展为以一报为龙头,各级机关报为主体,门类比较齐全的各行业系统专业报、企业报和对象报为辅体的新闻报纸群体。全自治区形成了以首府南宁市为报业中心,各市、地和部分县报为网络的合理布局。

南宁市一地就出版自治区、地、市三种机关报。《南宁晚报》除保持自身的首府晚报的特色外,又增出《读者周末报》和《南方侨报》。南宁地委出版了《南宁日报》。《柳州日报》《北海日报》也增出《柳州晚报》《北海晚报》。玉林地委、玉林市委各出版《玉林日报》《玉林晚报》。百色地委和百色市委各出版《右江日报》和《百色市报》。桂林、柳州、梧州三市都同时分别出版市委机关报和地委机关报。一些经济、文化条件较好和报业历史较久的县城,也出版县报,如《宾阳报》《横县报》《鹿寨报》《灵山报》等。

这一时期,各类专业报、对象报也应运而生。各行业报纸专业化程度提高,分工越来越细,读者有更多的选择余地,同类报纸之间展开报道内容、时效、编排和广告、发行等多方面的激烈竞争。经济、科技、政法、文化等报纸,成为人民的精神食粮、致富参谋、生活良友。各地的广播电视报纸随着电波飞入千家万户。各地乡情报、侨报则成为海外同胞了解家乡变化的信息来源。《小博士报》创办于1984年,是广西区科协主办的一张面向全国中小学生的教育辅导类报纸,以向广大青少年提供高品质的精神食粮为己任,深受读者喜爱,被读者誉为"培养大博士"的摇篮。《小博士报》最高发行量曾达80多万份,当前发行量约17万份,截至目前,仍是广西发行量最大的少儿类报纸。《广西民族报》直属广西少数民族语言文字工作委员会,报社出版有《广西民族报》(壮文版)、《广西民族报》(汉文版)两种文版的报纸(目前全国壮文报纸唯有《广西民族报》壮文版),是宣传广西民族工作、民族语文工作的专业报。壮文版1957年7月1日在南宁创刊,创刊时报名为《壮文报》,1966年7月因"文革"被迫停刊,1982年8月1日复刊,1986年7月更名为《广西民族报》(壮文版),1992年7月,《广西民族报》(汉文版)创刊。

二、报纸的业务改革

20世纪80年代,广西各报宣传报道的重点,已由阶级斗争转移到经济建设上来。报纸在搞好两个文明建设的宣传方面做出显著成绩,在坚持党性原则的前提下增强可读性,更加贴近生活,新闻报道和副刊具有更加浓郁的民族特色和地方特色,充分反映各族人民的生产情况和生活风貌,为群众喜见乐闻。报纸专栏、专刊增多,日报与专业报向晚报看齐,纷纷出版《周末版》《星期天版》《月末版》等。20世纪90年代,《广西日报》在恢复贯彻执行"七性"方针的同时,不断探索,勇于创新,提出在保持指导性、权威性的基础上,加强服务性、科学性、知识性和趣味性。

20世纪末,"报办集团"的模式初现。广西日报社在坚持办好《广西日报》的同时,先后增出《广西老年报》《广西经济报》《民运会新闻》《大西南经济导报》。1995年,《广西经济报》改为《南国早报》,1997年底,《大西南经济导报》改为《当代生活报》,这两份以社会和民生新闻为主的都市类报纸的出现,是广西报业革命性的改变。

20世纪90年代末到21世纪初,广西报业的"都市报"竞争十分激烈。

《南国早报》是广西最早创立的都市报,在南宁和全区市场一家独大。《当代生活报》创刊时是周刊,16版,定位于休闲周报,面向全国发行。

1999年,一群四川报人携成都新闻改革的成果来邕,接手广西商业厅所属的《广西商报》,将其定位由经济信息类报纸改为都市报,主打民生新闻和舆论监督。这使《南国早报》面临较大威胁。作为《南国早报》的追赶者和竞争者,《广西商报》采取低价促销策略。《广西商报》刚创刊时发行量少,报纸降价所耗费的成本不多,但是《南国早报》的发行量当时已经达到25万份以上,如果也同样降价,那将耗费巨额成本。

在此情况下,1999年下半年,广西日报社将《当代生活报》改成日报,定位同样是都市报,与《广西商报》进行"贴身肉搏"式的竞争——版式由四开改成与《广西商报》一样对开,从新闻风格到发行策略都与《广西商报》相同。在《当代生活报》的贴身防御下,《广西商报》成本消耗很大,利润却始终上不去,负债累累,最终在2001年因欠印刷厂巨额印刷费而被拒绝印刷,一夜间消失。遗留下的3万多订户由《当代生活报》无偿接收,《当代生活报》虽然损失了现金收入,但同时也"捡"到了3万多读者,获得了未来发展的条件和可能。

2002年,南宁晚报社主管的《八桂都市报》创刊,目标也指向《南国早报》。于是,《当代生活报》又迅速行动起来,担负起护卫任务。继续和新的挑战者"贴身肉搏"。因为《八桂都市报》是四开,于是《当代生活报》又把版式从对开改为四开。版面上,每天《八桂都市报》多少个版,《当代生活报》也出几个版,甚至包括订报赠送的礼品都和《八桂都市报》保持一致。如此一来,《八桂都市报》也在"纠缠"中长期得不到发展,最终于2005年彻底改版,报名也被取消。

　　但是,竞争对手一旦消失,广西日报社旗下的《当代生活报》和《南国早报》这两个子报间开始出现同质竞争的问题。虽然在版面、风格、行文上尽量有所区别,但相同的定位却使两报无法完全差异化,《当代生活报》十几年来无法实现盈利,只能作为《南国早报》应对外来竞争的缓冲和促进内部竞争的对手存在。

三、报社的管理创新

　　这一时期,在经营管理方面,广西大多数报社成为企业管理、自负盈亏的事业单位,经济实力增强,不再依靠国家财政补贴,而且每年可上缴可观的利税。广告在报纸版面中比重逐渐上升,广告收入成了报业经营管理的重要收入来源和增强自身活力的主要支柱。只有少数报纸仅靠财政补贴和发行来维持。广西日报社是广西影响最大、实力最雄厚、历史最悠久的大型综合报业机构。1997 年底,固定资产净值已达 1.09 亿元。该社拥有编采业务人员、经营管理人员和印刷厂职工 575 人,编辑出版《广西日报》《南国早报》《当代生活报》并主管《广西画报》和新闻图片的编发,又设置了广西南国广告公司。

　　在管理体制和机构设置方面,广西日报社 1978 年 9 月恢复总编辑负责制,成立编辑委员会。1985 年 7 月恢复解放初期的社长负责制,仍设总编辑、副总编辑等职,社委会与编委会并存。其他报社分别采用社长制、总编制或同时实行社委会领导下的编委会分工负责制。有的报社又设若干名社长助理或总编助理。报社根据人员多少,在机构设置上分工有粗有细,分设采编业务若干部、组,经营管理若干处、科,行政管理若干处、室,并有党委、工会等组织,多数报社自办印刷厂。广西日报社还在自治区内各地、市设立记者站。一般地、市报纸和专业报亦有数十人乃至百余人。少数专业报人力较少,以聘用若干名外单位人员兼任编辑的办法来维持出报。为了促进新闻专业化的发展,全区各报社已实行新闻等系列专业技术人员的职称评聘。

　　报纸发行也是报业发展的一个重要方面。20 世纪 80 年代以后,邮局发行报纸的费用逐步提高,加大了报纸成本。城市报纸由于读者比较集中,多数改为自办发行。《柳州日报》1986 年在广西率先实行自办发行,取得较好的效益。《南宁晚报》也建立自办发行的网络,并在市内各街道旁设置售报亭,并代办订阅。自办发行的报纸不但让读者及早看到报纸,而且降低了发行费用,增加了收入,发行份数也有上升。《南国早报》创刊以后,采用邮局订阅和自办零售相结合的办法,销售份数逐步上升,成为全广西期发数最高的早(晚)报。一般报纸仍采用邮局发行的方式。《广西日报》和各级党报,在发行年度前采取报社发行人员、邮局和各级党委宣传部门三方面相结合的办法,力争下年度发行量稳中有升。据 1997 年底的统计,全区公开发行的 78 种报纸,平均期发行量达 35.7 万份,总印数 53675 万份,总印张为 563506 千印张。其中《广西日报》期印数 19.8 万份,总印数 7254 万份。一般报纸发行量在 1 万份至 12 万份之间。《广西广播电视报》(周报)在一段时间内曾经期发超过 100 万份。

这一时期,广西各报的出版印刷和通信摄影等技术设备和部分报社房屋建筑都有了更新。全区报纸均已实行激光照排和胶印。广西日报社电台实现自收新华社传真照片,开通微机中文收稿系统接收新华社电稿,其印刷厂还利用技术改造的优越条件,为《人民日报》《中国青年报》《参考消息》《羊城晚报》《足球》《中国证券报》等京、穗报纸代印,并为区内数十种报刊排印。代印外地报纸的方式由航空到胶片传真进而改为卫星传版,大大缩短了这些报纸与广西读者见面的时间。

四、广西日报传媒集团的成立

2009 年 12 月 22 日,广西报业从"报办集团"迈向了"集团办报"的新阶段:按照中央"两分开"的精神,广西日报传媒集团和广西日报传媒集团有限公司正式挂牌成立,李启瑞任集团董事长。广西日报传媒集团提出"开拓性引导舆论,创造性经营传媒"的发展理念,办好报、抓好主业,搞好新旧媒体融合,加快多元化发展步伐,全力推进集团向现代传媒集团转型升级。

图 22　广西日报传媒集团成立

广西日报传媒集团的成立填补了广西没有报业传媒集团的空白,确立了其在广西报业市场的龙头地位和领跑优势。广西日报传媒集团探索的公司化、市场化经营新路子,在广西报业体制改革上迈出了历史性的一步。集团旗下共有 10 报 3 刊 7 网站,分别是《广西日报》、《南国早报》、《当代生活报》、《南国今报》(在柳州地区发行)、《广西法治日报》、《南国健报》、《南国城报》、《广西手机报》、《南国手机报》、《八桂手机报》10 份报纸,以及《广西画报》《南国博览》《法制与经济》3 本刊物和广西新闻网、南国早报网、红豆今网、桂林红豆网 4 个主要网站。其中《广西日报》是中共广西壮族自治区委员会机关报,《南国早报》是广西地区发行量最大的都市报。《南国今报》坚守柳州、来宾等桂北、桂中中心城市,着力打造区域性主流媒体。《南国健报》是广西的健康类周报。《南国城报·居桂林》影响力覆盖桂林市区及大桂林区域,内容涉及房地产、装饰建材、汽车三大行业,集新闻资讯和深度专题报道于一体。《广西画报》是广西唯一以图片报道为主、图文并茂的大型综合性新闻期刊。《南国博览》杂志是国内外公开发行的非时政类省级月刊。《法制与经济》是省级综合性法制类权威理论期刊。

《广西法治日报》虽然隶属广西日报传媒集团,但新闻采编和业务经营相对独立。广西法治日报社在全国省级法治类报纸中,办报规模、发行数量、报业经营、队伍建设等,都处于先进水平。报社旗下拥有两报一刊五网站,即《广西法治日报》、《广西法治手机报》、《法治画刊》、平安广西网、广西政法综治网(广西长安网)、广西图片网、广西法学网、广西监狱网。

广西日报传媒集团与广西日报传媒集团有限公司同时挂牌成立,使新闻宣传和经营业务得以分开。一方面,集团专心做好新闻主业,坚持党性原则,坚持政治家办报,牢牢把握正确舆论导向,不断提高舆论引导的权威性、及时性和公信力,不断巩固主流舆论阵地和宣传阵地;另一方面,集团公司建立法人治理结构,完善以产权为纽带的资产关系,激发经营活力。集团投资 4 亿元,兴建大型现代化印刷厂,年印刷能力超过 12 亿对开张,在西部省级党报中名列前茅。为实现多元化发展目标,集团将文化艺术品产权交易作为重点开发项目,在产业布局上实现了新的突破。

广西日报传媒集团以项目建设为中心,实施重点产业项目带动战略。目前,集团构建了平面媒体、网络媒体、移动媒体全覆盖的传播新格局,开启了报业经营的多元时代,建立了以广告业、印刷业为主,会展业、物流业、商务零售业、饮料业等为辅的经营格局,实现了跨行业、跨区域、跨所有制经营,经营收入稳步增长。

2013 年底,集团净资产达到 10.42 亿元,比 2009 年同比增长 42.94%,净利润 1.61 亿元,比 2009 年同比增长 59.41%。集团连续 5 年利润超亿元,利润率连年排在全国党报集团前列。

五、通讯社的恢复与发展

中华人民共和国成立后,广西的通讯社只有两家——新华通讯社广西分社和中国新闻社广西分社。进入新时期,随着新闻改革力度的增强和深化,中央新闻机构和全国性报刊在南宁纷纷扩充和建立分社、记者站等派出和派驻机构,至今总数已超过 200 个。

新华通讯社广西分社是新华总社在广西的派驻机构,担负着在广西营销新华社各类新闻信息产品等任务。广西分社成立于 1949 年 12 月 3 日,受总社和自治区党委双重领导,首任社长史乃展。广西分社的主要任务是采集广西各类宣传和新闻信息,通过总社向各类媒体和有关党政机关供稿。

进入新时期,广西分社运用多种传播手段,采写、摄录的各种公开报道,向海内外各类报刊和电台、电视台供稿;采写、摄录的各类内参报道,为各级领导提供决策依据。其中,公开报道包括了采写对内文字报道,向国内各类媒体供稿;采写对外报道,通过中、英、法、俄、西、阿、葡 7 种文字向海外各类媒体供稿;拍摄新闻图片供海内外媒体采用;向《新华每日电讯》《经济参考报》《参考消息》《中国证券报》《瞭望》《半月谈》等新华社主办的多种报刊供稿;为新华网提供广西各界的即时新闻;为电视台及各类用户提供公开播出的和内部参考的音视频报道;采写国内外非媒体用户需要的各种经济信息稿件。

广西分社还负责新华社各类新闻信息产品在广西的推介、营销。主要是向媒体和非媒体用户推介、营销新华社各类公开报道的新闻信息专线,发行新华社正式出版的各类公开、内部刊物等。

2000 年,新华网广西频道的上线,标志着新华社广西分社的业务发展又迈上了一个新台阶。

中国新闻社是由中国新闻界和侨界知名人士发起成立的通讯社。其前身是 1938 年由范长江等人建立的国际新闻社。中新社 1952 年 10 月 1 日正式发稿,以海外华侨、外籍华人和港澳台同胞为主要服务对象,向境内外媒体提供稿源服务。1959 年,中新社在广西设记者站,1982 年扩建为分社。

六、中央和跨省区报纸的发展

人民日报社 20 世纪 50 年代曾在广西派驻过记者,后建立记者站,但 20 世纪六七十年代一度撤销。1986 年,为强化《人民日报》的宣传报道,中央决定恢复建立《人民日报》驻各省、市、自治区记者站。人民日报社于 1984 年底恢复在广西派驻记者。1987 年 4 月 22 日,人民日报社广西记者站正式挂牌成立。1995 年,人民日报社又设立广西新闻中心。1997 年,人民日报社在广州设华南分社,在桂林和北海还分设记者站,每周 5 期编辑出版《人民日报华南版》,随《人民日报》在南宁代印发行。2001 年,人民网广西频道上线。

跨省区报纸在广西也开始出现。1992 年 5 月北海市政府主办《沿海时报》,1995 年发展为全国 14 个沿海城市联办,成为跨区域经济类报纸,每周 5 期。1993 年 9 月 18 日至 1997 年底,由广西壮族自治区党委对外宣传小组领导、由广西日报社主办的《大西南经济导报》也得到西南各省、自治区政府的支持与协助,面向国内外发行。

第二节　华丽的广西出版现象(上)

新时期广西的出版事业异军突起,在全国拥有显著高于本区政治经济地位的实力与名气,用"华丽"二字形容,可以说毫不为过。

一、改革开放带来千载良机

1978 年 12 月 18 日至 22 日召开的党的十一届三中全会,标志着 20 世纪中国历史的伟大转折,开启了我国改革开放的新纪元。中国社会主义现代化建设的全新局面由此发轫,包括出版在内的各条战线走向一个生机勃勃的新时期。[①]

中华人民共和国建立后的广西,自剿匪成为全国落后的"两个乌龟"之一开始,似乎没有多少不落后于人的记录。处理"文革"遗留问题、开展真理标准讨论、实行农村联产承包等大事关头,广西均未能敏捷地跟上全国

---

① 　刘硕良:《新中国出版五十年特辑》,《出版广角》1999 年第 10 期,第 9 页。

步伐。但出版的形势有所不同,破除迷信、解放思想的伟大号召,平反冤假错案激起的巨大反响,拨乱反正、万象更新的壮阔波澜无可阻挡地传到广西各地,形成阵阵涟漪、波波冲浪;种种变革信息的激荡涌流,人事更新的相互激荡使任何一个闭塞的角落都难以置身度外。翻开 1979 年广西人民出版社的书单,童怀周的《天安门诗词三百首》,曾经的文艺黑线人物陆地的《故人》《美丽的南方》,韦其麟的《凤凰歌》,文艺新秀首次触及两岸题材的小说《彩云归》和自办的大型文艺丛刊《叠彩》已赫然在目,报道着冬去春来的消息。敏感的编辑在家里坐不住了,外地先行者的探路之作则不断投来,一场出版界的大变革终于在 1979 年 12 月 8 日至 19 日的长沙会议奠基下拉开帷幕。

长沙会议的功绩在于第一次实事求是地承认已有二三十年历史的地方出版社的实力,并打破陈规,放胆给地方出版社到全国施展的机会,从而大大释放了长期被束缚的出版生产力,一改此前的地方出版社受囿于"三化"——地方化、群众化、通俗化方针的框定,只能在较小范围和较低层次发挥作用的沉闷局面。长沙会议上的先行者们纷纷发出声音,国家出版局代局长陈翰伯听取各地代表的意见后,在会上表态,地方出版社的同志要求立足本省,面向全国或兼顾全国,可以试行。并明确表示,地方出版社出书不受"三化"限制[①]。全国出版改革的第一波大潮由此掀起。

二、三阶段发展步步登高

这一次大转折,广西没有落后,出版局领导和编辑代表参加长沙会议归来后及时传达,大家闻风而动,在多个领域或早或晚地走到了全国的前列。从 1980 年开始到 2014 年的 35 年,广西出版大致经历了与全国同行奋勇共进的三个阶段:

(一)分社释放生产力

第一阶段从 20 世纪 80 年代到 90 年代初期,主要以分社为标志,因势利导地发挥系统内蕴和外界推拥的力量,积极有序地引发广西人民出版社母体的裂变,逐步分建各种专业出版社。先是 1985 年 5 月,将历史已过四年并打造了自己的框架、品牌的副牌社漓江出版社独立成为实体,到桂林去建社发展。一年后的 1986 年 12 月 3 日,广西教育出版社成立。1988 年

---

① 金冲及:《二十世纪中国史纲》第四卷,社会科学文献出版社 2009 年版,第 273 页。

5 月 10 日,广西科学技术出版社成立。1989 年 7 月 5 日,接力出版社和广西美术出版社同时诞生。至此,广西人民出版社一分为六,人民社自身也成为服务广西大局、继续肩负党社责任、重点出版社科人文作品的专业性出版社。与广西人民出版社连续裂变同时,1957 年 5 月 1 日始建、1970 年 10 月被撤销的广西民族出版社在 1981 年 8 月重建,由自治区少数民族语言文字工作委员会主管;广西师范大学出版社于 1986 年 12 月 18 日成立,由广西师范大学主办,广西壮族自治区教育委员会主管。原来的分社计划中本有一家八桂文艺出版社,后来根据实际情况,放弃这一预想,而集中精力把已有的出版社办好。这一理性之举也说明广西出版的分立和布局将必要与可能、理想与现实较好地统一了起来。

八家专业出版社的建立标志着新时期广西出版第一大步的成功,新建出版社经过孕育准备,稳健开局,老出版社也不因新社的分出而损伤元气,裂变后继续增生发展,保持活力。整个出版业呈现欣欣向荣的蓬勃景象。原有的编辑出版力量得到充分调动,并调入一批新生力量,健全充实了队伍。

随着生产力快速发展,生产关系及时进行调整,确立了局社合一、几块牌子同挂的管理体制。1978 年 8 月 12 日,广西区党委决定成立自治区出版事业管理局,与广西人民出版社合署办公,局社合一,一套机构,两块牌子,属事业性质,实行企业管理,所需经费从广西人民出版社经营收入中列支。1986 年 4 月,广西出版事业管理局改为广西出版总社,相当厅级事业单位,对外挂自治区人民政府新闻出版处牌子。1987 年 6 月,自治区政府决定,撤销新闻出版处,在广西出版总社增挂广西新闻出版局牌子,一套人员,兼挑两头;1989 年 11 月,再增挂广西版权局牌子。至此完整地建立了三重任务合一的生产与管理体制,而直接领导下属机构进行各项经营的广西出版总社成为基本实体,保证了出版生产的连续性和完整性,既能筑牢出版基础,又使出版管理得以有效进行。这一新的生产关系的确立和完善在 30 多年出版发展的前中期积极推进了生产力的快速成长,避免了不必要的折腾和混乱。与此相适应,广西出版协会、印刷协会、书刊发行协会和版权管理研究会等社会团体也相继成立,为全方位监控出版秩序,建构了政府与群体合力的多渠道管理体系。

这一阶段,为适应改革开放的需要,于 1979 年 7 月建立了广西外文书店,专营外文书刊的发行。为培养壮大印刷、发行队伍,于 1980 年 3 月创办了广西出版技工学校,同时肩负在职职工培训和社会就业青年职能训练的双重任务;1980 年 9 月和 1984 年 12 月,先后成立广西图书发行技工学校和中专制广西图书发行学校,培养了大批急需的初中级发行专业人员。

这一阶段图书出版社从传统的生产型向生产经营型、质量效益型转变,图书品种增加,质量提高,盈利能力大幅度提升。1977年至1993年,广西出版总社平均每年实现销售收入6835.06万元,实现利润总额1420.6万元,其中盈利数1977年为92万元,1990年为1984万元,1993年为6651万元。国家在财税上交、企业留利方面大力扶持出版事业的发展,广西出版实力大增,改革开放带给了广西出版一个未曾梦想到的黄金时期。

(二)"三化"束缚不再

第二阶段从20世纪90年代到21世纪初。1992年1月18日至2月21日,邓小平视察武昌、深圳、珠海、上海等地,发表著名的南方谈话。1992年10月12日至18日举行党的第十四次全国代表大会,确立了我国要建立的社会主义市场经济制度。江泽民在报告中提出,"要使市场在社会主义国家宏观调控下对资源配置起基础性作用,使经济活动遵循价值规律的要求,适应供求关系的变化……"这同时也是中国出版发展的方向和指针。广西出版在向市场经济转型过程中经历了前所未有的阵痛,进行了多方面的探索。实践证明,出版事业发展中的各种矛盾归结起来,最为突出的就是如何求得社会效益与经济效益的统一。经济效益有具体的量化指标,社会效益则有一定的伸缩空间。两者能否统一,症结在于出版人的素质和水准。经过不断地摸索和总结,经过反复的实践和教训,各家出版社的领导和大多数编辑人员,逐步树立起高度的社会责任感,自觉地在工作中把社会效益放在第一位,同时谋取最大的经济效益,在思想上操作上和出版物成品与营销上体现两个效益的结合,当二者发生矛盾时能坚决服从社会效益第一的原则,而不为利所惑,不为利迷失方向。这不是一时的权宜之计,而是个永恒性主题,需要深植于编辑出版者的头脑之中,方能有行动上的落实和保证。

广西出版在整体上较好地闯过了这道关口,一方面表现为主旋律的高扬,获奖图书和优秀图书大面积凸显,得到社会的好评和市场的认可,从而创造出不断扩大再生产的正能量;另一方面由于思想情操与把握能力的提高有个不短的反复的过程,因而在诸多诱惑面前产生动摇,招致险情不断的情况仍时有发生,可以说各种好书恰恰是在平庸之书乃至不同程度的坏书被淘汰舍弃的机制中脱颖而出的。

同样不能忽视的是市场的多元化。读者需求与供给的日益多元与复杂使广西出版遇到的困难空前加剧,出版社选题策划与营销遭遇众多媒体竞争、市场份额萎缩的重重压力,这种严峻局势已非个体之力所能改变了。

(三)从总社到集团、从企业管理到企业化

第三阶段,集团化经营从呼之欲出到试水攻关。起端约在2002年,正应着刀郎那首流行歌曲——《2002年的第一场雪》,不过广西出版遇到的不是一场雪,而是多场雪的积累所形成的困阻。广西出版在呼唤着集团化生存时代的到来。

2002年9月,自治区领导决定广西出版总社与广西新闻出版局分设,实行政企分开。2003年7月31日分设方案付诸实施。广西新闻出版局成为全区新闻出版行政管理机构,广西出版总社则继续实行事业单位、企业管理模式,并朝企业化集团化方向发展,其直接责任为经营管理自治区人民政府授权经营的国有资产,承担国有资产保值增值的任务。从这时开始,广西出版总社摆脱诸多行政事务的缠绕,一门心思为实体经济的发展壮大和出版集团的组建而努力。到2009年,总社主要经济指标与2003年相比,实现了较大幅度的增长,职工收入增加,人心稳定,转企改制水到渠成。

图23 广西出版传媒集团成立

2009年12月22日,广西出版传媒集团有限公司隆重揭牌。四年后的2013年,集团有母公司1家,一级子公司18家,二级子公司26家。集团员工为10年前的4倍多。各项重要指标,2012年与2009年相比,集团总产值由19.02亿元增长到33.96亿元,净资产由12亿元增长到20.91亿元,营业收入由12亿元增长到29.27亿元,在岗职工由2413人增加到2568人,总产值、净资产、营业收入和利润分别增长78.55%、74.25%、143.92%、91%,而职工人数只增加了6.42%。利润和人均劳动生产率均在明显攀高,2012年利润总额达到1.7亿元。

　　2013 年广西出版传媒集团公司业绩继续增长,总产值 52 亿元,同比增长 22％;营业收入 33 亿元,同比增长 10％;实现利润 2.1 亿元,同比增长 29％;资产总额 39.9 亿元,同比增长 17.6％;净资产 25.1 亿元,同比增长 20.1％。全年完成长期股权投资 4036 万元。

三、集团公司的改革与创新

　　集团发展不仅步伐大,进展快,而且具有健康增长、强劲增长的可持续内涵。[①]

　　一是战略方针明确。在专业化、规模化、数字化、立体化的战略目标指引下,积极开拓,巧施整合,勇于突破,落到实处。

　　二是发展层次提升,竞争力、生存力增强。《中国出版传媒商报》根据 2012 年出版统计数据分析,广西在全国省域图书销售中排名第十,广西出版能力排名也位居第十,继续处于上游位置,并走在各民族自治区出版前列。这意味着广西出版依靠改革开放,依靠内外资源的有效聚合,克服了偏僻后进和欠发达地区的诸多不利因素,超越已在高速前进的广西经济的增长速度,进一步形成各方注目的"广西出版现象"。

　　10 年来,集团出书品种和营业收入均增 1.3 倍,销售收入则增近 1 倍。其中最能反映出版生产与销售水平的一般图书品种由 2003 年的 1521 种增加到 2012 年的 2911 种,增长了 91.4％,销售收入的增幅则为 141.3％,达到创广西纪录的 2.9 亿元,超过了教材教辅读物 52％的增长率。

　　10 年来,集团旗下的出版单位获得包括中国政府出版奖(原国家图书奖)、中华优秀出版物奖(原中国图书奖)和"五个一"工程奖在内的"三大奖"20 项,出版畅销书奖 250 种(套),输出版权 322 项,申报并获得扶持的重大重点项目 47 项。其中入选 2014 年国家出版基金拟予资助的项目即有漓江出版社《当代中国传媒史》、广西教育出版社《广西教育史·古代卷》、广西科学技术出版社《广西植物志·单子叶植物》、广西美术出版社《人生若寄——齐白石手稿》、接力出版社《白天鹅儿童文学书系》,为历年来广西入选项目最多的一年。

　　三是结构优化,主业挺拔,多元化经营丰富壮大,综合实力显著加强。2012 年集团出版板块完成营业收入 8.9 亿元,实现利润 1.5 亿元,对集团贡献率分别达到 30.40％和 88.23％。集团所属单位年销售收入过亿元的

---

　　①　杜森:《话说十年 往事见证》,广西人民出版社 1999 年版,第 3—7 页。

由集团成立之初的 1 家,增加到 2012 年的 6 家,这 6 家中有 5 家是出版社。

多元化经营也在大力展开。首先是出版中间环节印刷业的整合重组:兴建全新的迪美印务公司,作为重组的基点。在南宁新开发区以最优惠价格购置土地 100 亩,将民印厂整体迁入,盘活其原有土地资源,并将新华厂移来南宁,使这两家积存着诸多老大难问题的工厂与小老虎般的迪美公司融合起来,而以民印厂为母公司,组建广西民族印刷包装集团。2011 年 12 月 27 日,公司注册成立,人员从整合前 900 多人减少到 500 多人,减少人员得到安排,集团生产则扶摇直上。2012 年完成印刷 97 万令,销售收入 2.5 亿元,工业总产值达 3.1 亿元,实现利税 2019 万元。

印刷业之兴旺不止于此,广西出版总社及后来的出版传媒集团公司还带领印包集团做了一系列锐进求大的努力。2006 年,建立承印保密印件的印务公司,并到贵州凯里兴建造纸厂;2007 年,与香港大一印刷集团合作,创办广西第一家桂港合资印刷企业——大一迪美印务公司;2009 年,在北京创立盛源印刷有限公司,把生意做到京城;2010 年联手民营企业,收购金地包装厂,成立广西民族包装有限公司;2012 年,再与常州最大的民营印企合作成立专事商务印刷的广西大华印刷有限公司,与阳光纸业及森科树脂两家公司合作投资,设立南宁科技油墨有限公司,依托国际一流油墨专家团队,将产业发展链伸向印刷原料环节。印包集团工、科、贸一体化格局初步形成,2013 年减员 144 人,劳动生产率和经济效益刷新,日平均印刷生产力达到 5000 纸令,最高日产量突破 8600 纸令,实现利润 1600 多万元。2013 年还成功研发和生产出广西第一批环保油墨。

印刷物资流通的盘活同样喜人。2008 年广西印刷物资公司向上游原材料产业链延伸而组建的圣力商贸公司,到 2012 年,销售收入 6.89 亿元,实现利润 1242 万元。由广西印刷物资公司与民营资本以股份制形式同时组建的阳光纸业公司,2013 年销售纸张 16 万吨,收入 7.49 亿元,创历史新高,进入全国纸张销售 10 强,客户数达 2000 多家,业务延伸至云南、四川、北京等省市。广西印刷物资公司还控股设立了云南红河红枫农业开发有限公司,2013 年完成销售收入 5961 万元,比 2012 年增长 12.5%。红河哈尼族彝族自治州政府给予奖励 100 万元。

广西出版传媒集团的视野越出出版,2010 年初与国际贸易经验丰富的人才以股份制组建的豪德力公司从事煤炭和锰贸易,到 2012 年实现销售收入 4.84 亿元,成为集团人均创利最高的企业。

为进军文化地产而兴办的天一置业公司进入实践阶段,南宁明秀西路 5 号危房改造项目正式开工建设,民印集团新厂房、迪美公司综合楼等项目进展顺利。在印刷业上游开拓松香贸易取得成功。涉足金融,试水小额贷款业务也初战告捷,2013 年发放小额贷款 5250 万元,利息收入可观。

集团股改上市工作也在有序推进。整体方案已完成上报,并做好了一系列前期准备工作。

四是传统出版的精进与新兴出版的开拓并举,一体多元,包容发展。广西出版人深刻认识到传统出版的相对萎缩并不意味着消亡,其可开掘和发展的潜力远未采尽和用尽,即以教材教辅读物而言,当无情的客观形势十分紧迫的情况下,广西出版集团与有关出版社、书店仍明智地走到一起,整合全区教育图书发行市场,建立新华琅文教育图书发行有限公司。自 2010 年建立以来,将蛋糕逐步做大,并由此结束了相关出版单位同构竞争的混乱局面。类似做法在全国亦属首创。其他一般图书,包括畅销书、常销书的开发,广西各出版社更是不断地在深耕细作,保证了这一板块的持续壮大,将发展根基打牢在自主度最大的领地上。

新兴的数字出版在广西已由试探、观望进展到奋力投入,初尝甜头,渐见成效的阶段。2011 年,广西人民出版社的"广西壮族自治区资源库"项目和接力出版社的"中国青少年多媒体阅读推广平台"分别获得国家财政部文化产业发展专项资金 1000 万元扶持。2012 年广西科学技术出版社上报的"中国—东盟传统医药全媒体出版平台建设"被新闻出版总署批准列入 2013 年新闻出版改革发展的七大项目之一,获国家财政 1500 万元扶持。

五是生产关系顺应,人才流动,人气旺盛。"一批有能力和业绩的 70 后、80 后走上重要领导岗位;在实施创新合作、跨越发展的战略中,探索以协议工作制、项目制、股份制或者与民营企业合作等方式,引进和使用人才,带动了产业转型,并取得了实实在在的成效。"在接力出版社总编辑白冰等优秀人才进入广西出版前沿,发挥示范带头作用的同时,原漓江出版社社长、广西新闻出版局副局长聂震宁调任人民文学出版社社长,后任中国出版集团总裁和全国政协委员;原广西师范大学出版社社长肖启明在北京和纽约读完博士后,任全国人大法工委主办的民主与法制出版社社长,后调中国出版集团商务印书馆任党委书记;原广西师范大学出版社总编辑、广西新华书店总经理黄理彪调任中国妇女出版社社长;原漓江出版社副总编辑邓小飞调任北京多家出版社领导岗位后又被任命为中央民族大学出版社社长;中国韬奋出版奖获得者、原《出版广角》主编刘硕良离休后以古稀之年应聘到云南教育出版社创办并主编《人与自然》杂志和同名文库,并赴北京为长江文艺出版社等多家出版社策划选题,组织书稿;此时广西教育出版社理科编辑室副主任何醒也为云南教育出版社引调去北京创业,直到 2007 年重回广西科学技术出版社担任领导职务。这些人才的流动从一个侧面反映了广西出版队伍的兴盛强大和后继有人。

四、新华书店的新举措

由于产业链绵长,广西出版的集团化发展成就,除广西出版传媒集团这一大板块和系列之外,还有独立的广西师范大学出版社集团公司和广西民族出版社以及庞大的广西新华书店集团股份有限公司。前二者将在下文论列,这里介绍以新华书店金字招牌命名的集团公司。

早在广西出版传媒集团公司成立之前,广西新华书店已进行了集团化改造。2012 年 10 月 30 日,广西新华书店集团股份有限公司,在原广西新华书店集团有限公司基础上,吸纳全区 13 个市级新华书店有限公司股权后,整体变更设立。公司业务范围涉及出版物发行、出版、印刷、物流、进出口贸易、电子数码产品及文化体育用品销售、酒店、旅游、彩票、金融、房地产开发、资产运营、文化教育培训等,经营网点遍布全区各地,构成广西规模最大、专业化程度最高的出版物发行主渠道,并将经营触角向多方面延伸。

经过两年多时间的研究与论证,广西新华书店集团股份有限公司确立了"挺拔书业、教育延伸、云端探索"的企业战略实施发展规划。要求通过转型、升级相关发行业务,做强、做大图书发行现有主管业务;同时以教育服务为突破口,开拓教育装备、学前教育、基础教育和相关培训业务。

2014 年,集团投入 1000 万元专项资金,用于对全区市、县子公司图书门店进行统一的升级改造。各级子公司以此为契机,加强员工培训,提高职业素养与服务水平,提升门店品质内涵,重塑新华形象,进一步赢得读者与市场。

新华书店集团股份有限公司还在 2013 年 10 月与广西出版传媒集团有限公司、广西师范大学出版社集团有限公司共同合作,整合 3 家出版社、2 家教辅分销商的资源,探索混合所有制经济发展模式,共同组建广西新华朗文图书贸易有限责任公司。这是全国第一家,也是广西唯一一家通过市场整合方式成立并保持国有控股的教辅发行公司。这种创新的发展方式,既有效避免曾长期存在的教育出版发行市场的恶性竞争,又保障了集团股份公司的市场份额。截至 2014 年 5 月底,全区教辅销发货码洋达 3.5 亿元,发行品种约 2500 种。

2014 年 3 月 18 日,新华书店集团股份有限公司又组建了广西新华弘文教育投资公司,以公司化的运营模式,重点拓展高中课改各种实验室建设项目、中西部地区农村中小学"改薄"项目以及农家书屋工程配套项目的建设。同时加强上下之间的沟通联系,指导各市县子公司快速熟悉教育装备业务,掌握开展这项业务的方式方法。

拓展以幼儿教育为重点的教育文化产业也是新华书店早已关注的重点。2014 年,集团配合自治区关于全面振兴广西教育的"双千"教育计划,以"为百姓解难,为政府分忧,为企业增效"为宗旨,以独资、合资、合作等模式组建广西新华幼儿教育集团,并创办广西新华连锁幼儿园,按照"一年打基础、二年有成效、三年成示范"的发展要求,从 2014 年开始,用 4 年时间,筹措 20 亿元资金,在全区范围内创建 100 所新华连锁幼儿园,争取 5 年内在全区形成新华幼教品牌,立足广西,走向东盟和国际,最终形成国内外知名幼教品牌。

广西新华书店集团股份有限公司还积极实施文化"走出去"战略,多次到越南、泰国、印尼、柬埔寨等东盟国家,成功举办中国图书展销暨版权贸易洽谈会和承办"中国—东盟图书展暨图书馆业合作论坛""中国—东盟出版博览会"等大型展会活动,为加强我国与东盟国家文化交流与贸易做出了贡献。

2013 年,广西新华书店集团股份公司全年实现销售总额 37.25 亿元,净资产收益率 12.43%,国有资产保值增值率 115.25%,人均创利 4.44 万元。据《2013 年中国书业实力榜区域市场竞争力分析报告》,2012 年集团在全国省域书业销售排行中居第十位,在全国五个少数民族自治区中排名第一。"中国服务业企业 500 强""全国新闻出版系统先进集团""全国全民阅读活动先进单位""全国第一批国际质量信用 AAAAA 等级企业"和"广西十大最具社会责任感企业""广西企业文化建设示范基地""广西企业 100 强"等荣誉称号,使新华书店的光荣历史更添华章。

五、期刊出版的春天

1978 年后,广西与全国一样,期刊出版业迎来了真正的春天。目前,广西共有超过 200 种期刊,年发行总量近 5000 万册,全年总收入近 2 亿元。期刊品种比较齐全,结构趋于合理,逐步形成了较完善的期刊体系。广西期刊为广西的发展提供了有力的舆论支持、良好的思想环境和文化环境;丰富了人民群众的精神文化生活,鼓舞了各族人民的志气,发挥了正确的舆论导向作用,为广西改革开放和建设创造了良好的社会舆论环境。

中华人民共和国成立到改革开放之初,广西乃至全国期刊均为事业单位,有国家部门的拨款或扶持(如行政性订阅)。期刊很少刊登广告,不以盈利为主要目的,而以社会效益为主要目的。随着中国经济体制改革的不断深入,期刊经营越来越市场化。改革开放以来,中国走向市场经济,期刊的商业化、市场化属性逐步突出,期刊社享有的经济自由大大提高。20世纪80年代末90年代初,受全国形势的影响,广西期刊经历了一个短暂的调整时期,不过迅即又恢复了强劲的发展势头。特别是20世纪90年代后期,不仅在期刊种类上继续增长,而且长期以来相对落后的总发行量也有较大的改观。更可喜的是期刊的经营理念和运作模式日益与现代接轨,产业化、规模化的经营方式已初见端倪,期刊的总体质量和品位有所提高。当然,随着进一步的市场化,期刊圈内的竞争也更加激烈,期刊生死的速度明显加快。

第三节　华丽的广西出版现象(下)

新时期"广西出版现象"整体出彩,八家出版社的发展有如八仙过海,各展所强。

一、人民社:党社、母体和摇篮

改革开放新时期肇始,广西人民出版社做出的第一大贡献就是接纳和引进一批思想活跃、锐意进取的知识分子,充实壮大了编辑队伍。他们有的来自区内新闻、文化部门,有的来自大专院校,有的从中直机关下放,有的为军转干部,区党委宣传部文艺处三位主管科长——阮同、陆里、刘名涛先后调进广西人民出版社负责编辑室和编辑部工作。其中阮同毕业于中央戏剧学院戏剧文学系,从中宣部文艺处调来区党委宣传部文艺处,"文革"中到广西日报社,后调任广西人民出版社编辑组副组长,编辑部副主任,分管文艺、美术、少儿等部门工作。教育、科技、美术、少儿也都有中青年骨干调入,加上以往被迫害下放或调离的编辑出版人员李文杰、骆绍基等回归,出版队伍的配置和结构得到优化,为出版繁荣和发展创造了条件。从人民社派生出的5家出版社以至局一级领导成员和骨干队伍大多是人民社产生的。

作为省一级长时期唯一的出版社,广西人民出版社肩负着的党社职责始终如一,新时期最大的发展和变化是视野拓宽了,表现丰富了,内容精进了,效果扩大了。20世纪80年代中前期出版的政治经济读物《领导科学基础》《孙子兵法与企业管理》,历史地理读物《红军长征过广西》《抗战时期桂林文化城概况》《李宗仁回忆录》《政坛回忆》《广西地理沿革简编》《广西风物志》,文艺读物《白先勇小说选》《文心雕龙译注》《常用古诗》《广西民族民间文艺丛书》《智慧的花朵丛书》,学术文化研究著作《壮族通史》《壮族文学史》《王力论学新著》《音乐美学漫笔》《红楼梦纵横谈》代表着广西人民出版社突破禁锢、开放开拓的最初成果,这一批区内外积聚多年的文化成果的释放令文化界知识界和广大读者欢欣鼓舞。

如果说20世纪80年代的广西人民出版社以其综合性出版社的优势展开多边的进取而闻名,那么随着改革开放的深入和划分专业社工作的一一展开,到20世纪90年代,广西人民出版社便开始更多地聚焦于分社后的社会科学专业出版了。尽管20世纪八九十年代之交还有八桂文艺出版社的幻影在依稀摇曳,人民社放弃已成历史的大综合取向而专事哲学、政治、经济、法律、历史、地理等社会科学专业出版已成不争的现实。《邓小平的基层建设理论与实践》《县级领导工作的理论与实践》《哲学人类学》《中华美德贤文》《与官员谈西方经济学》《广西方志提要》《广西文献资料索引》《太平天国史丛书》《广西通史》《台湾通史》《新桂系史》《中国散曲史》《隋唐五代文学史》《失落的文明》《远东大战纪事》《中国100系列》《历史学家随笔丛书》《儒家法思想通论》《毛泽东大辞典》《壮族百科辞典》《实用名言大辞典》《中国歇后语大词典》等著作体现着这一时期广西人民出版社选题思想的深化和作者队伍层次的提升,中国社科院、中央党校、多地高校的学者专家的优质资源在出色地强化广西出版形象,人民社新时期形成的几大板块越来越清晰地浮出水面。

2003年局、社分立,在集团化步伐的带动下,广西人民出版社有计划地"加大时政出版的力度,加强地方出版的深度,加快数字出版的速度,拓展多元经营的视野",抓住这四个着力点树立品牌,扩大规模,推进转型,实现立体化格局。2013年利润总额首次破千万元,达到1222万元,创人民社历史新高。全国第一家"马克思主义中国化时代化大众化出版中心"于2011年1月在广西人民出版社挂牌成立后,人民社以理论读物出版作为突破口,加快时政板块建设步伐。经过近半年的筹划,区党委直接关怀扶助的《领导月读》丛刊面世,受到广泛好评,刘云山同志给予肯定,中宣部理论局认为《领导月读》在全国同类读物中"质量高、形式新、独树一帜"。2012年12月,《领导月读》入选中组部和新闻出版署共同组建的全国党员教育培训创新教材,总印数累计 70 余万册。2014 年已改为正式期刊广泛发行。《领导月读》的成功带动了人民社时政板块的提升。2012 年,《中国共产党领导广西民族团结进步 60 年》获国家出版基金资助,实现广西人民社国家出版基金项目"零"的突破。2013 年《科学发展观——当代中国的马克思主义》入选"深入学习贯彻党的十八大精神主题重点选题目录",《领导干部读党史经典》入选中纪委推荐党员干部阅读的 56 种图书,《党员阅读》连续三年发行 100 万册,《中国共产党广西地方史读本》,从 1921 年写到 2013 年,将党史学习延伸到当下,一个内蕴丰富而又时尚新潮的广西领导干部与党员阅读学习平台正加紧打造。在时政板块带动下,新人文品牌"大雅"系列首批推出"大雅诗丛"10 种,反响良好。

尤其令人欣喜的是,获得国家千万元资助的项目广西资源库已上网运行,至 2014 年夏完成 70 个公共资源库及 400 多个子库的建设,完成总量约 2 万个条目,相关配套 App 产品取得突破,打开了向政府机构销售 App 产品的路子。广西人民出版社已拥有广西首家获国家新闻出版总署颁发的互联网许可资质,取得中国三大移动运营商手机阅读的 CP 资格,包括手机阅读在内的电子版权收益近百万元,各类终端应用研发取得较大进展,数百种图书已在各种数字平台上线销售。人民社的先试先行为广西出版开出了新路,创出了新景。

广西人民出版社出书阵营、整体实力在全国各省区人民出版社中居第 10 位,基本建设也在世纪之交取得良好的结果,继其他专业社后,在城区拥有了宽敞独立的办公大楼和生活区。

二、民族社:跃居全国民族出版机构第二位

广西民族出版社是我国人口最多少数民族地区的综合类民族出版机构,1981 年 8 月复建后,大力开拓壮汉文图书出版,所出壮文版《邓小平文选》、江泽民《论科学技术》和传统文化名著《嘹歌》《右江排歌》《莫一大王》《壮族麽经布洛陀影印译注》《毛南族民歌》及文学精品《徐志摩全集》《中国散文诗大集》《中国当代小说作家丛书》《90 年代女士文库》,工具书《壮语词典》《古壮字词典》与学术研究著作《壮语语法研究》等均有较高的积累与传播价值。在激烈的市场竞争中,民族社适应能力较强,出了不少教育与生活实用类畅销读物,《中学古诗文对照注释》初中版上中下三册重印 13 次,印数逾 300 多万套,高中版上中下三册重印 8 次,印数 200 多万套,小学版重印 4 次,印数 115 万册。其他重印累计 10 万至 50 万册的还有《爱国者的

故事》等。出版社通过自办发行销售 5 万册以上的图书有 110 种。输往台港澳地区及海外的图书有 220 种。

在文化体制改革中，广西民族出版社维持原机制不变。2013 年，广西民族出版社荣记全区民委系统集体二等功，《侗族琵琶歌》（上中下）获第三届中国出版政府奖提名奖及 2011 年度国家出版基金项目。这套书和《广西民间叙事长诗集成》《民间绝技　侗族瑰宝——侗族木构建筑营造技艺》《广西民族风情典录丛书》《壮族传统古歌集》《赶圩歌》《魅力金秀大瑶山》《壮族稻作农业史》共 8 种图书入选第二届向全国推荐百种优秀民族图书，入选数量在全国出版单位中排名第二。

2013 年，广西民族出版社重点出版物还有国家出版基金项目《壮族鸡卜经影印译注》（8 卷），民族文字专项出版基金资助项目——壮文版《马克思画传》《恩格斯画传》《现代壮汉词汇》《中华人民共和国最新司法解释全书》《中国壮剧传统剧作集成丛书》（第二批，上林卷，上中下）。

进入 2014 年，广西民族出版社又有《广西铜鼓》《邕州老戏——邕剧》2个项目申报获批国家出版基金资助，分别获得 58 万元、23 万元项目补助经费。

2013 年，广西民族出版社生产总值 10170 万元，销售收入 3884 万元，实现利润 154 万元。据《2012 年新闻出版产业分析报告》，广西民族出版社在全国民族出版单位中综合实力排名第二位。

三、漓江社：率先突破，走向全国

漓江出版社是从广西人民出版社最早分立的专业出版社，也是广西第一个走向全国、创立品牌的出版社。1980 年 11 月 27 日在广西人民出版社挂"副牌"，茅盾题写社名，当时在广西人民社文艺编辑室开拓外国文学的刘硕良感到"天上掉下个林妹妹"，迅即以漓江出版社名义出版新组的外国文学图书，并在新华书店征订目录撰文致意全国书店，说明新姿新貌的漓江出版社以出版中外文艺及美术、书法、旅游读物为主，希望得到大家的支持。

为贯彻党的十一届三中全会精神，漓江社带头解放思想，另辟蹊径推出的小开本外国文学名著丛书的头二本，亦即"漓江"开山之作《白夜》《保尔和薇吉妮》于 1981 年 3、4 月问世，一炮走红，分别首印 325000 册、193000册，并很快重印。随之而来的《家族复仇》《人鼠之间》《强盗》《麦克白夫人》《七个被绞死的人》等精彩可读而多年不见的小说名著和选目独到的"漓江译丛""世界中篇名作选"系列及《西方爱情诗选》《叶赛宁诗选》《巴黎的忧郁》《阿伽门农》等诗歌、散文、戏剧,普希金、托尔斯泰、陀思妥耶夫斯基等大师文论,以其多方位的新鲜感艺术感很快为漓江出版社博得堪与桂林山水媲美的清新秀丽的印象。特别是"获诺贝尔文学奖作家丛书"的横空出世,其选择之允当、翻译之精良、论列之恰切与附录之丰富,令这套最先系统介绍西方现代文学的宏伟大书,不仅受到广大文学界的欢迎,而且在整个社会思想文化层面产生了巨大而深远的影响。人们谈起漓江社就想到诺贝尔,谈起诺贝尔就想到漓江。

四年多"副牌"社阶段,主要靠一人编辑、全社支持,基本形成了漓江社的出版路线与框架,构建了以北京、上海和中国社科院外国文学研究所为基地的译著队伍并在经济上打下了宝贵的基础。1985 年 4 月漓江成为实体在桂林建社时,广西出版总社拨付的 19.5 万元流动资金就基本上是靠外国文学在途产品划定的。

漓江社名副其实地与漓江同流共进后,外国文学继续开拓,《法国 20 世纪文学丛书》《外国通俗文库》《荷兰现代诗选》《现代小说代表作 100 种现代小说佳作 99 种提要》《彩色插图世界文学史》《国际诗坛》《青年外国文学》双月刊等别具生面的新品种不断涌出,《诗海——世界诗歌史纲》《世界名诗鉴赏词典》《外国名作家大词典》《外国妇女文学词典》等厚重之作联袂登场,一时名流点赞,好评如潮。1988 年 10 月 11 日至 18 日,漓江社与中国译协在桂林联合举行全国中青年文学翻译座谈会,到会中青年译者和特邀老翻译家汤永宽、傅惟慈等出席,叶水夫、李振潜、郑义、谢盛培等到会讲话,李景端、卢永福、李政文、龚文庠、姚锦清、毕冰宾、黄天源、孙致礼、王逢振等 17 人在大会上发言。

与外国文学出版大步前进的同时,中国文学和美术图书崛起,《广西情歌》《八桂作家丛书》和西方人体美术系列与桂林旅游读物的出版,令漓江社如虎生翼;与日本赞交社合作出版大型画册《名家画桂林》与《花山岩画》,更属突破性壮举,开了广西出版对外交流合作的先河。

漓江社不仅出书创新,在出版营销上也多有倾注。它在全国几百家出版社中第一个在《人民日报》打出通栏广告,以一社之名祝贺新华书店诞生五十周年,顿时引发书界注目。1986 年 9 月漓江社又与广西新华书店联手召开全国中心城市新华书店座谈会专题研讨漓版书的发行,从此在几十家大书店中扎下了根。此外,漓江社紧密联系和依靠媒体与作者群深耕营销宣传,自办书店、服务部也走在许多出版社前面。

1986 年五一,漓江社参加第一届全国书展期间在中国社科院外文所举行的专家媒体座谈会,1990 年 2 月在中国社科院新落成的学术报告大厅举行的漓江版四部辞典发布会以及同月在上海举行,由《文汇读者周报》和上海新华书店联办的漓江书展,分别有邓力群、贺敬之、王子野、龚心瀚、汝信、冯至、叶君健、王佐良、叶水夫、袁可嘉、伍杰、杨牧之、赵斌等数十位领导同志和文化、翻译、新闻、出版界著名人士出席,规格之高、影响之大为业界罕见。新华社、《人民日报》、《光明日报》、《中国青年报》、《解放日报》、《文汇报》等大媒体发稿报道,并密集刊登书讯书评,形成一股"漓江热"。

　　1990 年 7 月新闻出版署在桂林召开外国文学出版工作座谈会。1991 年 11 月举行第一届全国优秀外国文学图书评奖,从 1978 年党的十一届三中全会以来出版的外国文学图书中评出 96 种优秀图书,其中特等奖 6 种、一等奖 19 种、二等奖 24 种、三等奖 49 种,漓江社有《玉米人》《爱的荒漠》《我弥留之际》等 10 种图书获奖,获奖总数及一等奖数量在各省区出版社中均居第一位。在西南边陲崛起,出版资源和条件均多不足的漓江出版社一跃而与人民文学出版社、上海译文出版社在外国文学出版领域鼎足而三,创造了广西出版的第一个奇迹。中央电视台新闻联播曾破格予以报道,并全画面播出获一等奖图书《玉米人》的封面。①

　　但迅猛发展中,漓江社也犯过把关不严,出版色情小说《花花世界》和库存过大、资金周转困难的失误,经过整顿总结,健全班子,在新闻出版署和广西出版总社的领导支持下,重新走上健康发展的轨道。聂震宁调任社长,加强整体化经营,外国文学继续前进,除延伸原有的丛书、系列书外,新出了以《钢铁是怎样炼成的》为首的影响三代人的外国文学红色经典和大师诗选、"但泽"三部曲、杜拉斯小丛书、赛珍珠作品集、川端康成作品集、世界重要文学奖获奖作家作品丛书以及《诺贝尔文学奖内幕》《诺贝尔文学奖词典》《最新西方文论选》《世界长篇小说精华》等书。中国文学的编辑策划和出版力度与质量显著提升,由冰心主编、聂震宁任执行主编、袁行霈等众多名家联手为大众读者编撰的《文科知识:百万个为什么》出版后引起巨大反响,获中国图书奖一等奖。马振方主编《聊斋志异评赏大成》获第二届国家图书奖提名奖。王蒙、汪曾祺、刘心武、李国文、贾平凹、张贤亮、张炜、高晓声、舒婷、林白等作家自选集,贾平凹散文大系,老舍、沈从文等幽默散文系列,《中外散文诗鉴赏大观》和《皇天后土》《太平天国》《大儒梁漱溟》《李向群的故事》《王蒙王干对话录》《刘心武、张颐武对话录》,以及王蒙评点《红楼梦》、李国文评点《三国演义》、弘征译析《唐诗三百首》与《武侠小说鉴

---

　　① 刘硕良:《三栖路上云和月(上)》,漓江出版社 2012 年版,第 47—63 页。

赏词典》《中国文物鉴赏辞典》《儒释道辞典》《世界文化象征词典》,在文化资源的整合或新创作的开发上都集聚了优秀的文化元素。

值得注意的是漓江社一向拥有宽广的文化视野,每年都有特色各异,超出文学作品范围的泛文化图书包括旅游文化、地方文史、古籍整理、学术研究、教育辅导读物的出版,并不乏精品佳作,如《桂林文化大事记》《粤西词载》《我的努力与反省》《绿色营》等。其中自标一格,长期坚持的教学、作文参考书系,拥有强大的市场竞争力,构成漓江社一大品牌和产业支柱,并延续多年。

20世纪后期,客观环境和市场形势的变化给出版带来困难,漓江社因应时势,到北京设点就地利用资源,组织出版发行,并新辟了年选系列、女性系列、亲子系列、校园文化等新的经济增长点,在广西出版总社的关怀援助下,继续前进。此时的外国文学出版仍在努力坚持,自1983年6月至2012年,诺贝尔文学奖丛书已出版82卷,占其间获奖作家总数109位的75%。丛书入选国家重点出版规划,获桂版优秀图书奖特别奖,2012年6月,与《印象·刘三姐》《黄土地》等入选首届"广西十大创意"品牌。漓江版外国文学新书一时虽有减少,许多译作版权流失,但读者心中仍有当年"那轮明月"。2008年为纪念改革开放30周年,由中国出版集团主办,江西出版集团协办,中国图书商报社,中国对外翻译出版公司和江西教育出版社承办的"30年最具影响力的300本书"评选,在入选的27种外国文学图书中,漓江社有《老人与海》(1987年版)、《麦田里的守望者》(1983年版)、《假若明天来临》(1986年版)、《意象派诗选》(1986年版)、《日瓦戈医生》(1986年版)、《洛丽塔》(1989年版)、《在路上》(1990年版)、《挪威的森林》(1996年版)等8种入选,居全国众多出版社之首。其中《日瓦戈医生》入选2008年11月深圳读书月期间全国16家媒体读书版编辑评选的改革开放"30年30本影响广泛的文史类图书"。

改制转型,成为广西出版传媒集团公司的子公司之后,漓江社的发展步入一个新的时期。2011年6月郑纳新接掌漓江,明确要走"以文艺出版为主要特色的综合性发展道路",推进观念完整、团队精干、出版多元改革,加强北京中心,新建上海中心,做大桂林本部与南宁中心,2012年出版总值1.2亿元,2013年增至2.1亿元,销售码洋1.6亿多元,实现利润1320万元。为纪念"诺丛"出版30周年,2013年推出了《诺贝尔文学奖授奖词和获奖演说》《诺贝尔文学奖作家传略》《诺贝尔文学奖作家论》3种7册和"诺丛"新书3种,还首次出版了我国当代著名翻译家自选集系列10种,新引进加拿大畅销小说《街猫》。一批学术文化及生活时尚类图书走俏市场。《乔姆斯基、福柯论辩录》《我很重要》《女人40》等7种图书被评为2012—2013年度全行业优秀畅销书,单本销量10万册及以上图书则有《国学入门》《国学启蒙》等。在全国文艺出版社综合实力排名中,漓江社继续居于十强行列。

四、师大社:学术文化的重镇与窗口

广西师范大学出版社诞生于悠悠漓水和古王城畔,自1986年11月成立以来即兼得山水灵气和大学人文精神的哺育熏陶,一砖一瓦地垒筑起日益巍峨的学术文化重镇,为国人打开一道道亮丽的窗口。其名气与影响甚至超出了它的母体广西师范大学而为更多更广的学人所知晓,步履所至也远越八桂。经过原始积累和内涵发展、自我裂变两个阶段,实现跨地域跨领域的发展,2007年成为全国文化企业第一批转企改制试点单位。2009年6月28日,广西师范大学出版社改制为广西师范大学出版社有限责任公司,并在此基础上成立广西师范大学出版社集团有限公司。至2014年已拥有设在北京、广州、南京、南宁、上海、桂林等地的全资、控股、参股公司等22个独立法人实体,业务范围涉及图书、期刊、电子音像与数字出版,文化产品的设计制作、印制、销售以及教育培训、会展、咨询、旅游、艺术品、地产等。

多年来,广西师范大学出版社坚持为教学科研服务的出版方向和社会效益优先的出版方针,形成以教育出版为主轴,学术人文思想文化出版和珍惜文献出版为两翼的基本格局,并不断积累、充实、出新,各大板块均呈蓬勃之势。至2013年底共出版各类图书1.4万种,总印数达15亿册,总资产6亿多元,净资产3.7亿多元,年发行码洋8亿多元,19种图书荣获中国图书奖、"五个一"工程奖、国家图书奖和中华优秀出版物奖等国家图书大奖,规模体量居广西各出版社之冠,先后被国家教委(教育部)评为全国高校教材管理先进集体、先进高校出版社,被新闻出版总署评为良好出版社、先进出版单位。在近10年行业机构组织的综合评估中,综合实力均居中国大学出版社前列,在地方大学出版社中名列榜首。尤为难得的是北京、上海及各地媒体和学术界文化届及社会人士对广西师范大学出版社长时期给予关注和好评。《新京报》《南方都市报》主办的华语图书大奖,深圳举办的全国年度好书与年度出版人奖,《光明日报》《中国青年报》等大报的多种优秀图书榜,经常可见广西师范大学出版社的书影书人。

广西师大版图书内质外形均多注重。在全国图书印装质量评比中,广西师范大学出版社从 1998 年起连续荣获新闻出版总署颁发的"全国出版物印制质量出版社奖"银奖、铜奖。图书装帧设计上,也屡屡获得各种大奖。2009 年第七届全国书籍设计艺术展"百家书籍设计优秀出版单位"中,广西师范大学出版社排名第一;2013 年第八届全国书籍设计艺术展,广西师范大学出版社获奖图书占总获奖图书总数的 30％以上。在历届"中国出版政府奖"评奖中,除荣获先进出版单位奖、优秀出版人物奖、图书奖,还获得装帧设计奖、印刷复制奖提名奖。

一轴为主的教育出版,广西师范大学出版社重在密切关注市场变化,常抓不懈,常做常新,培育品牌,助推市场。《中学各科教学重点难点解析丛书》《中学英语教材课文英汉对照译注》《课后练习解答与提高》《中学论说文论据大全》《初高中数理化生公式定理大全》等教辅书风行一时,效益显著。

文献图书系列包含古代文献、近现代文献、域外汉籍文献、西文文献等,达 200 余种,几乎每种都有其不可替代的独特价值,有不少还是珍稀可贵的。《北京图书馆藏龙门石窟造像拓本全编》收拓本 2000 余种,2001 年获第五届国家图书奖提名奖。《徽州文书》(第一辑)收 1990 年后发现的文书 5000 余份,2000 年获首届中华优秀出版物奖。《美国哈佛大学哈佛燕京图书馆藏中文善本丛刊》收书 67 种,精装 37 册,获 2004 年第 14 届中国图书奖。伯希和《西域考古图说》获得第九届桂版图书奖特别奖。

首任社长党玉敏开拓之功不可没,继任者肖启明等不断创新走高,形成良性发展模式。

广西师范大学出版社出版了难以尽数的学术文化精品,如白先勇作品、陈丹青作品和《大学人文读本》《温故》《思考中医》《韦伯作品集》《周作人散文全编》《高等教育理论丛书》《华夏传统文明与人生丛书》和 1995 年获第二届国家图书奖提名奖的"抗日战争史丛书"等。

广西师范大学出版社的成功,有它得天独厚的优良环境。学校的关爱和大度,主管部门的开明和担当让出版社可以畅心地劳作与运营,而出版社深厚的人文情怀、学术素养和稳定的班子、强劲的内聚力、坚韧的奋进与创新精神,最终决定了出版社的可持续发展与繁荣。

五、教育社:夯实文化根基

广西教育出版社与广西师范大学出版社同岁,1986 年 12 月在广西人民出版社文教编辑室基础上组建,顾名思义,以教育图书为主营业务。大致分教材、教辅读物和教学与教育研究三大板块,而于前两者着力尤多,被视为教育社的主要生命线。许多品种虽有大小不一的编辑含量,但更多功夫在营销。大学教材曾有《语法与修辞》被教育部列入全国外语院校汉语教学公用教材选用书目。中小学课外读物品种繁多,而精品殊为难得。较有影响的是 2002 年出版的王跃文等主编《新语文读本》,分小学卷、初中卷、高中卷,共 24 册。选文兼顾经典性可读性,并充分考虑到各年级学生的实际情况,有较新的创意,出版后长盛不衰,成为广西教育出版社一个品牌。教育研究著作则有《贫困中的期盼——中国西部贫困地区女孩和妇女教育》,获 1988 年第 11 届中国图书奖和 1999 年第 4 届国家图书奖提名奖;"学科教育理论书系"共 21 册,涵盖五个主要基础学科,学术性与实用性融为一体,深受教师欢迎,多次重版,发行量可观,1997 年获第 3 届国家图书奖提名奖。

广西教育出版社依托本身的经济实力,从多方面服务大局,满足社会读者的需要,所出《中国大西南在崛起》《禁毒教育通俗读本》《台湾风云》分获第 4 届、第 6 届、第 8 届中宣部精神文明建设"五个一工程"一本好书奖,是 20 世纪 90 年代中期至 21 世纪初广西出版界获得这一大奖最多的出版社。

在学术文化研究与积累上,广西教育出版社不断做出贡献。学科偏僻而又独具价值的著作有《汉英对照甲骨文今译类检》《金文今译类检(殷商西周卷)》。《汉字研究新视野丛书》涉及面广、专业性强,丛书萃集学者专著,由臧克和主编,李人凡等责编,分 3 辑 11 种,1996—2001 年出版。第 1 辑 4 种——《〈说文〉汉字体系与中国上古史》《中国文字与儒学思想》《汉字与书法文化》《汉字文化综论》,1997 年获第 3 届国家图书奖提名奖。此外,钱理群主编、1998 年 12 月出版的《中国沦陷区文学大系》,分通俗小说、诗歌、戏剧、散文、评论、新文艺小说等 7 卷,填补了我国抗战文学出版的空白,具有重要的文献价值。建社初期推出的《中国现代作家作品欣赏丛书》43 册,包括 52 位著名作家的作品赏析,1986 年 8 月出版,1988 年向中国台湾输出繁体字版,台湾以《中国新文学大师名作欣赏丛书》面世,引起广泛反响,被认为是"海峡两岸研究中国新文学最完整的套书"。1992 年出版的《秦似文集》、1995 年出版的《雷沛鸿教育思想研究文集》都有较高的积累与研究价值。可惜此类大气之书,在实力雄厚的广西教育出版社似嫌少了一点,像广西籍学术文化大师梁漱溟、王力、罗尔纲的文集均在桂版图书中付之阙如,终不免遗憾。

进入集团后,广西教育出版社进一步发展。2012—2013 年所出《新越汉词典》获第三届中国出版政府奖提名奖,《新媒体浪潮》获广西社会科学优秀成果二等奖,并入选"我最喜爱的桂版书",《新农村建设时期中国农民教育研究》《瓯骆遗粹》《假如大师在今天当老师》《活着就是幸福——生命读本》《东盟各国语言纵横谈》等 7 个品种获第十六届广西优秀图书奖。《新语文读本(小学卷)5》等 8 本图书被中国书刊发行协会评为"2012—2013 年度全行业优秀畅销书"。《全媒体风暴》《壮族教育史》《新能源在召唤丛书》等重点选题入选广西"精品图书出版项目"并获资金扶助。

广西教育社结合中小学阅读活动,开发主题阅读图书,出版以安全为主题的系列图书,取得了较好的社会效益和经济效益,其中《学生安全知识手册》发行 11.43 万册,《学生食品安全读本》发行 9.7 万册,《中小学生安全知识》发行 7.9 万册,《留守儿童安全教育手册》发行 11 万册。同时,利用社办期刊《同龄鸟》的优势资源,书刊互动,开发引进版权内容的、品质高端的青少年人文与科学读物,打造"尖端科学""生命价值"两个品牌,有效地拓展阅读类图书板块。2012 年杂志及衍生的图书销售码洋达 1200 多万元,2013 年实现投产码洋 2590 多万元,成为一般图书新的增长点。

2014 年,广西教育出版社国家出版基金项目《新越汉词典》《新汉越词典》通过结项验收,评定等级为"优"。国家"十二五"出版规划项目"新能源在召唤丛书"已于 2013 年 10 月出版;面向东盟,以东南亚国家语言辞书为核心的"中国—东南亚国家双语辞书协同编纂平台"进入国家新闻出版改革发展项目库,《中国地学史·古代卷》入选 2014 国家出版基金项目。

广西教育出版社 2013 年产值 3.82 亿元,销售收入 1.52 亿元,实现利润 5017 万元。据《中国出版传媒商报》发布的"全国出版能力数据分析",2012 年广西教育出版社综合出版能力在全国教育出版社排名第 16 位,在地方教育出版社排名 13 位。

六、科技社:引领生活潮流

广西科学技术出版社于 1988 年 5 月成立伊始就不为地方所局限,在指导思想上有大的抱负、高的起点。既努力做好本社份额的教育类书册和面向农村面向大众的工农类、科普类、医药卫生类图书的开发,又走出广西,组织高端图书的出版。《当代中华科技英才丛书》获首届中宣部"五个一工程"一本好书奖和第 6 届中国图书奖,《邓小平科学技术思想研究》《太空·地球·人类》《国家重点工程丛书》《中国南方洪涝灾害与减灾防灾》《图强·改革·创新——共和国科技事业 50 年》《中国资源与可持续发展丛书》

先后获第 7、8、10、11、12、13 届中国图书奖,《中国少数民族科学技术史丛书》《北京谱仪正负电子物理》和《壮族医学史》分获第 3、4 届国家图书奖提名奖。"九五"期间进入全国图书出版社百强行列,在全国科技类出版社中名列第 14 位,在地方科技社排名第 4 位。1992 年被新闻出版总署、人事部授予全国新闻出版系统先进单位称号。1997 年 7 月被新闻出版总署、共青团中央等评为全国"万村书库"工程先进集体。2004 年 6 月被新闻出版总署评为全国服务"三农"先进出版单位。

一家成立不过十余年的出版社能达到这样高的台阶应该说是相当惊人也相当辉煌的了。但月有阴晴圆缺,一旦赖以支撑的教育书册销路发生变化就面临严重的困境。2005 年 1—6 月,广西出版总社领导亲自兼任广西科学技术出版社社长,并将何醒从云南教育出版社调回来任广西科学技术出版社副社长副总编辑,不久,又从接力出版社调版权贸易经验丰富的韦鸿学来主持工作,领导班子和职工一道共谋对策,大力扭转产品单一和化风险能力薄弱的局面。通过中层干部竞聘上岗,重新配置人才,加强开发力度。2006 年 4 月,何醒被派到北京,创立出版中心,2011 年 8 月中心改为北京阳光秀美图书有限责任公司,2012 年生产总值 6061 万元,比 2005 年全社走市场一般图书生产总额 325 万元增长了约 27 倍。科技社的女性生活、心灵成长、少儿科普板块在全国出版市场形成一定的竞争力,发展步入良性轨道。2014 年 5 月 28 日,已实现生产总值 5765 万元,比 2013 年同期增长 17%,重印率达 79.48%,平均印数每种 1.9 万册,其中《男孩的冒险》系列印数 45 万套;《断舍离》系列印数 18.7 万册;《因为痛,所以叫青春》系列印数 12.5 万册。

在"阳光秀美"的带动下,全社转型发力,2005 年下半年《少儿科技博览》改为《漫迷》,与日本讲谈社合作,取得进展。传统强项农业与医学图书的出版进一步做大,获得国家资助 1500 万元的"中国—东盟传统医药全媒体出版平台建设"项目启动。全社 2013 年出版图书 636 种,总值 17395 万元,销售收入 9407 万元,利润总额 931.82 万元。

七、美术社:打造美的天堂

广西美术出版社于 1989 年 7 月在广西人民出版社美术编辑室基础上联合漓江出版社一部分美术力量建立。编辑队伍比较齐整,此前出版过不少好书,个人创作也有基础,加之广西美术界力量自 20 世纪二三十年代即在全国拥有较强的实力和地位,广西美术社成立后业务发展很快。首先在中小学美术教材与教辅读物上下功夫,从无到有一步步地进入阵地,试写试行,历尽艰难曲折,终于打开局面,取得突破,使本版《美术》教材成为美术社销售收入的主要来源。但美术社并不满足,从学前美术教育、新课程中小学教育、高中美术教育到高等美术教育、研究生美术教育,以至美术职业教育、老年大学美术教育,架构了一个比较完整的教育出版体系,内容涵盖美术、设计、书法、技法、史论、师范,成为我国西部最齐备最具影响力的美术教育图书板块。2004 年广西美术出版社策划的中小学教材 18 册,全品种通过国家教育部审定,作为我国西部唯一一套新课标美术教材,几年内出版 3600 万册,总值 1.6 亿元。

获得经济支撑后的广西美术出版社把触角伸到京城,关注我国现当代美术动向,把学术与出版融为一体。1989 年在北京举办的人体美术大展轰动首都,引来众多专业人士和好奇者的围观。跟着出版一部部推拥潮流的精品图书。《北京画院秘藏齐白石精品集》《中国民间美术全集——饰物》和《广西民族风俗艺术》分获国家图书奖提名奖、荣誉奖和中国图书奖。《中国美术年鉴 1949—1979》《中国油画近百年国史》《中国设计史》《亚洲美术史》及《齐白石研究》《南国画跋解读》《〈宣和画谱〉中的缺位》等专著,填补了我国学术出版领域的空白。在一般美术社出于经济考虑,重创作而轻理论的情况下,广西美术社坚持以史论学术引领创作的路线诚为难得。

巨匠大家的全方位展现与研究在广西美术出版社出版物中一直处于镇社之宝的显要位置。他们与故宫博物院、中国美术馆、中国美术家协会、中央美术学院、北京画院等高端殿堂建立了长期合作关系,出版了《吴冠中作品年鉴》《油画大家——靳尚谊》《陈之佛于非闇绘画艺术》《中国书法年鉴》《兰亭书法全集·故宫卷》《世界名画 1000 幅》等大师专著与画册。继 9 卷本《关山月全集》、6 卷本《傅抱石全集》问世之后,《钱松嵒全集》《吴昌硕全集》的出版,也在积极运作之中。

任何艺术都以技法为基础,广西美术出版社出版了一系列国内外技法基础著作——包括新引进的《日本纸上动漫技法全书》5 册,并结合社会发展需要,大力开拓设计图书的出版。《现代设计学院》《基础图案设计丛书》《现代设计基础教材丛书》《北欧工业设计学院基础教程》等在我国设计图书市场一直居于领先位置,设计类板块约占全社图书市场份额的 30%,年销售 50 万册以上,总码洋超过 1500 万元。其中《基础团设计丛书》重印十多次,成为我国学校使用率最高的教材。

广西美术出版社坚持开放方针,多方位引进世界优质资源,促进我国美术事业的发展。洋洋十大册《大英视觉艺术百种全书》令读者眼界大开。

《伯利曼人体结构绘画教学》自引进以来，至 2014 年已重印 30 次，总码洋近 2000 万元，是国内单品种美术图书销量最大的图书之一。贡布里希巨著《艺术的故事》至 2010 年已销售 50000 册，2013 年又销了 11000 册，总码洋 308 万元。同一作者的《理想与偶像》《图像与眼睛》等也深受读者欢迎。2014 年 1 月开始出版的介绍现代艺术大师经典的《焦点艺术家》系列上市后，很快引起新锐艺术工作者的关注。

广西美术出版社在引进的同时，逐步走出去占领市场。《中国民间美术全集——饰物》和《中国设计史》输出台湾，出版了繁体字版。《黑白画库》等书直销到日本、韩国、越南、印尼等国家和地区。

2013 年广西美术出版社投产品种 652 种，其中新书 370 种，生产总值 1.38 亿元，营业额总收入 7300 万元，实现利润 700 万元。

八、接力社：少儿出版皇冠上的明珠

接力出版社 1988 年 7 月在广西人民出版社的少儿读物编辑室基础上组建，还在孕育阶段就出版了获首届中国图书奖的《接力书信集》，当时的中国图书奖只有 10 种入选，可见其得来之不易。接力建社后在出版界女强人李元君领导下，南来北往、东突西扩，做稳做牢少儿教材教辅读物，大力推出《神脑聪仔》卡通系列和《一个孩子的英雄喜剧》《八桂俊杰丛书》等开创性图书，同时抓准机会，及时进行物业购置与基建，不几年就在书香缥缈中建起一座时尚大楼。

世纪之交，接力直上。军人出身的优秀作家，转业后任作家出版社副社长，取得优异成绩的白冰为李元君慧眼所识，聘为接力出版社总编辑，到北京成立第二出版中心，诚邀黄集伟等知名文化人合作，担负一般图书系统开发的重任，逐渐将之打造成为创新中心、市场运作中心和人才成长中心，选题策划的高地。李、白联手，加以黄俭的执行保障，俨然一个"小李白黄"的格局，在广西出版发展中发挥了卓越的先锋示范作用，并在十多年后给集团贡献了一个坚强的核心公司，而全国少儿出版业由此琢磨出一颗"皇冠上的明珠"。2013 年，接力出版社出版码洋 16.49 亿元，发货码洋 5.92 亿元，销售收入过 2 亿元，实现利润 3720 万元。一家自觉承担社会责任，强调文化接力、道德接力、专业从事青少年读物的全国知名出版机构稳健成长。据中国新闻出版总署计划财务司 2011 年 11 月颁布的《2011 中国新闻出版统计资料汇编》得出的全国出版社及各地区出版业的图书出版能力 LM 竞争力监测排名，接力出版社在全国 561 家出版社中，竞争实力排位第 44,少儿类出版社能力排第 3 名。《神脑聪仔》《阿笨猫全传》《巨人的城堡》《小英雄和芭蕾公主》《万物简史》《狼獾河》《黄琉璃》《当着落叶纷飞》等 30 多种图书获得中宣部"五个一"工程奖、国家图书奖、中国图书奖、中国出版政府奖、中华优秀出版物奖等奖项。

　　早在 1998 年,接力出版社即被评为"全国优秀出版社";2006 年和 2007 年,获得"全国先进基层党组织"、首届中国出版政府奖"先进出版单位奖";2008 年荣获"全国未成年人思想道德建设工作先进单位"及"抗震救灾先进集体";2009 年又获得"全国百佳图书出版单位"和国家"一级出版单位"称号;2010 年获得首批"全国新闻出版行业文明单位"称号;2011 年再次获得第二届中国出版政府奖"先进出版单位奖"。

　　接力出版社创始人李元君获第六届中国"韬奋出版奖";现任社长黄俭获 2007 年度"国务院政府特殊津贴"及 2009 年中宣部"四个一批"人才等荣誉;总编辑白冰 2006 年获准享受"国务院政府特殊津贴专家",同年,被中宣部确定为"全国宣传文化系统首批管理人才",2007 年,被新闻出版总署确定为"全国新闻出版行业领军人才",2008 年荣获首届中国出版政府奖"优秀出版人物奖",2009 年获"新中国百名优秀出版企业家"荣誉称号。[①]

　　白冰总结接力社发展经验,认为要首先"处理好定位与跨位的关系,在定位与跨位之间拓展选题思路",实现从图画书到纯文字书、从低龄儿童向准青年读者层面和重新进入婴幼图书市场、拓展畅销书与强化经典品牌图书等四个跨位,"鸡皮疙瘩"系列 8 年销售 800 多万册,"淘气包马小跳"系列 8 年发行 3000 多万册,婴幼儿图书占一般图书码洋和利润由不足一成,上升到二成,到 2012 年已接近三成,码洋近亿元。而精品书的维护拓展所带来的重印书的贡献率已达年发货总量的 70%,使接力社一般图书保持了稳定的增长。[②]

　　接力社根据读者需求,坚持进行选题创新、服务创新、销售创新、机制创新。他们有鉴于中国 0 到 15 岁孩子中,每年因意外伤害而死亡的人数达 20 万以上,在 2014 年 6 月推出"荒野求生少儿小说系列"第 1 辑 3 种,许多家长视为"补钙的好书"。2014 年年中,接力社还相继出版葛冰《校园大惊小怪》悬疑小说系列,"中国汉字听写大会"授权的《我的趣味汉字世界》,方法学专家吴甘霖的"亲爱的孔子老师"系列,复旦大学教授钱文忠创作的

---

　　① 于瑮、邓纯东主编:《广西图书出版六十年总书目(1952—2001)接力出版社卷》,广西人民出版社 2012 年版,第 1 页。
　　② 白冰:《选题创新的三个原则》,广西人民出版社 2013 年版,第 27—38 页。

"给孩子讲国学故事"系列。此外,2014 年 6 月接力社有针对性地出版了一套市场稀缺的"中国梦之歌校园朗诵诗"系列图书,金波主编,柳斌杰作序,分 6 册编排,使用效果很好。为此而举行的朗诵大会吸引北京多所学校的 600 多名小学生参加,中央电视台、新华社等 40 多家媒体到会报道。

九、八仙过海各显神通

八仙过海展现广西出版的繁华活跃,从中"推波助澜"的还有两家有为的机构。

一是《出版广角》,广西新闻出版局和广西出版总社主办的专业刊物,一亮相就面向全国,以"与中国出版同步,为中国出版服务"为宗旨,依靠中央和地方出版领导与出版界精英,向读者提供资讯、智慧交流的平台。宋木文、伍杰、杨牧之、张伯海、陈昕、胡守文、张胜友、李朋义等高端人士的专论与《刘杲随想录》《沈仁干说法》《聂震宁断想》及《于青读长篇》、《张泽青谈期刊》、《辛广伟叙台湾出版史话》和《钟叔河〈学其短〉》、《丁东〈书人书事〉》等专栏受到众多媒体人欢迎。《出版广角》因其权威、丰富和可读而被誉为"中国出版第一刊",对广西出版产生的提升、带动与推扬作用自不待言。

二是万达版权贸易公司。1992 年,广西新闻出版局率先设立对外处和版权贸易机构——万达版权公司,推动各出版社与海外的交流合作,并创设出版贸易奖,落实计划、检查与评价机制。各出版社从编辑到领导,层层运用国际国内两个市场两个资源,同时挑选优秀人才专责经营版权。如此之早地全方位抓版权贸易并持之以恒,在全国各地并不多见,广西出版也由此得益良多,在市场竞争加剧的形势下,长葆其源头活水,生生不息。

十、种类丰富的期刊

目前,广西的期刊主要分为六大类:

(一)新闻综合类期刊

这类期刊的特点一是读者面广,干部、工人、农民、知识分子、学生、部队指战员以及外商等都是他们的读者;二是刊物内容丰富,有马克思主义基本知识、政策法律法规、道德品质修养、生产技术知识、日常生活常识、统计资料、国内外新闻、文艺作品,等等。这些期刊中,发行量大,影响较好的新闻类期刊主要有《当代广西》《海外星云》《南国博览》等,社教综合类期刊主要有《女性天地》《中外少年》《家庭科技》等。

《当代广西》是中共广西壮族自治区委员会主管主办的机关刊物,是广西唯一的一家省级党刊,是自治区党委和政府用以指导和推动全局工作的重要思想舆论工具,是广西的主流媒体和重要舆论阵地。该刊为半月刊,是广西期发行量最大的期刊,被评为第五届广西十佳社会科学期刊。

《海外星云》杂志由广西对外文化交流协会主管,1985 年 8 月创刊。该刊内容富含创意,更有独到的视角、深入报道,刊物图文并茂、知识面广、信息量大、趣味性浓,是全国唯一的全方位、多角度传播国外经济、文体、科技、社会、军事、影视等各方面信息的综合性旬刊,是国家重点扶植的重量级刊物。此外《海外星云》杂志是全国发行量最大的旬刊,每期发行量 30 多万册,月发行量近百万册。除广西南宁印刷点之外,在沈阳、北京、南京、西安、福州都设有印刷点。《海外星云》杂志被评为第三届国家期刊奖百种重点期刊,获第五届广西优秀报刊荣誉奖。

《南国博览》杂志是由广西日报传媒集团主办的一份国内外公开发行的新闻类省级月刊。该刊是以原创为主的纪实性期刊,具有思想性、哲理性和可读性。通过解读新闻背后的故事,发掘新闻盲点,还原真相、探求真实、追寻真知,关爱生命、关怀心灵、关注民生,使读者从中获取生存的艺术、精神的滋润、人生的快慰和思想的升华,引导读者树立积极向上的人生观、价值观,增强社会责任感和时代使命感。

1989 年《女性天地》创刊。《女性天地》是广西壮族自治区妇女联合会主办的妇女刊物,宗旨是致力于提高妇女素质和维护妇女合法权益,介绍社会主义的妇女、家庭观念,推动社会正确评价妇女,为妇女的彻底解放服务。

《中外少年》创刊于 1988 年 8 月 8 日,由接力出版社主办。是一本面向国内青少年读者的综合性月刊。《中外少年》杂志不仅在栏目设置上融入了流行资讯、校园生活、情感交流等众多为中学生喜爱的内容,还是全国首家用大版面介绍国外同龄人学习生活情况的青春时尚期刊。《中外少年》作为第四届广西十佳社科期刊,被国家新闻出版总署评为中国期刊方阵的双效期刊。

《家庭科技》是广西科学技术厅主办的科普期刊,曾被评为第五届广西十佳自然科学期刊。《家庭科技》以介绍生活科技知识,指导建设幸福家庭为宗旨,以向读者推介新技术、新产品,指导读者形成科学的生产生活方式为己任。主要内容有家庭内外、卫生保健、心理调适、购物参考、家用电器、科学理财、子女教育、居室美化、家庭电脑、美容技巧、持家经验等,涉及衣食住行医,其实用性、科学性、真实性和趣味性强,具有长期保存价值。

（二）社会科学类期刊（不含学报哲社版）

这一类刊物,在 1978 年以前,由于受到"左"的影响,刊登的文章强调"为政治服务",强调阶级斗争。1978 年以后刊登的文章,强调为经济建设服务,强调坚持四项基本原则和坚持改革开放,能紧密结合中央的决策和广西的区情组编稿件,尤其是探讨广西经济、社会发展状况及其对策的文章,不少具有相当的深度,起到导向和借鉴作用。

《广西年鉴》是集中反映广西各行各业发展情况的年刊。该刊精心编纂、从严把关、编纂出版质量高,曾三次荣获由中国出版工作者协会主办的全国年鉴编纂出版质量评奖"综合奖特等奖",被评为第五届广西优秀社会科学期刊。

《学术论坛》《改革与战略》《出版广角》《南方文坛》《广西民族研究》被列入 2004 年版中文核心期刊;《广西社会科学》《桂海论丛》《广西教育》《广西民族研究》《广西金融研究》《广西经济》《广西地方志》《民族艺术》等在学术界影响较大。

《出版广角》近年来始终坚持"与中国出版同步,为中国出版服务"的办刊宗旨,努力把握中国出版的特色、指针和使命,围绕出版业的改革与发展中的重大问题来精心策划选题和组稿,从特别策划、专题纵横、人物专访到一些重点出版物、出版人、出版单位的评介,从出版历史总结、出版文化聚焦到国内外有关资讯的传播,都体现了该刊具有较强的时代感、现实感,赢得了圈内专业人士和广大读者的青睐。

影响较大的政治理论期刊有《广西政报》《支部生活》《党纪》《广西理论学习》等;新闻学术类期刊有广西大学主管主办的《文化与传播》、广西记协主管主办的《新闻潮》;经济期刊有《社科与经济信息》《广西金融研究》《广西财政研究》等;其他方面期刊有《东南亚纵横》《广西外事》《广西民族研究》《广西武装》等。

（三）自然科学类期刊（不含学报自然科学版）

十一届三中全会之后,为了适应国家工作重心的转移和改革开放的需要,工业交通科技的刊物陆续创刊;普及性、综合性科普期刊读者面广,发行量较大,而专业性较强的刊物读者面相对来说较窄,发行量不多;刊物能结合广西的实际进行编发稿件,推动了广西科学技术的发展和经济的繁荣。影响较好的工业交通科技期刊有《广西机械》《西部交通科技》等;农林科技期刊有《南方农业学报》《广西植物》《广西农学报》《气象研究与应用》《广西气象》《广西甘蔗》《广西林业》等;医药卫生期刊有《广西医学》《结直肠肛门外科》《微创医学》《广西中医药》《右江医学》等;通信、水电、化工、地质矿产期刊有《光通信技术》《广西电力》《红水河》《化工技术与开发》《中国岩溶》《矿产与地质》等;综合性科技期刊有《生活科学大观》《沿海企业与科技》《农村新技术》《蛇志》等。

在这些期刊中,在全国有较大影响的是中国电子科技集团公司第三十四研究所(桂林)主办的《光通信技术》。该刊为《中国核心期刊(遴选)数据库》《中国期刊全文数据库》《中文科技期刊数据库》《中国期刊网》等数据库全文收录期刊,杂志集权威性、理论性与专业性于一体,具有很高的学术价值。

(四)文化教育类期刊

这类刊物的创办单位主要是自治区教育厅(委员会)、大专院校及有关的学会,面向的是教育部门的管理人员和学校师生,人数众多,发行量较大。其依据国家制订的教学大纲,从多种学科、多种形式、多种角度组编稿件,为提高教学质量服务。教学辅导类期刊读者对象集中、发行量大,经济效益普遍较好。《求学》《今日小学生》《作文大王》《小学生创新作文》《少年优秀作文选》《儿童创造》《中学生文摘》等拥有众多的读者。

其中,《求学》的期发行量在全广西期刊中排名第二,该刊为半月刊,是广西期刊中社会效益和经济效益均佳的期刊。

(五)文学艺术类期刊

这类期刊的办刊单位主要是自治区、地区、市文化厅(局)和文学艺术界联合会,面向大众提供文艺欣赏与文艺娱乐内容,包括文学、艺术、大众文化等类别期刊。刊登小说、散文、诗歌、报告文学、故事、戏剧的文学期刊有32种;刊登美术、摄影、书法作品为主的艺术期刊有5种;有1种刊物用壮族文字排印。这些期刊普遍注意作者队伍的建设,通过笔谈会、培训班等多种形式提高作者的素质;注意掌握时代脉搏,组织编发贴近生活,贴近群众,反映时代精神风貌的文艺作品。《广西文学》、《三月三》(汉文版、壮文版)、《西江月》、《红豆》、《金田》等是发行量较大的文学杂志。《文史春秋》作为通俗性的历史读物,被评为第五届广西优秀社会科学期刊。《美术界》在广西影响甚大。

《三月三》(壮文版)1986年9月创刊,是全国唯一的一份壮文杂志,由广西壮族自治区民委、民语委主办,原自治区党委书记、自治区主席覃应机题写刊名,是一份推行和研究少数民族语言文字、发展和传播少数民族文化,体现少数民族文字刊物特征、突出壮文而兼容其他文种的民族文化期刊。读者对象主要是壮族地区干部、农民、学生及其他壮文爱好者。除国内发行外,美国、日本、泰国、越南、澳大利亚和我国香港、台湾地区均有订户。

(六)高等院校学报类期刊

这些学报的特点:一是刊载的主要是各学科的学术论文,且是理论上进行深层次研讨的论文,一般来说都具有较高的水平;二是围绕着课题项目进行探索、实验,并将成果推向社会,使之转化为生产力。《广西民族大学学报(哲社版)》独具特色,品牌影响力大。该刊突出民族性、文化性、地方性、区域性,精心策划特色栏目,大量刊发处于前沿的人类学、民族学、民俗学稿件以及有新理论、新观点、新方法、新材料的其他人文科学稿件,成为中国人类学、民族学、民俗学的关注中心和民族学界、民俗学界进行学术交流、展示学术成果的平台,入选中国民族学类核心期刊和全国中文核心期刊。其《人类学研究》栏目入选教育部高校哲学社会科学学报首批名栏建设单位。《广西民族大学学报(自然版)》《广西大学学报(自然版)》《桂林电子工业大学学报》《桂林理工大学学报》被评为广西优秀自然科学期刊,这些学报是大学学报类期刊的优秀代表。较有影响的还有《广西大学学报(哲学社会科学版)》《广西师范大学学报(哲学社会科学版)》和《广西医科大学学报》等。

(七)走向国际与融合的广西期刊

展望未来,广西期刊业整体上是乐观的,从许多方面可以看出,集约化、规模化和品牌经营是广西未来期刊业发展的趋势,强的越强,弱的就会被兼并或淘汰。广西的期刊出版将向多子刊、多版化、多主题化、短周期化方向发展,整体规模在不断扩大。

广西期刊发展的另一个趋势是国际化合作和跨地区合作越来越多。《荷花》杂志于2002年9月创刊,是一本中越双语期刊,由广西人民广播电台与越南广宁广播电视台联合主办,是中国唯一以越语为主的对越南发行的杂志,它以促进中越友谊、沟通中越合作为办刊宗旨。

媒体融合也是广西期刊业发展的一个趋势。广西人民广播电台通过整合《荷花》、北部湾在线以及北部湾之声资源,搭建起杂志、网络、广播三位一体的多媒体平台。当然,在一个相当长的时期内,作为纸质媒体,期刊本身并不会被取代,但期刊开发网络媒介平台的趋势却是不可阻挡。相对而言,广西期刊网络版的水平还很低,数据不全、更新缓慢等问题还没有得到解决,对网络版的重视程度普遍不高,亟待进一步发展。

第四节　广电事业的百花齐放

新时期的广西广播影视事业,呈现出百花齐放,竞相争艳的大好局面。

一、多语种与多形式的广播节目

随着人民群众生活水平的提高,收音机越来越普及,再加上收音机越来越小巧、轻便,可随身携带,收听无线电广播成了很方便、很随意的事,有线广播才逐步萎缩,以致淡出人民的日常生活。取而代之的,则是无线电广播的不断繁荣,不断扩大。就自治区的广播电台而言,到 2011 年,广西人民广播电台已成为具有相当规模和较高水准的集采、编、播于一体的广播新闻媒体。广播用语有普通话、壮语、粤语、越南语。传送的方式有卫星、中波、短波、调频等。根据传送的内容不同,开设有新闻综合广播、教育生活广播、经济广播、音乐广播、交通广播、对外广播 6 个广播频率。全台每天累计播音 118 小时。此外,还与中国国际广播电台合作开办"北部湾之声"广播,采用英语、泰语、越南语、普通话、粤语播音。覆盖中国广西北海、钦州、防城港和北部湾海域,覆盖中越 1020 公里边境线。调频广播覆盖人口超过 3000 万。短波覆盖越南、老挝、柬埔寨、马来西亚及泰国东南部地区,覆盖人口超过一亿。除广西人民广播电台这座省级台以外,到 2011 年全广西还建立有地、市级广播电台 7 座,县级广播电台 18 座,开办公共广播节目 105 套,中短波发射台 20 座,调频转播发射台 105 座,覆盖全广西人口的 95% 以上,真正实现老幼皆宜,无远弗届,影响十分巨大。

(一)民族广播

1978 年,经过拨乱反正,广西人民广播电台的壮语广播,针对节目对象主要是壮族农村基层干部和壮族农民的特点,突出宣传党的有关农业的方针、政策,宣传农业经济体制改革,促进生产的先进典型,传播科学文化知识等。同时壮语广播也从过去长期只办单一的综合性节目改为《壮语新闻》《壮语谈心会》《壮乡新风》《壮语科技知识》和《民族文艺》五个栏目。并且改变以往只编译报纸和电台汉语节目的稿件,逐步增加自采自编稿件,突出民族特点;尤其是进一步加强民族文艺节目的采制,少数民族文艺广播节目逐年增多。到 1987 年,壮语部新录制的民族文艺节目达 4140 分钟,占全年民族文艺节目总播出量的 88.5%,广播用语也于 1983 年 10 月 1 日起,由分别南、北方言广播改为壮文标准语标准音广播。直到 2014 年,壮语广播在广西及周边省份的壮族地区都仍然有着深刻的影响。

除了地方民族语言广播,广西人民广播电台还先后开设过俄语、英语、日语和越南语等外语广播。其中俄语、英语和日语主要是在特定的历史时期内,为适应人民群众学习外语而设立的语言教育类节目,真正对国内外具有重要影响的是越南语广播。

(二)对越广播

广西的越南语广播,是从 20 世纪 70 年代末 80 年代初开始的。当时正是中越两国关系的多事之秋,中央要求广西和云南要自办对越广播节目,加强对越南的宣传。1980 年,广西首先在防城、宁明、凭祥、龙州、大新、靖西、那坡等边境县、市用越南语和当地话对越南广播。到 1984 年 12 月 1 日,又正式建立广西广播电台,并开始用越南语进行无线电广播。这是中国第一家省级对外广播电台。该台以宣传中国为主,以越南听众为对象;其宗旨是通过介绍我国社会主义四化建设成果,报道我国对外政策在国际上产生的影响,以增加越南人民对中国的了解,促进中越两国人民的友谊。广西广播电台每天广播 6 小时,开设的节目有《新闻》《今日广西》《兄弟民族》《友谊之桥》《寄语越南》《生活之友》《壮乡歌声》《小说连续广播》等。广西广播电台的宣传报道方法也独具特色,其主要表现有四:一是多采用现身说法。当时广西有十多万越南难民,通过他们用越南语讲述在中国的生活状况,表达思乡和挂念亲人的心情,这使越南听众身临其境,增强宣传报道的真实感和感染力。二是用历史事实叙说中越两国人民传统友谊,如介绍中国边民掩护胡志明主席等老一辈革命家进行革命活动的故事等;尤其通过录音采访,请越南老一辈革命家黄文欢介绍自己革命历程以及得到中国朋友真诚帮助支持的故事,影响特别大。三是通过《生活之友》等服务节目,向越南听众介绍防病治病以及农业生产等科学文化知识,寓宣传于服务之中,深得越南听众的信赖。四是针对两国边民有互赶歌圩、互对山歌的传统的情况,开办文艺节目。尤其是请越南难民中的文艺工作者演播歌曲、吟诗、播讲小说,深受越南听众的喜爱。由于广西的越南语广播充分发挥了同越南山水相连、自然条件相近、人民友好相亲等优势,广播宣传效果很好,影响很大。许多越南听众纷纷来信,或者要求帮助寻亲,或点播节目,也有不少谈感受、表达感谢的,最多时一个月收到一百多封观众来信。对此,正如越南革命家黄文欢所说:"广播电台广播传播很广,宣传越中友谊起了很大作用。尽管越南当局严加控制,但越南人民千方百计收听中国广播,广西广播电台对越中边境的边民和越南军队的宣传效果很显著。"后来黄文欢还来到广西广播电台参观,接见台领导和越语播音员。1985 年 8 月,又邀请台长、副台长到北京参加由他举办的纪念越南革命 40 周年的招待会。

随着中越关系的好转和广西改革开放的发展,广西的越南语广播的任务也调整为宣传中国改革开放,发展中越传统友谊和推动中国—东盟自由贸易区建设。为了便于集中领导和内外宣传的协调统一,2003 年 8 月,广西广播电台划归广西人民广播电台管理,对内称广西人民广播电台对外广播,对外用广西对外广播电台的呼号。其后广西人民广播电台的越南语广播在报道中越经济文化交流,宣传泛北部湾经济区的建设和对外开放,推动中国—东盟自由贸易区的发展等方面都发挥了重要的作用,尤其是在宣传报道中国—东盟博览会方面影响巨大。许多越南听众来信表示,正是通过广西的越南语广播来了解今日中国广西的商机,了解中国人的友善与勤劳的。到 2014 年,广西人民广播电台除通过传统的短波进行越南语广播以外,还与中国国际广播电台等机构,联合开办北部湾在线互联网站,在越南正式出版越南语杂志《荷花》;为发展中越传统友谊,树立中国正面形象,推动中国东盟合作发挥着越来越重要的作用。

(三)广播的内容

作为一种建立在现代科学技术基础之上的传播媒体和文化形态,广播的主要特点,就是在传播新闻资讯、科技知识和文艺作品的时候,要把书面的语言变成人民群众日常使用的口头语言。声音是其唯一的传播符号。这就使得广播的内容更加通俗易懂,更加具有亲和力和感染力。最初的广播内容,主要是摘编报刊的新闻报道和各种文章。在 20 世纪五六十年代,随着录音机的广泛使用,广播人提出广播要"自己走路",就是要求广播工作者深入研究声音表达的特点,独立采写或录制能发扬声音广播优势的新闻报道节目。经过多年的探索创新,广播工作者在新闻广播、社会教育广播和文艺广播等各个领域都创新了传播文体和传播形式,使广播更具有独特的个性和影响力。

　　新闻是广播媒体中影响最大的内容。由于新闻广播传播迅速，口语表达，国内外、区内外发生的重大事件，往往在当天甚至当时就可以传播到群众中。1958 年 11 月 3 日，广西人民广播电台开办了《全区各地广播站联播节目》（后改名为《广西新闻联播》）以后，全广西的广播电台和广播站都同时转播这个节目。这个节目一般在晚间黄金时间播出，内容大多是当天的重要新闻。人们往往在当天收听广播，获知当天重要新闻，次日又通过阅读报纸，进一步了解新闻事实真相。这在很大程度上改变了人们获取新闻的方式。另外，在新闻报道的方式方面，广播记者又创立了录音报道，现场直播等方式，使新闻广播独具特色，有别于报纸等书面文字的报道。所谓录音报道，就是通过新闻现场的音响（包括自然音响，特定音响和人物讲话等）和记者口头叙述有机结合，报道新闻事实。音响的特殊表现力，尤其是新闻人物的现场讲话，特定环境中的特殊音响（如机器轰鸣、锣鼓铿锵、人欢马叫、集市喧闹等），使新闻广播更加有声有色，真实性和感染力更强。至于现场直播，其表达方式与录音报道大体相近，所不同的是：直播所拾录的音响，不仅是真实现场的，而且是即时的，甚至是未经剪辑，是新闻事实现场整个过程的即时传播。因此，现场直播往往是在报道重大活动，重要庆典的时候使用。在不同的历史阶段，广西的广播工作者运用录音报道和现场直播这两种独特武器都取得了很好成绩，有不少优秀的录音报道和现场直播在全国评奖中获奖。

　　文艺广播是电台广播的重要内容。广西的文艺广播大约占全部广播时间的 45％。内容包括音乐、戏剧、文学等。在录音机还是稀罕物的年代，广西的文艺广播主要来源于各种唱片，有时也组织文艺工作者到演播室直播。1951 年，广西人民广播电台购置了两台钢丝录音机以后，才开始外出采录文艺节目。如到柳州、桂林录制桂剧、彩调剧，去广州复录粤剧、歌剧等。随着录音机的普遍使用和录音技术的完善，采集、编辑、整理和播出广播文艺节目成了常态化。这使得文艺广播的内容显得更加丰富多彩，收听文艺广播成为人们休闲娱乐的重要方式。

　　文艺广播中影响最大的是音乐广播，比如 20 世纪五六十年代的教唱歌曲节目，对普及新歌起到很大作用。又比如音乐讲座节目对普及音乐知识也起到很大的作用。当然最主要的影响还是来自人们通过收听广播欣赏音乐这一方式。为了满足听众对有声音乐的需求，广播文艺工作者创造了多种广播形式，开设像《壮乡歌台》《本区音乐》等栏目，播出本地新歌、民歌和民族特色歌曲。有时在全国范围内把某一主题或多种曲风的优秀歌曲编成专辑,方便群众收听和欣赏。这使得文艺广播成普及和推广新歌曲、新音乐作品的主要渠道。在 20 世纪六七十年代,一首新歌只有在电台广播才算成功,才能为人们所知,年轻人结婚需要"三转一响","一响"即指收音机,以后又指放录一体机。由此可见,音乐广播对人民生活影响有多么深刻。

除音乐之外,广播在传播和推广戏曲、电影、曲艺等文学艺术作品方面,也发挥了重要的作用。比如戏剧、电影,就是通过拾录舞台演出或屏幕的对白和音乐音响,加以编辑剪辑,进行广播;有的还加上口头解说,串联剧情。这使得许多优秀的舞台剧和电影传播更广泛,更快捷。又比如文学广播,就是根据口头语广播的特点对一些优秀长篇小说加以编辑,分章节每天定时广播,即所谓小说连播。对一些优秀的散文或诗歌,还根据内容和风格配上音乐,即所谓的配乐散文、配乐诗朗诵等。这种把书面语文编辑成口头语文的传播形式,不仅使一些优秀的文学作品传播面更快、更广、更深入人心,而且在普及文学艺术知识,提高人民群众的阅读欣赏水平等方面都发挥了重要的作用。比如 20 世纪 50 年代的教唱歌曲节目、广播歌舞剧《刘三姐》、播讲革命题材的长篇小说、优秀古典小说,20 世纪 70 年代普及革命样板戏,20 世纪 80 年代播放校园歌曲、流行歌曲等方面,广播都扮演着重要的角色。

广播特有艺术品种——广播剧。这是一种只以声音作为表达和元素的、专为广播电台制作的戏剧。这种广播艺术品 1924 年出现在英国,后来传入我国。1950 年,广西人民广播电台录制第一部广播剧《姐妹俩——玉屏箫韵》。1977 年以后,在改革开放的环境中,广西的广播剧获得了空前发展。到 2007 年,仅广西人民广播电台一家创编制作的广播剧,就有 500 多部、6000 多集。其中具有代表性的作品有《雅模》《南国枪声》《永远的深情》《瓦氏夫人》等。广西人民广播电台开设《广播剧院》专栏播出这些广播剧。在中宣部精神文明建设"五个一工程奖""中国广播文艺奖""中国广播剧奖"和"广西文艺创作铜鼓奖""广西桂花工程奖"等全国或全广西的各种广播电视和文艺评奖中,先后夺得 50 多项奖项,这表明广西的广播剧创作在中国广播电视文艺创作和广西各种文艺创作中都具有一定的地位和影响。

除了文艺和新闻广播以外,广播还有社会教育节目和服务性节目,这些节目对人民的日常生活也有着重要的影响。服务性节目一直是广播电台一项重要的播出内容,其宗旨是服务于听众的日常生产和生活,在广西曾产生过巨大影响的服务节目有《天气预报》《广播体操》,为商业服务的《外汇牌价》等。

广播的社教节目分量很重,播出时间占全部广播时间的 35% 左右。社教节目的宗旨就是开展社会教育,其内容包括政治理论教育,科学技术的普及,法律、政策的讲解,文化道德的传授,等等。其中有为配合某项社会政治活动开展的专题性特别节目,如 20 世纪 60 年代开展的《学习毛主席著作讲座》,20 世纪八九十年代开展的《市场经济广播讲座》等,有以特定听众为传播和服务的对象性节目,如对农村广播、对工人广播、解放军与民兵生活、老年人节目、青年之友、少儿节目等,有以传播科学文化知识为目的的公共节目,如《农药知识讲座》《合理施肥讲座》《卫生知识》等。总之,广播的社教节目内容无所不包,形式也是多种多样,题裁丰富多彩,是各种广播节目中内容最丰富、最多于变化、影响十分广泛的一种节目类型。

作为一种新的传播媒体,广播的出现在很大程度上改变了人们了解世界,获取新知的方式;降低了人们对阅读报纸、图书的依赖。它诞生于 20 世纪之初,到 20 世纪 60 年代末达到了鼎盛时期,到了 20 世纪 80 年代,政府主管部门提出“四级办广播电视”的方针,也就是国家、省、地(市)和县四级都开办无线电广播。乘着这股东风,广西除了办好自治区广播电台之外,各地、市和不少的县也都办起无线电广播电台。加上各大工矿企业、机关单位和乡镇村屯办起的有线广播站,全广西形成了一张全覆盖的广播网。通过收听广播来了解新闻,学习科学文化知识,欣赏文学艺术成为人们精神文化生活的重要方式。

二、屡创辉煌的电视事业

“文革”后,广西的电视事业得到了长足的发展。

(一)制作技术的进步

1978 年,为庆祝广西壮族自治区成立 20 周年,繁重的宣传任务给广西电视台提升电视节目制作水平带来了一个绝佳的机会。除了正常的新闻报道之外,广西电视台与中央电视台及北京广播学院合作,先后拍摄制作了几部体现广西建设成就的纪录片。如反映农业成就的《清流满壮乡》,反映广西各少数民族风貌的《民族团结奏凯歌》,反映工业建设成就《南疆工业展新容》,反映艺术创作成就的《广西歌舞》等。另外还独立完成了“广西壮族自治区成立二十周年庆祝大会”和庆祝自治区成立二十周年文艺晚会《红日照南疆》的现场直播。这表明,广西已具备较强的电视节目制作能力。

1979年，"自卫还击"作战期间，广西电视台派出战地记者与中央电视台记者一道采访拍摄了大量的战地实况，制作了数十集电视专题报道《奋起还击 保卫边疆》，在中央电视台和全国电视台播出后，产生了巨大的影响。战后，广西电视台同中央电视台还合作拍摄了反映南疆国防建设和边境风物的纪录片《边陲行》《左江纪事》等。这些纪录片的成功拍摄，激发了广西电视工作者的创作热情，又先后拍摄了《山奇水秀数桂林》《阳朔游》等，这些片子后来在广西电视台和中央电视台播出，对宣传广西的正面形象，推动广西对外开放，尤其是推动桂林的旅游业发展都发挥过积极的作用。

1978年，广西电视台开始添置电子采访和录像设备，部分节目采用录像播出。最初的电子采访和录像设备是两套开盘式黑白摄录机。广西电视台曾用这两套设备摄制一些电视新闻和专题片，为完成庆祝自治区成立二十周年的报道任务发挥过一定的作用。1979年，广西电视台又陆续添置彩色电子采访和录像设备，逐步增加以电子采访和录像方式制作的电视节目，并初步产生一批优秀节目。广西第一部以电子采访和录像方式摄制的彩色电视专题片，是反映广西盆景艺术的《万千景物盆中来》。这部片子虽然只有10分钟，但由于使用新设备拍摄，色彩鲜亮，使人赏心悦目；加上解说优美，在广西电视台播出后又被中央电视台多次播出，在观众中产生了较大的影响。随着设备的增加，制作能力的增强，广西电视台以电子采访和录像方式制作的节目也越来越多，先后摄制了专题片《桂平西山览胜》《灵渠》《壮乡歌海浪花飞》《古老匏琴吐新声》《画苑奇花一指花》等，这些节目先后在广西电视台和中央电视台播出，产生了良好社会效果。以电子采访和录像方式制作的专题节目《针灸为什么能镇痛？》《中医治疗胃病》等，由于实用性和针对性较强，也获得了社会的广泛好评。

电子采访和录像设备的引入和运用，使广西电视台节目制作的实力大大增强。1984年，自治区政府在南宁举办全区性的"三月三"歌节；全区各地各少数民族的优秀歌手和民族民俗表演艺术家会集南宁，举行大型的民族民俗艺术和服饰巡游表演，进行大型的赛歌会，这是一次重要的民族文化展示。广西电视台运用崭新电子采访和录像设备，进行充分的新闻报道，并重点对大型民族民俗艺术和服饰巡游表演以及大型赛歌会进行全程直播。在巡游表演队伍的出发地和经过的桃源路、朝阳路、公园路及中心主会场望仙坡等，布设了十多台摄像机，从不同的角度摄取这次活动的盛况。通过电视画面的即时传播，全区各地人民群众及时地充分地了解到首府三月三各项活动的全貌。这次大型的传播活动，充分展示了在经过解放思想、拨乱反正后,广西各族人民的精神风貌和灿烂丰富的民族文化;也充分体现了电视传播的无穷魅力和新技术的巨大威力;标志着广西电视传播力的质的飞跃。为配合这次盛大的民族文化活动,广西电视台还在"三月三"前后,组织编辑、记者深入百色、河池、柳州等地区的民族乡村,采访拍摄了四集电视纪录片《三月三风情》,比较全面地介绍了壮族和其他少数民族的山歌活动以及服饰、婚姻、节庆等风俗习惯和民族民间艺术。这是广西第一部以电子采访和录像技术制作的大型纪录片。这部纪录片在广西电视台播出后,不久又在中央电视台播出,以后又交流到海外播出,产生了较大影响,同时也为广西电视台运用新技术制作电视节目,提高节目制作能力和制作水平积累了经验。

(二)传播内容的发展

1979年,电视的普及影响到电影院和剧场的票房。文化部门决定,新电影和新剧目要在上演三个月之后才允许电视播出,不久又延长到六个月。这项决定迫使电视台必须寻找新的节目源,以解决观众需求与节目不足的矛盾。全国电视界纷纷举行会议,商讨节目交流和互助合作。"电视台不是微型影剧院""要减少对电影的依赖""广播电视要发挥自己长处,坚持自己走路"等成为当时电视工作者讨论最多的话题。1979年10月,广西电视台也提出了改进电视新闻宣传,增办电视专题节目,创造条件大办电视剧,发展电视广告,增加收入等具体意见。并提出要按照现代媒体的特点来组织节目生产,丰富荧屏内容,使电视真正成为激励和鼓舞人民建设社会主义现代化的宣传工具和现代媒体。

1. 电视新闻

现代媒体的一个重要功能就是采集和播发新闻,为人们提供及时的大量的社会信息,满足大众的知情权、求知欲望。早年的电视新闻是运用电影制作技术来采集和生产的,生产工艺流程比较复杂,时效慢、信息量少,娱乐成分大于信息成分。1979年,广西电视台逐步减少用电影胶片拍摄的新闻,开始运用电子采访和录像技术来采制新闻,以简化新闻采编过程,提高新闻时效和制作量。1980年元旦,广西电视台开始采用口播加图像的方式播发新闻。广西第一位播出图像的电视播音员周佩玲,以清新亮丽的形象和标准的普通话播报新闻,很快就获得了广大观众的认可;以后又在广西电视台长期担任新闻主播和其他节目的主持工作,成为广西最早的电视明星。为了提高新闻的时效性和广泛性,1982年,广西电视台又分别在八个地区设立记者站。此后,在广西各地发生的重大事件都能及时在广西电视新闻里播发,广西电视新闻的时效性得到了提高;报道的内容更加广泛,新闻的发布量也大大增加。以前每周播发 2 次,这一年增加到播发 3 次。到 1985 年又增加到每周播发 6 次,1986 年 10 月 1 日又增加到每周 7 次;实现了当天新闻当天播发。发布新闻的数量也从 1985 年的 2700 条增加到 1986 年的 3100 条,到 1990 年达到了近 7000 条。这些新闻有不少被中央电视台和国内外媒体选用,其中 1994 年的新闻被中央电视台采用较多,达到 467 条。在央视的屏幕上,几乎每天都有有关广西的新闻报道。这些报道对宣传广西的美好形象,扩大广西的影响发挥了积极的作用。

广西电视台发布的新闻,最初常常冠以"广西电视新闻""广西电视新闻联播""广西新闻"等名称。新闻的内容也很杂,有区内外的重要时政活动,有党委、政府的政令发布、政策宣传,有模范先进单位或个人的典型事迹,有民生新闻、社会新闻等。真可谓五花八门,不一而足。

从 1986 年国庆节开始,广西电视台在黄金时间发布的新闻就都固定为一个新闻专栏节目,名称为《广西新闻》。这档新闻专栏节目主要是报道国家和自治区领导人在广西的时政活动,宣传区党委、政府的重要政策政令,报道发生在广西各地的重大事件,宣传全区各地和各行各业先进典型,是广西最早、最重要、影响最大的新闻专栏目节目。从 1987 年元旦开始,广西电视台又在每天夜间开设《夜间新闻》,1992 年在中午时段开设《午间新闻》,2000 年在早晨开设《南国晨风》,不久又在每天晚间开设以舆论监督为主要内容的评论性的专栏《焦点报道》。另外,作为少数民族自治区电视台,广西电视台按照自治区人大的要求,于 1994 开始设立了《壮语新闻》节目。每天早晨将头一天的重要新闻翻译成壮语,在每天早晨 7 点钟左右播出,以方便壮族群众收看。为适应广西改革开放的需要,广西电视台还开办过《粤语新闻》《英语新闻》等,在每天的中午或夜间播出。这些新闻栏目形成了广西电视台新闻发布的四大时段,即早间时段的《南国晨风》,中午时段的《午间新闻》,黄金时间的《广西新闻》,夜间较晚时段的《夜间新闻》等。以后,这四大时段的新闻专栏的名称虽然又有变动,但发布新闻的时间变动不大。电视这种多时段、定时间播发新闻的形式,极大地方便了观众收视观赏,人民群众正是通过这四个时段的新闻节目及时地、形象地了解广西区内外、国内外当天发生的重大事件。由于电视传媒声画同传的生动性和感染力,电视从 20 世纪 80 年代开始逐步成为影响范围最广,传播力最强的新闻传播媒体;成为人们日常生活中获知信息、学习新知识和欣赏文艺、娱乐身心的重要渠道。

为促进新闻改革,交流广播电视宣传经验,中国新闻学会、国家广电局、中央电视台等机构，从 1980 年开始组织新闻评奖。广西电视台的新闻报道在全国各种评奖中，每年均有作品获奖。据不完全统计，广西电视台的新闻报道从 1980 年至 1995 年共获得 123 项奖励，其中一等奖 14 项，这从一个侧面反映了广西电视新闻报道是具有较高水准的，在全国同行中也有一定的影响。

2. 社教节目

开设社会教育性节目（简称社教节目，又称专题节目），是中国电视的一大特色，也是电视强化教育功能、淡化"微型影剧院"印象的一项重要举措。所谓电视社教节目，是指电视中教化功能比较明显的那部分节目。具体地说就是以真实记录、形象展示、专家讲解等形式，或报道当代具有典型意义的先进人物和重大事件，或介绍地方人文风物和历史名胜古迹，或讲解科学文化知识等。节目既具有欣赏性、娱乐性，又具有较强的思想启迪、道德教化和知识传播的功能。广西电视台从成立之初就开办社教节目，但限于人力资源和技术设备的不足，最初只能配合形势开办一些专题讲座，偶尔也播出一些时效不强的专题片。这些节目播出时往往冠以"电视专题"或"电视讲座"之名，播出的时段、时长也不固定。随着电子采访和录像技术的大量应用，节目制作能力的增强，广西电视台的社教节目逐步增加，社会影响也越来越大。

为方便观众收看，广西电视台从 1979 年 3 月开始，把不同内容的社教节目归纳为《文化生活》《科学与技术》《祖国各地》等，不定期播出，这成为广西电视专栏节目最早的雏形。以后根据内容又陆续增加《健康顾问》《少儿文艺》等不定期播出的栏目。1986 年，广西电视台开设定期播出的电视栏目。第一个自采自编、定期播出的电视栏目是当年元旦开播的《八桂花絮》。栏目的主要内容是介绍广西各地的风景名胜、文物古迹、民族风情，同时也配合党委、政府的中心工作，报道先进单位和先进人物，反映广西的区情民情。节目的形式主要有电视专题片和电视纪录片，如《左江岩画》《广西铜鼓》《壮族风情》等。一般每周播出一期，每期 16 分钟。这个栏目由于定位明确，内容丰富，在当时就产生较大影响；尤其在节目的内容和形式上注重为少数民族服务，取得了一定的经验。其经验被整理成文，1988年被收入《中国广播电视年鉴》。在《八桂花絮》播出之后，同一天广西电视台还开办了第一个资料性的、定期播出的电视栏目《当年的今天》，这个栏目主要运用文献资料介绍历史上的重要事件，普及历史文化知识。每天一期，每期五分钟。在这一年，广西电视台陆续推出自采自编的、定期播出的电视栏目还有：以介绍日常生活知识和医疗保健知识为主，以普及科学文化为目的的《家常事》，以报道广西边防建设和解放军民兵生活为主要内容的《南疆卫士》，以对境外宣传为主的《屏鸿寄远》。另外，还有以自采和编辑资料相结合、以体育竞赛为内容的《体坛星云》等。这些栏目的开设，丰富了电视节目内容，规范了电视版面，是广西电视台成为一家现代传播媒体的重要标志。

电视版面是一种线性的时间版面，其优点是即时传播，同步传收；其缺点是过时不候，无法查阅。电视栏目往往内容定位明确，目标观众清楚，播出的时长、时段和周期稳定。这就把时间版面格式化了，从而大大方便观众的选择和收看，扩大了电视节目的影响。1986 年以后，广西电视台的各类节目基本上实行了栏目化播出。在实行卫星播出之前，广西电视台还先后开设过许多社教节目专栏。主要的有：以反映当代社会生活和改革开放最新动态的《时代风》《电视广角》《社会空间》，以人文历史为主要内容的《世界博览》《漫步广西》《人在旅途》，以介绍科学生活知识为主要内容的《荧屏百科》《休闲生活》，以青少年为目标观众的《我们的世纪》《好朋友》《小鬼当家》，以普及法律知识和进行道德教育的《法系人间》和以宣传环保意识观念的《生存空间》等。另外还有同自治区党委组织部合办的《党建园地》，与区内各市电视台合办的《市台园地》和与自治区计生委合办的《人口与计划生育》等。其中《漫步广西》《法系人间》《生存空间》影响较大。《漫步广西》是一个外宣节目，内容以介绍广西风光、风情、风物、风貌为主。节目播出后又集纳编辑成纪录片，送到国外电视机构播出或评奖，为国际友人了解广西发挥了积极的作用，在全国电视外宣栏目评奖中曾两次获得优秀栏目奖。《法系人间》首创"以案说法"的宣传普法方式，倡导遵纪守法意识，是广西电视台收视率较高的栏目，多次获得国家司法部和自治区领导的肯定。在 1997 年获得由司法部和广电部主办的普法电视节目"金剑奖"。《生存空间》以人类共同关心的环境资源问题为报道和评述的内容，在国内外都有一定的影响。曾受邀采访各国议长为参会代表的"亚太环境发展大会"，受邀参加日本富山"世界野生动物电视电影展播"，出席"第三世界国家环境部联盟大会"。2000 年应邀出席在海牙举行的第二届世界水论坛，在论坛上播放纪录片《水的诉说》，制片人应邀在论坛上作主题发言。引起与会者普遍关注。后来，国家环保局和香港"地球之友"组织还给栏目主持人颁发"地球奖"，在全国电视社教节目评奖中获得二等奖。另外在全国评奖中获奖的栏目还有以广西人物传奇经历为内容的《人在旅途》，以少年儿童教育实践为内容的《小鬼当家》等。有一些栏目虽然没有获得栏目奖，但在栏目中播出的许多纪录片、专题片，在社会上产生了良好反响，在评奖中获奖！

　　纪录片和专题片是广西电视台纪实节目的主体。在实行栏目化播出之前一般安排在每天的新闻节目之后、电影或电视剧之前的时段零星播出。当时就有一些纪录片或专题片在全国评奖中获奖。如纪录片《边陲行》《阳朔游》，专题片《左江纪事》《山奇水秀数桂林》等就分别在 1980 年和 1981 年的评奖中获奖。这是广西电视最早一批在全国获奖的电视纪实节目。1980 年以后，随着电视节目创作的繁荣，全国各种评奖活动也十分活跃。其中重要的有全国好新闻奖（后改称为中国新闻奖）、中国广播电视新闻奖、全国电视社教节目奖、全国外宣节目"金桥奖"、全国电视少儿节目"金童奖"、少数民族题材电视节目"骏马奖"等，在前述这些评奖活动中，广西电视台选送的纪录片、专题片或电视专栏节目每年都有获奖，如 1984 年专题系列片《三月三风情》，单集专题片《仫佬族的状元之家》，1988 年的电视纪录片《中国瑶族》，专题片《广西纪胜》，1990 年的杂志型专题片《说说广西》，儿童节目《多彩的节目》，1992 年的《梯田上的人家》等，其中《中国瑶族》被中国音像公司翻录成英文版在国外发行，并被选送参加法国戛纳电影节展评，这是广西第一部向国际发行并参加著名国际影视节展评的纪录片。1992 年，《梯田上的人家》在获得"骏马奖"之后又被推荐参加国际少数民族电视节，被评为最佳剪辑奖，这是广西最早在国际上获奖的电视纪录片。据不完全统计，从 1980 年到 1995 年各级电视台生产的电视纪录片和专题片在全国各种评奖中先后获得的奖项有 65 项，其中一等奖和特别奖 6 项。这说明，广西的电视纪实类型的节目在国内外都是有一定的影响的。

　　3. 文艺节目

　　电视文艺节目，是电视播出量最大、观众最广泛的一大类型节目。它来源于原有的电影、戏剧、音乐、舞蹈以及文学、美术等。早期电视文艺节目基本上是舞台演出的现场直播或直接播放电影故事片，电视仅是一种传播管道，创意不多。广播电视倡导的"自己走路"，本质上是强调要按电视媒体的特点和规律来办节目。具体含义一是要自己采制独具特色的新闻和言论，二是要创作具有广播电视特色的文艺节目。1979 年底，全区少数民族文艺节目会演在柳州举行，广西电视台不再进行剧场的现场直播，而是从中选取部分优秀节目，采取前期录音，外景录像的方法，加以制作。外景录像摆脱了舞台演出"三面墙"的局限，充分发挥电视镜头全方位取景拍摄的优势，使画面更加生动活泼；节目播出后深得观众好评，也受到国内电视界的肯定。在总结经验的基础上，广西电视台又运用这种方法，录制了一系列的文艺节目、专辑，如广西少数民族民歌专辑《壮乡歌海浪花飞》，壮族风情音乐专辑《木叶音乐》,反映独弦琴改造的器乐节目《古老匏琴吐新声》,反映桂林文场的《歌动山水情》等,均取得成功。后来,这种以外景录制文艺节目的方法被广泛运用于音乐节目的录制之中,催生了特点鲜明的电视音乐、电视散文等形式的电视文艺节目。这标志着电视文艺节目不再是别人演什么就录什么、播什么,而是根据电视表达的特点来组织创作。电视文艺节目呈现其独特的艺术形态。

电视文艺节目中各种文艺表演、文艺专题、综艺节目和电视剧等,在电视版面中主要表现为文艺专栏节目、大型的专场文艺表演和电视剧三种形式。由于受到制作能力的限制,广西电视台早期的文艺专栏节目都是不定期播出的。如1979年3月创办的以介绍各种文艺节目或艺术家创作为主要内容的《文化生活》,1985年创办的以播出音乐舞蹈演出为内容的《周末文艺》等。1986年广西电视台实现栏目化播出,第一个文艺节目专栏节目叫《桂花园》。桂花是广西的"区花",栏目取名"桂花园"暗含"广西梨园"之意。《桂花园》每周播出一次,一次50分钟,内容由传统戏曲、地方戏曲、戏剧、杂技、曲艺和少数民族歌舞等组成。具体曾播出过有桂剧《春娥教子》、彩调剧《王二报喜》、粤剧《阿福卖猪》、壮剧《金花银花》、壮族末伦《慈母心》、广西文场《敬酒》、采茶剧《急诊》、牛娘戏《酒不醉人》以及《侗族走寨歌》等少数民族山歌和其他歌舞节目。1987年,《桂花园》根据观众定位的需要,改办成两个专栏节目,一个是以中老年为观众目标,以播出传统戏曲、曲艺、杂技以及各种短小的地方戏剧节目为主的《家乡戏》;另一个是以青年观众为服务对象,以播出现代音乐舞蹈为主的《五彩旋律》。以后又陆续开办大型的文艺晚会型的文艺专栏《欢乐大回旋》《综艺舞台》《百姓南方大舞台》《南疆花月夜》等,这些电视文艺专栏目虽然是以传统的文艺演出为基础,但由于在制作上摆脱了传统舞台的束缚,极大地发挥了电视表现手段的综合集纳优势,加上观众定位明确,播出时段时长稳定,有规律可循,因此深受人民群众的喜爱。

中国的电视文艺节目有一种特殊的式样,即电视春节文艺晚会。这是一台专为人民群众欢度传统新春佳节而特别创编制作的电视文艺节目。由于春晚内容丰富多彩,气氛喜庆热烈,播出周期性强,因此既被人们看作是一年一播出的大型电视文艺节目专栏,又是一台极具创意的专场文艺表演。春节晚会一般由电视台组织专门的创作班子,根据前一年的社会热点,或向社会征集文艺节目,或从前一年各类文艺演出中选取著名的节目加以改编,再加上部分专门创作的节目,按照电视特点进行综合编排,并充分调动舞美、灯光、摄影以及特技等手段加以包装制作而成。由于节目精彩,场面宏大,节目气氛浓郁,因而受到观众的追捧。

广西于 1985 年 2 月举办第一次电视春节晚会。这次春节晚会由资深电视人谭树平担任总导演,由著名演员、刘三姐的扮演者黄婉秋,阿牛哥的扮演者刘信义以及著名相声演员郝爱民担任主持人。法卡山战斗英雄和从台湾驾机起义归来的黄植诚等著名人士应邀出席晚会。著名音乐家陈传熙,相声艺术家郭全宝、李文华以及广西歌坛新秀唐佩珠、粤剧名伶潘楚华等艺术名家参加演出。晚会取得了成功。原本应安排在除夕夜播出,但为了照顾群众在除夕收看中央电视台的全国春节联欢晚会,广西电视台首先在除夕夜转播中央电视台的节目,到第二天,大年初一的晚上才安排播出广西本土的春节联欢晚会。此后,中央电视台和广西电视台年年都举办电视春节联欢晚会。广西电视台年年都按照这个时间安排播出,久而久之形成了除夕看央视、初一看广西的惯例。由于电视春节联欢晚会的巨大影响,观众每年都对这台晚会充满期待,从中央电视台到各省、市电视台都在举办春节联欢晚会上下足了功夫。春节联欢晚会也在一定程度上代表各地电视联欢节目创作的最高水平。其中 1987、1988、1993、1994 和 1996 年的广西电视台的春节联欢晚会在全国评奖中获得二等奖或三等奖,这大体上也体现了广西电视文艺节目在全国同行中的水平。

由于电视文艺节目的巨大影响,社会各界、各地、各行业的领导机构常常把一些重要的文艺晚会交给电视台组织创编、制作和播出。如国庆节或自治区成立周年的庆典晚会,重要的经贸活动或文体活动的开幕式、闭幕式等。对这些大型的专场文艺演出,电视台常常派出较为强大的创编和制作班子,会同相关机构,用心策划,精心制作。因此,大型的电视专场文艺演出往往比较精彩,在观众中影响也比较大。

广西早期的大型专场文艺演出往往是由文化演出单位或其他机构策划编演,电视台只负责录像或直播。如 1978 年庆祝自治区成立二十周年的庆典晚会《南疆木棉红》。1979 年的《庆祝自卫还击作战的重大胜利慰问演出》,1984 年的《广西壮族自治区三月三歌节民族民间艺术巡游表演》,1987 年的《南宁市庆祝中国共产党六十六周年文艺晚会》。1989 年的《纪念百色起义 60 周年文艺晚会》等。1991 年,第四届全国少数民族传统体育运动会在南宁举行。运动会的开幕式包括一场大型的民族体育和文艺表演。为了充分发挥电视的传播优势,广西电视台和中央电视台作为组委会成员单位参与创意策划。这是广西电视台参加策划制作的第一场大型专场文艺体育表演。整场演出在节目选择、场地选择、舞美设计、演出中的场面调度等,均按照电视直播、电视镜头拍摄和电视直播的要求来进行创作。

在组委会领导和中央电视台的帮助下,广西电视台出动了两台电视转播车,使用了十三台电视摄像机,从十三个不同的角度进行取景拍摄。还动用热气球和两台无线摄像机进行空中拍摄,从高空到地面立体地反映了这场演出的宏大场面,又多机位抓拍了表演中具有广西少数民族特点的细节。表演场面恢宏,民族特色浓郁,在广西电视台和中央电视台播出后引起全国观众的强烈反响。后来这场文艺体育表演又被送到美国等海外国家播出,在国内外得到广泛的好评。受到这场大型专场文艺演出成功的鼓舞,广西电视台主动策划创意,于 1992 年与南宁、柳州、桂林、梧州、北海五家城市电视台联合直播广西五大城市春节游园联欢活动,首次通过电视,将广西区内不同地域、相距遥远的群众文娱活动联结在一起。这不仅真实反映了当时政通人和,喜庆、祥和的景象,也使广大观众耳目一新,受到巨大的鼓舞。此后,广西电视台独立创意的电视专场文艺演出越来越多,影响也越来越大。如 1995 年为庆祝五四青年节策划制作的《往事如歌》,1997 年为庆祝南昆铁路全线贯通而策划制作的《梦圆南昆》,1998 年为庆祝广西壮族自治区成立四十周年而策划制作庆典晚会《美丽的壮锦》,1999年末,为跨越两个千年而策划制作的 6 小时直播音乐节目《百歌颂千年》,2000 年为中国电影金鸡百花奖策划制作的颁奖晚会《今夜相逢》,2001 年为中国戏剧节策划制作开幕式晚会《绿城欢歌》等。这些大型的专场文艺演出在广西区内外都产生了巨大的影响,有的还在全国评奖中获了奖。另外,广西电视台于 1992 年联合中南五省电视台联合策划制作"西部春晚",2000 年联合西南、西北 13 家电视台策划制作大型歌舞晚会《西部神韵》,与海南及海口市电视台联合策划制作春节晚会《山海相约》等。这些大型专场文艺演出由于是省际合作,各省的电视台都在黄金时间安排播出,因而影响也比较大。其中《美丽的壮锦》和《山海相约》获得了第十三届中国电视文艺"星光奖"地方组一等奖。《西部神韵》获得第十四届中国电视文艺"星光奖"地方组一等奖。

同国内各省电视台合作制作电视文艺节目,最早最有成就的是同西南、西北各省电视台合作策划制作的《西部之声》。合作的初衷是为了共享西部各省的文艺资源,解决西部各省电视台节目资源不足的问题。1986 年首先合作策划制作音乐专题节目《西部之声》。这个节目收集录制了西南、西北各省具有代表性的少数民族民歌和原创歌曲数百首,共 34 集。广西电视台负责其中的四集。节目在各省电视台播出后影响很大,取得了成功。以后西部各省电视台又联合制作了《西部之舞》《西部器乐》等,均取得了成功。1999 年,广西与西藏、新疆、内蒙古、宁夏等少数民族自治区电视台以及国家民委文宣司、中央电视台文艺部等合作,为庆祝中华人民共和国成立50周年策划制作了大型文艺专题片《献给母亲的爱》,2001年联合新疆、西藏、内蒙古、宁夏及贵州、云南等少数民族自治地区的省市级电视台,策划制作庆祝中共建党八十周年的庆典晚会《赞歌献给党》。这些节目大多取材于西南、西北各省、市、自治区的少数民族,内容大多是赞颂祖国和中国共产党,歌唱改革开放和社会主义现代化建设的新生活。感情真挚,形式活泼,舞美和服装斑斓炫丽,民族特色鲜明,后来在全国各种文艺节目评奖中获得了奖励。其中《献给母亲的爱》获得第八届全国少数民族题材电视艺术"骏马奖"一等奖,《赞歌献给党》获得第十六届全国电视文艺"星光奖"。

在中国,有一项由国家广电领导机关主办,中央电视台承办,各省、市、自治区参与的音乐比赛——全国青年歌手电视大奖赛。这项比赛创办于1984年,每两年举办一届。它以发现和推介音乐新人新作为己任,每一届都推出一批有影响的新人新作。三十多年来在全国有影响的歌唱家大部分都参加过这项比赛。广西电视台对参加这项比赛极为重视,每一届都通过组织全区比赛,选拔优秀歌手参赛。据不完全统计,从1984年举办比赛到2014年,参加过广西赛区选拔赛的歌手达一万人以上,其中有300人被选送到中央电视台参加角逐。有近三十名青年歌手在比赛中获得过名次或优秀歌手奖励。广西在区内外都有一定影响的歌唱家如唐佩珠、罗宁娜、宁林、关月英、李幸等都是从广西赛区脱颖而出,走向全国的。对广西赛区的比赛,每一届广西电视台都进行了现场直播或录像播出。由于广西赛区的比赛组织得好,在观众中有一定影响,并选拔出了许多新人新作,因而广西电视台曾先后获得组委会颁发的优秀组织奖和伯乐奖。在2013年第十五届比赛中,广西电视台代表队还获得团体总分第三名,是全国各参赛队中成绩比较优秀的。除全国青年歌手电视大奖赛以外,广西电视台还主办或参与组织过许多艺术大赛。重要的有:1994年以后,参与承办中国少数民族艺术"孔雀奖"声乐大赛,推出的壮族歌手李卫红、唐彩媚,瑶族歌手陈春燕等。此外还有全区戏剧小品大赛和各种类的群众性的艺术大赛。这些大赛不仅发现和推出新人新作,而且在繁荣创作、推动创新、丰富荧屏方面发挥了积极作用。这些艺术大赛的形式主要是围绕音乐、舞蹈和戏剧等传统艺术进行的,但由于它依托电视机构举办,按电视特点进行创意、包装,通过电视传播的要求来评判,因而它又是电视艺术与传统的艺术有机结合的产物。作为电视文艺节目,它是传统艺术家与电视艺术家共同创造的新的声画艺术品种。

　　电视剧是影响最为广泛的一种电视文艺节目,被电视人称为收视率的发动机;被一些评论家称为当代最具代表性的文艺形态。因此一个地方电视剧的创作生产在一定程度上代表这个地方的文化发展水平。中国的电视剧创作生产,起步于1958年,1979年以后迅速发展。广西的电视剧创作生产,起步于1979年,第一部电视剧是广西电视台创编制作的单本黑白电视剧《百灵鸣春》。这部电视剧于1979年投拍,1980年5月30日才完成制作播出。那时候,广西电视台的条件还十分简陋。设备是一套开盘式的黑白摄像、录像机,灯光也不够,交通条件也很差,没有专门的经费预算。但创编和制作人员克服了各种困难,经过近一年的不懈努力,最终完成了拍摄制作,取得了成功。当时全国的电视剧生产刚刚恢复起来,产量还很少;全国一年大约只有19部,而且大部分是由中央电视台生产制作,生产电视剧的地方电视台只有14家。因此,广西电视剧生产在全国也是算起步比较早的。

　　电视剧《百灵鸣春》,由谭树平、王永臣、何信之、罗章良等人担任主创,剧情内容是:女知青黄百灵具有演唱天赋,但因出身于右派家庭长期受压,粉碎"四人帮"后才得到登台演唱的机会,最终成为受人欢迎的歌唱家。由于故事内容真实反映了当时解放思想、注重人才的时代要求,因此片子一播出就受到观众的好评。

　　在文化生活相对匮乏的20世纪70年代末80年代初,电视剧给人们带来了耳目一新的感觉,很快受到人们的青睐,为了满足广大观众的要求,广西电视台加大投入发展电视剧生产。原来从事纪实节目的电视人谭树平、何裕畅、谈忠馀、陈耕才等也在不同程度上投入电视剧创作,同时还从文化部门调进了王永臣、蒋友宁、任道等一批有经验的戏剧导演,使广西的电视剧生产逐步发展起来。到1982这一年,全区生产播出的电视剧就有10部(集),1987年达到20部(集),1991年达到24部(集)。这些电视剧从不同侧面反映了新时期不同层次人物的精神风貌。有反映新一代农民精神世界重大变化和新追求的《唢呐在金风里吹响》,反映党的十一届三中全会以后,农民由穷变富和个人致富不忘改变家乡落后面貌的《渔家女》和《亲家》,反映对青少年进行理想、前途教育的《小勇为什么长胡子》《爸爸妈妈和孩子》等,反映新时期人们美好心灵的《秋别》《红水河浪花》,反映帮助自己的朋友共同为"四化"建设奋斗的《在团旗下》《天轮塔下》,反映抵制不正之风的《37公里处》《礼物》,反映边防军人英雄风貌的《无花果》《妹妹》,反映大胆改革并同各种习惯势力做斗争的《不平静的银杉湖》,反映在党的政策感召下,国民党少将军医立功赎罪,得到宽大处理的《死囚》等。另外还有属于历史题材的《石达开》《柳柳州》，属于少数民族传统故事的《马骨胡传奇》《潘曼》等，这些电视剧不仅丰富了电视荧屏，在很大程度上满足人们对艺术欣赏的需求和丰富人们的精神文化生活，而且也体现广西文化艺术创作的新成果。

在20世纪八九十年代，国家行政管理部门一方面倡导各级电视台生产的电视剧互相交换播出以丰富荧屏，最大限度发挥电视剧在满足观众精神文化需求方面的作用，另一方面设立全国性的、地区性的或各行业性的奖励，以鼓励创作，繁荣生产。当时，广西生产的电视剧大部分也被交换到各省电视台或中央电视台播出，并在不同层次的评奖中获奖。其中《爸爸妈妈和孩子》获得1981年全国优秀电视剧奖，这是广西第一部在全国获奖的电视剧。1982年《新来的女售货员》获得全国优秀电视剧"飞天奖"，还有一批优秀剧目获得了中南地区"金帆奖"和全国煤炭行业颁发的"乌金奖"。连年获奖使广西生产的电视剧在国内外赢得较好的口碑，1985年广西电视台创编制作的《笑声之外》在中央电视台多次播出之后，又作为优秀剧目代表中国参加第二届中日电视艺术交流活动，赢得了国际友人的赞誉。《笑声之外》是广西第一部参加国际电视艺术交流并受到称赞的电视剧。

为弘扬少数民族文化，加强各民族间的文化交流，鼓励和促进少数民族电影、电视事业的发展和繁荣，国家民委联合国家广播电视部、文化部、中国文联于1986年共同主办了中国少数民族题材电影电视艺术"骏马奖"，这是一项有影响的全国性政府奖，每两年举办一次。作为少数民族自治区的广西，在少数民族题材电视剧创作方面具有得天独厚的优势，涌现了不少佳作。1988年，由广西电视台创作生产的十集电视连续剧《石达开》首获"骏马奖"殊荣。这是广西生产的第一部电视连续剧，也是广西第一部获全国奖的少数民族题材的电视剧。以后，广西生产的电视剧又在"骏马奖"的评比中屡创佳绩。先后获得这项奖的作品还有1990年的广西电视台生产的四集电视剧《绿风》，广西电影制片厂生产的儿童电视剧《阿花姑娘》。到1992年，广西生产的电视剧获得这项奖励的达七部72集，它们分别是广西电视台生产的《故乡的独弦琴》《潘曼》《寻找天边的人》，广西电影制片厂生产的《中国有条红水河》，南宁电视台生产的《天籁》，桂林电视台生产的《小镇上的女人》和广西电视台生产的戏曲电视剧《苗山妹子》。以后，1994年广西电视台生产的反映中越边境贸易的《边贸女人》，1997年反映扶持贫困地区少数民族儿童上学读书的《女童班》等也获得过"骏马奖"。

1992年，中共中央宣传部组织精神文明建设"五个一"工程评选活动，奖励全国各地生产的五个方面的精神产品佳作。"五个一"即一部好的戏剧作品,一部好的电视剧(片)作品,一部好的电影作品,一部好的社会科学方面的图书,一篇好的社会科学方面的理论文章。广西壮族自治区党委宣传部积极发动和组织作品参加此项评选活动。在评奖中广西有不少作品入选,其中电视剧(片)部分有一些作品曾经入选。第一部入选作品是由广西有线广播电视台与广西军区联合创编制作的电视剧《和平硝烟》。该剧讲述在大规模排雷行动中,队长熊国明为救战友光荣牺牲的英雄事迹,在1995年获得"五个一工程奖"中的一部好剧奖。这是广西电视剧首次获得此项殊荣。1996年,由广西电视台和深圳电视艺术中心联合创编制作的电视剧《嘿,小海军》,2001年由广西有线广播电视台和中央电视台联合创编制作的《苦楝树开花的季节》又相继入选获奖。这些电视剧在一定程度上反映了当时广西电视剧创作的成就和在全国的影响。

全国优秀电视剧除"骏马奖""五个一工程奖"以外,重要的还有由国家广电总局主办的"飞天奖"和中国文联主办的"金鹰奖"。广西创编生产的电视剧在这两项全国大奖中也屡有斩获。获得"飞天奖"的主要有广西电视台与中央电视台联合制作、讲述少年自强故事的《初涉尘世》;桂林电视台和广州军区政治部联合制作、讲述抗洪英雄战士李向群事迹的《李向群》;广西电影制片厂、柳州市委宣传部以及中央电视台联合制作、讲述少女丽洁同疾病斗争,拼搏成功故事的《红蜻蜓》等。获得"金鹰奖"的有广西电视台和自治区党委宣传部等单位联合制作的、讲述左、右江革命斗争历史故事的《红岸》;南宁有线电视台制作的、讲述残疾人在市场经济大潮中拼搏发展的《走过春夏秋冬》;河池电视台创编制作的、讲述瑶族群众掩护负伤失散红军战士归队的《那年秋天》等。据不完全统计,从1979年到2006年,广西电视台及各大影视制作机构共创编生产电视剧159部,1957集。其中在区内外各种评奖中获奖的有三十九部。这从一个侧面反映广西电视剧创作的繁荣以及对人民群众的巨大影响。

(三)传播渠道的拓宽

广西的电视事业是在改革开放以后发展繁荣起来的。

在改革开放以前,广西只有一家省级电视台,1983年第十一次全国广播电视工作会议提出"四级办广播,四级办电视,四级混合覆盖"的方针,广西各级党政领导积极贯彻执行。从1984年起,陆续办起了柳州电视台、南宁电视台、桂林电视台、梧州电视台、北海电视台、钦州电视台、玉林电视台和河池电视台等地区级电视台。

从1985年起,又陆续办起宾阳、平南、钟山、合浦、博白、贵港、灵山、桂平、凭祥等县级电视台。随着全区行政区划的变动,广播电视管理体制的改革,这些电视台又得到了充实调整。到 2014 年,全区除一座省级电视台以外,各县、市均办起了电视台。

这些电视台除办好新闻、宣传党的路线方针政策、反映群众呼声、为社会各界提供信息服务以外,也大力发展各类节目生产,创编和制作了许多优秀节目;通过本台或上级电视台播出后产生广泛影响。如南宁电视台的文艺节目《奇彩琴弦》,中秋文艺晚会《月圆万家》;桂林电视台的电视散文《父亲的漓江》,电视剧《山子谣》《漓江情缘》;柳州电视台的专题片《程阳桥建筑风格》,文艺晚会节目《柳江春晓》,电视剧《山道情》;梧州电视台的电视艺术片《花山寻梦》,为抗洪救灾举办的电视文艺晚会《情汇鸳江》;北海电视台的电视戏曲晚会《粤剧沙龙夜》,电视剧《女进修生》;河池电视台电视文艺晚会《太阳河欢歌》;合浦县电视台的电视专题片《南珠之乡》等,其中还有不少优秀节目在全国评奖中获奖。除前面提到的以外,还有如获得全国电视文艺"星光奖"的有南宁电视台 1994 年春节文艺晚会《同一时空》,梧州电视台的电视散文《七公和船》;获得全国少数民族题材电视节目"骏马奖"的有南宁电视台的电视剧《五色场》,桂林电视台的专题片《苗族斗马节》,河池电视台的电视散文《挂在瑶山的画》《粘膏树》,玉林电视台的电视剧《虎将李明瑞》等。有些地区或市电视台创编的电视剧还获得过中国电视剧"飞天奖""金鹰奖"。此外,各地区、市电视台还与广西电视台合作,开办社教节目专栏《市台园地》,合作采制系列专题片《广西名城》等,都取得了成功。地区或市电视台同省电视台合作制作节目取得成功,这在当时全国电视界是独树一帜的,曾多次受到国家广电总局等领导机关的表扬。

电视节目是通过无线电波传送给观众的。但城市中的钢筋水泥建筑或边远地区的大山,对无线电波都有很强的屏蔽阻隔作用,加上其他电波的干扰,并不是所有的观众都能接收到清晰的电视节目。为了解决这个问题,一些大城市的居住单元如大宾馆、居民小区等通过建设共用天线来接收电视台播放的节目,再通过电缆传送给各家各户,从而形成一个个闭路电视系统。一些规模较大的闭路电视系统后来也播出自己的节目,再逐步发展成为有线电视台。办有线电视台的初衷是转播好各无线电视台的节目,但经过一段时间发展后也自办节目,其中也产生过一些影响广泛的节目。如前面讲到的广西有线广播电视台和南宁有线电视台创编生产的部分电视剧,曾在全国评奖中获奖。此外,重要的还有广西有线广播电视台创编的纪录片《解放广西》,为自治区成立 40 周年创编制作的《正大综艺·广西篇》;南宁有线电视台采制的电视专题片《无手人生》《探望》等。

（四）电视上星后的"黄金时期"

从 20 世纪 90 年代到 21 世纪头十年,是中国电视的"黄金时期"。广西电视台的大发展是从 1997 年上星之后实现的。

1. 整合资源

1991 年,广西电视台开办了第二套节目。原第一套节目于 1997 年通过卫星播出,节目覆盖全国以及境外 30 多个国家和地区,称为"广西卫视"。卫星传送推动了广西电视台的节目创新发展,使广西电视台影响迅速扩大到广西以外的地区。第二套节目于 1999 年 4 月改名为广西文体频道,通过微波干线和有线电视网覆盖全区。经过合理利用资源,实行定位开发,很快成为广西境内收视率最高的电视频道,同时也是国内影响较大的地面频道。

2001 年,广西实施电视管理体制改革。通过整合资源,将全区各地原有线电视台节目传送部分整合成一个全区性的广电网络公司,专门负责传送节目。节目制作与经营部分与当地无线电视台合并。两台合并后的各地电视台依靠原有线台带宽容量大的优势,大都开办了多套节目,形成了一台多频道传播的格局。自治区有线台与无线台于 2001 年合并。

与有线台合并后,广西电视台再一次进行频道资源的调整,分别开设了广西卫视、文体频道(后改为综艺频道)、生活频道(后改为都市频道)、影视频道、公共频道、经济频道(后改为资讯频道,2014 年改为新闻频道)、体育频道(后改为购物频道)、科教频道(后划归广西电影制片厂管理),自治区这八大电视频道加上 14 座地级市电视台开设的频道达 39 个。这些电视频道通过有线的或无线的、卫星的或地面的不同方式混合覆盖全广西,从不同角度为人们提供了丰富的新闻资讯、文化娱乐以及各种生活资讯服务,在很大程度上影响着本地文化传播的格局,影响着人们生活、学习、休闲娱乐等文化生活。

2. 女性频道

随着国家文化体制改革的深入和电视节目市场的形成,区内外电视竞争加剧,电视节目的创编制作和播出格局发生了很大的变化。尤其是全国省级电视台的主频道通过卫星播出之后,出现了节目设置和版面安排雷同、一部好电视剧十几家卫视同时段播出等严重的同质化问题。对此各地电视台铆足了劲,千方百计谋求破解之道。在全国相对缺乏竞争优势的广西电视台,首先是集中全台优势,把各频道最优秀的一批好节目集中、优先安排到卫视播出,同时通过电视节目市场,在全国搜罗优秀的电视剧和各种文艺节目,实行优先卫视,然后其他的编排策略。因而能在全国保持着较高的收视率。2004 年,广西电视台提出了"卫星频道参与全国竞争,地面频道深耕广西"的策略措施。对卫星频道实行差异化定位。就是在搞好新闻报道和宣传好广西地方正面形象的前提下,根据"家庭集体观赏方式"和"女性是家中主人"的国情,把广西卫视办成具有女性特色的新闻综合频道。具体的措施主要有三项:

一是精心安排好各个时段的电视剧,对电视剧版面进行家庭化和女性特色包装,如标以"幸福剧场""丽人剧场""欢乐剧场""魅力剧场"等,方便观众对广西卫视的认知与收看,使广西卫视播出的电视剧一度成为观看全国新剧好剧的窗口。

二是开办一批女性特色鲜明的电视专栏节目,如《华灯初上》着重报道女性新闻和女性家庭生活窍门的内容。《大开眼界》拍摄报道全国乃至国外一些新、奇、美的风物,既要适应观众好奇、求新、爱美、学知识的要求,又能适应那些出门较少的女性观众的求知求美和教育小孩的需要。《唱山歌》主要翻唱老旧优秀歌曲,既满足一般观众欣赏文艺节目和休闲娱乐的需要,又略带些许怀旧情绪,以激发妇女珍惜青春、慨叹岁月流逝的思绪。《寻找金花》通过选拔国内外美丽、善良、有知识、有爱心、讲文明的少女,展示她们的生活,既以吸引男性观众眼球,又适合青年女性的收看。《时尚中国》通过前卫新潮的模特和服装展演,提倡健康、科学、美丽的生活方式。这些专栏节目,思想内容健康向上,人物和画面优美,给观众带来了耳目一新的感觉,与各大电视剧场共同体现了祖国南疆的柔美特质,突显频道的女性特色定位,得到了观众和电视学术界肯定。

三是根据频道定位展开针对性的广告经营,重点开发和吸引那些女性产品的广告,同时兼顾其他,从而增加广西电视台的综合经济实力,为提高节目质量,扩大广西电视影响打下坚实的经济基础。

3. 时尚特色

为了彰显特色,广西电视台还立足栏目,开展一系列大型的文艺活动,制作一些大型的文艺晚会节目。重要的活动有:立足《寻找金花》栏目,从2004 年到 2011 年每年举行一次金花聚会。就是把在国内外寻找到的美女金花集中在一起,通过她们的文艺表演以及她们日常生活的片段,展示各地各民族的民族风情、生活习俗和文化艺术。为配合中国—东盟合作和中国—东盟自贸区建设,广西电视台还派出摄制组从东盟十国以及韩国等评选出数十名金花;2003 年在印度尼西亚与印尼国家电视台联合举办《山水相约·美在巴厘》大型文艺演出;2009 年在越南与胡志明市电视台联合举办《山海相约·美在越南》。这些大型的聚会与文艺演出,由于场面宏大,内容丰富,特色鲜明,在国内外都产生良好的影响。

另一项重要的文艺展演活动,是立足于《时尚中国》的模特展演和比赛。从 2002 年起,广西电视台通过旗下的生活频道,先是同中央电视台等单位合作,主办有广东、广西、海南、贵州、云南服装模特机构参加的 CCTV 模特电视大赛的分区赛,为央视的决赛选拔输送了许多优秀模特人才。其中在 2004 年总决赛中,南宁分赛区选出的选手就一举夺得冠军和亚军。再加上比赛晚会的节目制作精良,引起服装行业和模特界的关注。这一年,中国服装设计师协会和北京东方宾利文化公司首次与广西电视台合作,举办了"中国模特之星"大赛,取得成功。中国服装设计师协会又授权广西电视台独家全程录播中国国际时装周。此后,广西电视台与中国服装设计师协会和东方宾利文化公司合作十多年,除联合主办《时尚中国》以外,还先后主办了由全国各地模特机构推荐选手参赛的"中国模特之星"大赛、由全国服装院校推荐专业学生参赛的"中国职业模特大赛"以及特定人群参赛的"中国美少女模特大赛""中国内衣模特大赛"等。2006 年广西电视台又与日本、韩国的机构合作,共同举办"亚洲超级模特大赛",这项比赛从 2014 年开办起,每年一届,从未间断,参赛的选手除来自中、日、韩三国以外,还有蒙古、印度、越南、泰国、印度尼西亚、菲律宾、新加坡等国家。比赛期间,亚洲各国时尚界人士会聚南宁,举办了"亚洲时尚论坛",共同商讨亚洲各国时尚业的发展大事。由于广西卫视时尚节目的巨大影响,国内外各种服装展演和模特比赛,如中国服装协会旗下的"新丝路模特大赛",上海、广州、深圳、大连、青岛、武汉、厦门、石狮等地服装界举办的时装周无不以广西卫视《时尚中国》为重要的播出平台。在国际上,广西卫视《时尚中国》还应邀采访报道了日本东京,韩国首尔、釜山,法国巴黎,意大利米兰,加拿大温哥华等重要的时装展演和模特比赛。2010 年,意大利罗仑模特机构与广西电视台合作,连续五年在米兰以真人秀的方式举办华裔模特比赛。后来广西卫视成了巴黎时装周和米兰时装周的注册媒体,成为报道欧美地区各大时装周的常客。为充分利用国内外这些女性的美丽资源,广西电视台从 2004 年起,还在每年春节前夕,举办"冠军之夜"新春时尚晚会。就是把全国各项模特比赛中夺得冠军的模特请到广西电视台,展演在各大时装周中最受欢迎的服装设计师的新作。后来又依托"亚洲超级模特大赛"邀请各国的名模共同举办"盛妆亚洲"大型服装文艺晚会。2007 年,"盛妆亚洲"晚会获得了全国电视文艺节目"金鹰奖"。以后,《时尚中国》栏目又连续两年入选中国传媒大学举办的原创节目二十强,2009 年获得北京大学、清华大学等全国十一所大学新闻传播学院联合评选的"博雅奖"。《时尚中国》新潮、前卫的内容和形式,不仅彰显了广西卫视的女性特色,大大提升广西卫视的影响。同时也在一定程度上改变了人们对广西落后的印象。

广西卫视特色频道建设的实践,对克服各省级卫视同质化倾向做了有益的探索。关于解决全国各省级卫星频道同质化问题,当时有两种意见:一种认为各省级卫视应办成内容精准的专业频道,如旅游卫视那样。另一种意见认为,内容精准的、专业化频道无法完成宣传党的路线、方针、政策的任务。广西卫视特色频道建设则是在完成新闻报道和地方宣传任务的基础上,通过特色化包装编排和开设特色专栏节目来彰显频道特色,实现省级卫视差异化。这引起了领导机关和学术研究部门的关注,2005 年 8 月,国家广电总局发展改革研究中心和广播电视规划院以及中国传媒大学广播电视研究所在北京联合举办研讨会,讨论克服省级卫视同质化的有关问题。当时在京的学术名家纷纷发表意见,不少专家对广西卫视特色频道建设的实践给予了肯定。也有一些专家提出,广西卫视应当开发、利用好东盟和东南亚国家的电视资源,以中国—东盟合作的内容报道为特色,扩大广西卫视的影响,将广西卫视办成区域性的国际频道。首都各重要媒体对这次会议进行了报道,会后人民日报社主办的《新闻战线》杂志还开辟专栏,讨论省级卫视频道特色建设问题,讨论时间将近一年,发表论文数十篇,这些讨论在全国电视界产生了巨大的影响。

广西电视台对这次研讨会的成果进行了认真的整理,吸取其中许多有益可行的意见,把广西卫视的频道重新定位为"东盟、民族、时尚"。在原有的基础上,结合中国—东盟博览会和中国—东盟自由贸易区的建设,一方面扩大对外宣传节目的制作,另一方面也通过卫星覆盖,把广西卫星节目传送到越南、老挝、柬埔寨以及菲律宾、新加坡、马来西亚等地,形成别有特色的广西电视外宣的优势,使广西卫视在境外许多地区产生了重要影响。

4. 走向东盟

广西的电视外宣起步于 1984 年。1986 年广西电视台成立对外宣传部,后改为国际部。其任务主要是按照国家外宣要求采制和输送电视节目。据不完全统计,从 1984 年到 1995 年,广西共采制对外宣传节目达 559 部,这些节目通过中央电视台、自治区侨务办公室等渠道,输送到欧美和东南亚各国,以及中国港、澳、台等地区的电视网播出。其内容主要是介绍广西历史文化、民族风情、风景名胜和反映广西对外开放、发展经济的建设成就,形式主要是电视专题片和纪录片。如 1985 年的《三月三风情》,1987 年的《蛇仓女工》《广西纪胜》,1989 年的《马克逛歌节》,1990 年的《中国瑶族》等。2004 年,中国—东盟博览会和中国—东盟商务与投资峰会落户南宁,为配合"两会"宣传,广西卫视加强了面向东盟的节目制作力量,派出记者到东盟国家采制新闻报道、专题片、纪录片,方便国内观众了解东盟国家情况,同时在黄金时段开设了《连线东盟》《聚焦北部湾》等专栏,加大对东盟合作宣传的力度。在每年"两会"期间,广西电视台会同中央电视台,对开幕式进行现场直播,同时为前来报道"两会"的外国记者提供公共视频和新闻传送服务。以后又与相关国家的电视机构开展交换新闻、联合采访、合作拍摄纪录片和开展大型文艺演出活动等。其中影响最大的新闻联合采访活动是由广西电视台和自治区广电局主办的《聚焦广西》。这项活动从 2004 年起,每年在中国东盟博览会前夕举行。具体内容是邀请东盟十国的国家电视台和日本、韩国,以及中国香港、澳门的著名电视机构到广西采访。除报道"两会"筹备情况外,还采制了大量反映广西的城市建设、港口建设、社会发展、市民生活等等情况的新闻报道、专题片、纪录片,通过相关国家电视台和境外主流电视媒体的传播,为海外人士了解广西提供了大量的信息。这一新闻联合采访活动,对发展中外友好,扩大中国—东盟博览会的影响和提升广西的知名度都发挥了重要作用。

为扩大交流,增进了解,加深感情和发展友谊,自治区广电局和广西电视台还联合东盟或周边相关国家的电视机构,举办大型文艺演出,采制纪录片等电视节目。历年来联合拍摄制作的纪录片有《河边的孩子》,重要的大型文艺活动有:创办于 2005 年的"中越歌曲演唱大赛",创办于 2008 年的"中泰歌会",由共青团中央等单位于 2010 年创办的"中越青年大联欢"等。另外,由南宁电视台举办的"跨国春晚"也有较大影响。"跨国春晚"创办于 2007 年,于每年春节举办。最初是南宁电视台与越南国家数字电视台合办,从 2010 年起,又陆续增加马来西亚、泰国以及澳大利亚等国家和地区的电视媒体共同主办。这些与东盟各国及友好国家联合举办的大型文体活动,为宣传广西,提升广西在海外的知名度都发挥了重要的作用。

广西的对外宣传还有一项重要举措,就是到友好国家的主流电视台举办"中国广西电视展播周"。所谓"电视展播周",就是从广西制作的优秀节目中,根据实际情况,有针对性地加以精编,每天在当地电视台的黄金时段播放。这种方式大大提高了对外宣传的针对性,传播效果很好。从 1993 年起,广西电视台曾先后在美国、加拿大、韩国、日本和中国香港凤凰卫视欧洲台举办过电视展播周。中国—东盟博览会落户南宁以后,从 2004 年起,广西电视台每年在一个东盟国家举办电视展播周。到 2014 年,十个东盟国家都举办过"中国广西电视展播周"。广西的电视节目通过当地主流电视台呈现在海外观众面前,再加上"聚焦广西"联合采访,通过当地记者的实地报道和各种大型的电视文艺活动,海外观众尤其是东南亚各国人民,不仅广泛了解广西社会经济文化发展的方方面面,而且也对广西的电视节目从增加好感到信任依赖,成为了解中国的重要窗口。由于广西在地理和经济、文化各方面与东盟国家具有一定的接近性,加上广西电视外宣的成就,2010 年国家广电总局批准广西电视台成立国际频道,通过美国平台、加拿大平台、澳洲平台、拉美平台、非洲平台的覆盖,传送广西的电视节目,使广西在海外华侨和各国观众中的知名度和美誉度大大提高。人们通过电视了解广西,通过广西了解中国。广西电视为国家,尤其为广西的对外开放和合作交流发挥出了重要作用。

5. 硕果累累

电视外宣和特色频道建设的成就,提高了广西电视台的影响力和传播力,广西卫视的收视率节节攀升。到 2004 年,在全国三十五家省级卫视全年平均收视率排名中,广西卫视首次进入前十,位列第八。2005 年位列第六,2006 年第一季度位列第五,直逼北京、上海等发达城市的卫视。从 2004 年算起,广西卫视综合收视率保持前十的时间有八年,以后逐步在 18—21 位之间徘徊,与广西 GDP 在全国排名位置大体相当。

广西的电视节目生产是随着国家建设事业发展起来的。作为媒体,历年来发生在人民群众的政治、经济、文化生活中的大事在电视上都有所体现。其中广西独有,在全国有一定影响的一些重大新闻报道和现场直播、文化活动,除"中国—东盟博览会"的现场直播外,还有为迎接中共十六大召开而举办的群众大合唱《八桂颂歌》,反映广西经济建设成就的系列报道《广西辉煌五十年》、新闻直播节目《龙滩截流》《直播广西》,反映广西城乡建设、清洁工程的新闻报道《八桂万里行》,反映广西文化建设和旅游宣传的《南宁国际民歌节开幕式晚会》和《高空王子阿迪力走天坑》以及在众多歌唱类选秀节目中脱颖而出的大型歌唱类选秀节目《一声所爱·大地飞歌》等。始于 1997 年的"手拉手"活动,通过文艺演出的形式,组织城乡少年儿童开展手拉手、结对子、献爱心的活动,倡导全社会关心和帮助贫困地区儿童就学。这项活动延续到 2014 年,每年都在春节前夕举行、制成节目在春节期间播出。这在全国电视台节目中独树一帜,影响较大。专栏节目《广西房地产》打破一般新闻报道格式,以数字成像技术,形象展示建设中的房屋产品;除新闻报道外,还通过电视开盘、楼盘现场直播和大型文艺节目来宣传城市的规划和建设,为国内首创;因而获得 2005 年中国房地产最具影响力媒体的称号。

在全国电视节目各项评奖中,广西还有一大批优秀节目获奖,其中,栏目获奖主要有——《壮语新闻》获第四届民族语言、民族题材电视节目"金鹏展翅"奖,为老年观众举办的歌唱类栏目《金色舞台》获全国广播电视节目"星光奖",文化节目《收藏马未都》获 2012 年中国创新节目奖,纪录片栏目《纪录广西》2013 年获中国广播电视大奖,《新闻在线》《法治最前线》以及《真情讲述》也先后在全国评奖获栏目奖;节目获奖主要有——《南丹 7·17 事件》《谁在造假》《中国东盟合作之旅》获中国新闻奖一等奖;反映援华抗日的美国空军飞虎队失事飞机残骸发现过程的纪录片《我们走过的岁月》,反映广西风物的纪录片《家在漓江边》《漓江渔火》《阿春赶海》《海边有片红树林》等也先后获得国际、国内重要奖项。

6. 改革创新

随着国家文化体制改革的深入,电视节目市场的形成,广西电视节目创作生产也发生了很大的变化,一批民营的文化企业也积极投身到各类电视节目,尤其是电视剧生产当中。广西电视台及各地、市的电视机构的电视剧生产多半以参股的方式进行。据不完全统计,到 2006 年 10 月,广西共有影视制作机构 71 家。其中国有 18 家,主要有广西电视台、广西电影制片厂以及南宁、柳州、桂林、梧州、河池的电视台以及部分音像出版社。这些机构主拍或参股拍摄的电视剧,有不少优秀作品。有的在全国各电视台播出后产生了较大影响,有的在各种评奖中获得奖励,其中重要的有:广西电视台在 2000 年与越南电视机构合拍,反映中越人民传统友谊的连续剧《诱人的沙糕》;在 2004 年与中央电视台合拍,反映古代清官故事的《大宋提刑官》;与空军电视艺术中心合拍,反映空军教练员、飞行员生活的《我心飞翔》;与北京友视文化传播有限公司合拍,反映民国年间一个大家族成员之间爱恨情仇、阴谋争斗的悬疑剧《血色残阳》;2005 年与北京东方联盟影视文化传播有限公司联合制作,反映不同时期国共两党在情报战线斗智斗勇的悬疑剧《暗算》;2007 年与上海华集文化发展有限公司、上海市总工会合拍,根据著名电影《英雄虎胆》改编的同名电视连续剧以及由广西满地乐影视文化有限公司根据著名作家东西的获奖小说改编的电视连续剧《响亮》等。除获奖外,《响亮》被全国除西藏以外所有省级卫视购买播出,这在全国独树一帜。《暗算》在 2005 年是全国播出的频道最多、重播率最高的电视剧,影响十分广泛。总而言之,在全国电视剧实行制播分离和市场化后,广西也创编生产过许多有广泛影响，获得好评的优秀电视剧。

电视是一种高科技、重装备、大投入的现代化传播媒体。在中国，电视从 20 世纪 70 年代末到 80 年代初开始，影响逐步扩大，其快速传播，声画表达的特殊形态在很大程度上改变了人们获取信息、学习新知、欣赏娱乐的方式，其影响逐步超过原有的广播、电影、戏剧、报纸、杂志等，成为当代最具影响力的传播媒体。同时电视对人们的表达方式，传播方式以及生活习惯也产生了巨大的影响，成为一种广义的新的文化形态。这种文化形态被人们简称为影视文化或视觉文化。然而，电视的发展并没有止步，随着卫星传送的广泛使用和数字技术的逐步普及，电视已不仅仅通过家庭集体观赏的来接收。许多家庭已经拥有多台电视接收机。在一些家庭中老人、小孩、家庭主妇等家庭成员甚至各自拥有一台电视机，各自从通过广电有线网传来上百个电视频道选择自己的最爱，各取所需。有的人甚至不再是仅仅通过家用电视机来收看电视，互联网和计算机技术催生的新媒体，更是改变了电视的传播方式和接收方式。尤其是移动互联网和智能手机出现后，人们不仅可以在家庭等固定场所收看电视，也可以在移动的状态下收看电视。电视无时不在，无处不在。未来的电视将凭借着新媒体渠道的传播，在与新媒体融合中获得新的生命、新的发展。

三、电影业"小厂拍大戏"

1976 年 10 月，"四人帮"被粉碎，文艺的春天给广西的电影创作生产注入了活力。尤其是 1978 年，广西电影译制片厂改建为以生产故事片为主的广西电影制片厂以后。

（一）剧本创作成就斐然

才华横溢的广西剧作家们，创作热情空前高涨，首先取得了电影文学剧本创作的大丰收。

周民震一马当先，不到两年，就接连创作了《真是烦死人》《顾此失彼》《蓝色的海湾》《心泉》《春晖》《远方》《甜蜜的事业》等 6 部电影剧本。其中由北京电影制片厂摄制的《甜蜜的事业》在当时轰动全国。影片由著名电影导演谢添执导，通过两个农村家庭围绕生儿育女、恋爱结婚、生产建设所发生的一个个故事，告诉人们，应打破陈腐的传统观念，才能搞好四个现代化建设。影片充分采用巧合、夸张等艺术手法，使故事情节生动有趣，人物形象幽默诙谐，让人们在笑声中领会到更深刻的思想内涵。是一部很有影响的优秀喜剧电影。

图 24　电影《甜蜜的事业》剧照

其他电影编剧的创作也很有成就。如陈敦德创作了《太阳的女儿》《港湾不平静》《老板哥和电妹子》《爬满青藤的小屋》《雾界》等；毛正三创作了《鼓楼情话》《神州小剑侠》，与李英敏合作编写了《阿菊姨母》《飞马将军》等，形成了广西电影文学剧本创作的新的高潮，令全国电影界刮目相看。

除《甜蜜的事业》以外，其他的电影文学剧本也纷纷被各大电影制片厂采用投拍。其中峨眉电影制片厂拍摄了陈敦德编剧的《法庭内外》，长春电影制片厂拍摄了李栋、王云高编剧的《情天恨海》和周民震编剧的《瑶山春》，上海电影制片厂拍摄了亢进编剧的《张衡子》，北京电影制片厂拍摄了朱旭明编剧的《南疆春早》，于力编剧的《元帅之死》，毛正三的《拔哥的故事》（上、下集）。

当时，全国每年生产的电影故事片只有二三十部，差不多一半的剧本出自广西电影剧作家的创作。广西剧本风靡全国，成为这一时期中国电影的一道耀眼光芒。

（二）影片、导演走向全国

1978 年，广西电影制片厂重新拍摄了民间歌舞剧舞台艺术片《刘三姐》，很好地完成了向广西壮族自治区成立 20 周年献礼的任务。1979 年，广西电影制片厂摄制了由李英敏编剧的电影故事片《十天》，取得成功。接着又摄制了反映南疆战事的故事片《不该凋谢的玫瑰》、现代商业喜剧片《顾此失彼》、侦破片《神女峰的迷雾》及《潜影》、青少年教育片《春晖》和《心泉》、反映工业生产的《春兰秋菊》和《港湾不平静》、反映科研工作的《太阳的女儿》、反映青年生活的《白杨树下》和革命历史故事《杜鹃声声》、歌颂医务人员美好心灵的《寸草心》，还有美术片《王七到此一游》。这些电影作品在全国产生了巨大的影响，提升了广西的知名度和美誉度，同时也推出了吴荫循、郭宝昌、曾学强等一批广西本土的电影导演。

吴荫循,原名吴声樾,1933 年 8 月 11 日生,湖南湘潭人,1979 年调任广西电影制片厂导演。此前,他在北京从事电影刊物的编辑和评论工作,曾协助著名导演郑君里整理和书写了电影理论专著《画外音》,但没有当过导演。他在广西电影制片厂导演的第一部电影是周民震编剧的《真是烦死人》。此后,他又导演了周民震编剧的《顾此失彼》《心泉》《远方》等。1982年,由他导演,周民震编剧的《春晖》公映后,获得了观众和专家的赞扬和肯定,因其具有较高的艺术意境、雅俗共赏而获得了文化部 1982 年优秀影片奖。《春晖》是广西第一部获得全国奖的优秀电影作品。1985 年吴荫循导演《流浪汉与天鹅》又获得广播电影电视部当年的优秀影片奖。此后,他又导演了《强盗与黑天鹅》《省城里的风流韵事》《大漠双雄》等影片,都获得好评,成为全国较有影响的电影导演。吴荫循先后任过中国影协第五届理事,影协广西分会副主席等职务。

郭宝昌,北京人,北京电影学院导演系毕业后于 1972 年分配到广西任导演。先后执导了影片《神女峰的迷雾》《潜影》《春兰秋菊》《雾界》等,在全国较有影响。20 世纪 80 年代后期,郭宝昌调离广西后继续从事电影导演工作,但真正产生巨大影响的是由他编剧并导演的电视剧《大宅门》。这部电视剧讲述医药世家白府经历清末、民国、解放等时期的浮沉变化,忠实地反映了同仁堂这个大家族随着国家、民族的历史发展渐变的过程。第一部在中央电视台播出后引起巨大轰动,2001 年荣获央视收视冠军。以后又陆续推出第二、三部,均获成功。2013 年被互联网评为改革开放 35 周年大陆最具影响力的十大电视剧之一。由于郭宝昌曾经是广西电影制片厂有成就的重要导演,《大宅门》的成功,就不仅彰显其个人在电影创作中的成就和影响,也扩大和提升了广西电影的影响力。

曾学强,广西宾阳县人,广西艺术学院戏剧系毕业后长期在广西电影制片厂任导演。曾担任导演室主任。执导的电影作品有《不该凋谢的玫瑰》《太阳的女儿》《港湾不平静》《飞人浪漫曲》《寻找男子汉》《黑色狂人》和《远山情》等,这些电影在改革开放之初曾经产生过较大影响。其中《黑色狂人》和《远山情》创广西电影制片厂最高票房纪录,《寻找男子汉》获广西首届最高文艺创作奖铜鼓奖。曾学强是在广西电影创作生产实践中成长起来的广西本土电影导演艺术家。

(三)中国电影"第五代"的诞生

1982 年 8 月,广西电影制片厂迎来了北京电影学院四名应届毕业生张艺谋、张军钊、何群和肖风。这四个人此前从未来过广西,令他们诧异的是:在广西壮族自治区首府南宁分不出谁是壮族,谁是汉族,香蕉菠萝等南方水果价格跟北京一样贵。然而最让他们惊奇的是,他们很快就获得了独立导演和拍摄电影的机会。他们的处女作就是后来被称作中国第五代电影导演开山之作的《一个和八个》。

这是一个根据著名诗人郭小川的长诗改编的故事。内容是讲在抗日战争时期不同阶级的人们聚到一起共同抗击侵略者的故事。本来,在张艺谋等四位年轻人到广西之前,这部电影就已经立项,只是一直没有投入拍摄。四位年轻人强烈要求独立拍摄这部电影,对此,有不少人给他们投来怀疑的目光。因为按常规,大学毕业后要经过一段时间的锻炼才能独立当导演,独立当摄影师,而刚毕业就独立执导执拍的先例从未有过。不过,广西电影制片厂的厂长韦必达和老艺术家们信任他们,支持他们,鼓励他们组成青年摄制组,大胆投入拍摄。电影拍成后,他们把影片带到北京,在电影圈内试映,获得许多大艺术家好评。然而,在审片时却有人把这部电影说成是"精神污染",要加以批判。对此,韦必达厂长一方面据理力争,顶住压力,主动承担责任,鼓励年轻人继续探索。另一方面又支持青年摄制组兵分两路:一路由张军钊、肖风等修改《一个和八个》,一路由张艺谋、何群和从北京电影制片厂借调来的陈凯歌牵头组建拍摄另一部电影《黄土地》。

1984年,广西电影制片厂迎来了一个丰收年,这一年摄制完成6部电影故事片。其中《一个和八个》上映后,反映强烈,好评如潮。后来获第一届中国电影节优秀摄影奖。《黄土地》《通缉令》《508疑案》《雾界》《远方》等影片也获得人们的好评。这一年,广西电影制片厂盈利二百五十万元,这在当时相当于六七部电影的投资。默默无闻的广西电影制片厂从此声名鹊起,中外闻名。

1985年5月23日,广西电影制片厂捷报频传,完成6部电影故事片和4部科教片的摄制。故事片《黄土地》获第5届中国电影金鸡奖最佳摄影奖,《流浪汉与天鹅》获1985年广播电影电视部优秀影片奖。在瑞士第38届洛迦诺国际电影节上,《黄土地》获银豹奖。这是中国电影第一次在国际上获奖的影片。此后《黄土地》又多次获国际电影奖。国内外电影界文艺界以及各界观众不仅把关注的目光投向广西电影制片厂,也投向主创这两部电影的张艺谋、张军钊、陈凯歌、肖风、何群等。张艺谋、肖风、何群等后来也分别由摄影师、美工师改行成为导演,加上在北京、西安、潇湘等电影制片厂陆续成名的田壮壮、吴子牛、黄建新等,他们用同以往不一样的电影方式和审美思维来表达对中国历史和当代社会的关注,创造了一种前所未有的崭新艺术风格,这批年轻的电影导演,后来被人们称为中国第五代电影导演,而广西电影制片厂得风气之先,被人们誉为中国第五代电影导演的摇篮。

　　一般认为,中国第五代电影导演的代表人物主要有张艺谋、陈凯歌、田壮壮、吴子牛、黄建新等。他们的代表作除《黄土地》《一个和八个》以外,还有张艺谋的《红高粱》《大红灯笼高高挂》《一个都不能少》《英雄》,陈凯歌的《霸王别姬》,田壮壮的《盗马贼》,吴子牛的《喋血黑谷》,黄建新的《黑炮事件》等。这一代电影导演,基本为 20 世纪 80 年代初从北京电影学院毕业的青年电影人。在少年时代,他们都卷入了中国社会大动荡的旋涡之中,有的下过乡,有的当过兵,经受了 10 年"文革"的磨难。在改革开放的年代,他们接受专业训练,带着创新的激情走上影坛。他们对新的思想、新的艺术手法特别敏锐,力图在每一部影片中寻找新角度。他们强烈渴望通过影片探索民族文化的历史和民族心理的结构。在选材、叙事、刻画人物、镜头运用、画面处理等方面,都力求标新立异。不仅在国内而且在国际上都特别引人关注。他们以自己独特的艺术风格,改变了中国电影的文化形象,树立了中国电影的国际地位。成为华语电影的一面旗帜。

图 25　广西电影制片厂的第五代导演

　　中国第五代电影导演最早在国际上被认可,是在 1985 年的香港影展。当时,放映了陈凯歌导演的《黄土地》等第五代电影导演的电影。人们看了,大吃一惊。大陆的电影这么前卫! 从那时起,"第五代电影导演"打通了与世界电影对话的渠道,走上了国际舞台。1994 年,美国哥伦比亚大学出版了一本题为《中国新电影:形式、身份与政治》的学术论文集,封面就是《一个和八个》的剧照。里面收录了美国学者研究"第五代"的文章,其中很多都是讨论《黄土地》的。从这里也可以看出,广西电影制片厂为中国第五代电影导演的崛起所做出的贡献!

　　在《一个和八个》《黄土地》之后,广西电影制片厂出品的第五代导演的佳作还有很多,比如陈凯歌导演的《大阅兵》,张军钊导演的《加油——中国队》《狐党》,以及后来张艺谋导演的《一个也不能少》《我的父亲母亲》等。

广西为中国第五代电影导演的诞生提供了舒适的温床,中国第五代电影导演的创作也为声誉日隆的广西电影制片厂锦上添花。

当然,广西电影制片厂绝不仅仅有一个"第五代"。在20世纪八九十年代,广西电影制片厂在艺术电影、探索电影以及喜剧片、侦破片、工业片、民族片等等各种题材的电影创作都取得不俗的成就。比如,艺术片《流浪汉与天鹅》《春晖》《落山风》;古装片《杨贵妃》《风流乾隆》;喜剧片《顾此失彼》《多情的"小和尚"》《化妆师与漫画家》《飞人浪漫曲》;民族片有壮族的《林莽寻踪》《布洛陀河》,瑶族的《雾界》,侗族的《鼓楼情话》,苗族的《血鼓》,维吾尔族的《强盗与黑天鹅》,藏族的《世界屋脊的太阳》,彝族的《金沙恋》;工业片《春兰秋菊》《共和国不会忘记》《天火》;侦破片《神女峰的迷雾》《潜影》《通缉令》;历史片《血战台儿庄》《百色起义》《周恩来》《长征》。此外还同境外影视机构合作的《长城大决战》《神州小剑侠》《大话英雄》《桂林荣记》等等,各类影片都给国内外电影观众留下深刻的印象和很好的口碑。尤其是一系列反映重大历史题材的故事片,更是过目不忘,耳熟能详,成为电影史上的经典之作。

曾轰动全国的故事片《周恩来》,将周恩来总理在生命的最后十年中,最繁忙、最悲怆的一段呈现给观众,其中表现"文革"场景的部分争议很大。当时的中共中央总书记江泽民看完影片后,给予了"精致、深刻、感人"的评价,这才平息了争议,使得影片最终得以通过发行。电影上映后,立刻引起全国人民怀念总理的高潮。在当时仅有两元票价的前提下,获得了2.7亿元的全国票房,打破了国产电影的票房纪录,因而被人们誉为传记电影中的一座高峰。

(四)《血战台儿庄》的千秋大义

1985年,电影文学剧本《血战台儿庄》发表在《八一电影》杂志上,三年无人问津。这一年的3月,时任广西电影制片厂文学部主任的电影剧作家陈敦德在北京找到了田军利和费林军两位剧作者,用高价买下了这个剧本。经过多次研讨,前后修改达17次,终于获准投拍。

这是新中国拍摄的第一部反映抗日战争时期正面战场抗战的影片。它真实再现了抗日战争史中重要的一页,生动地记录了国民党军爱国官兵可歌可泣的英雄业绩,塑造了一批国民党军高级将领的形象。对此有不少人担心,"拍这样的影片不仅经济上冒风险,政治上恐怕也难得通过"。但事实与此正好相反。影片制作完成后,当时的中共中央书记处分管意识形态的习仲勋、全国政协副主席程思远、中共中央统战部部长阎明复等亲临电影局审查,中央军委及中央统战部、中宣部、文化部、电影局等各部门的领导都来参加审看。影片不仅顺利地通过了,而且得到了领导同志的充分肯定。习仲勋紧紧握住导演的手说,谢谢你拍了这部好影片,阎明复也对导演说:你这部电影抵我们做好多年统战工作。全国政协副主席程思远则表示:"这部影片拍出了两个人物的形象:一个是国民党官兵当年抗战的英雄形象;另一个是共产党人胸怀博大、实事求是的高大形象。"

《血战台儿庄》这部史诗般气势的大片上映后,立刻引起轰动,海内外华人的一片赞扬。当年就获得广播电影电视部优秀影片奖;以后又获第 10 届大众电影"百花奖"最佳故事片奖;第 7 届中国电影"金鸡奖"最佳编剧奖、最佳化妆奖、最佳烟火奖、最佳故事片提名、最佳男主角奖提名、最佳男配角奖提名。还获得了由中国政府授予的特别奖——"抗战奖",被评为新中国"百部爱国主义教育影片"之一。当年参加台儿庄战役的国民党军将领李仙洲、郑洞国、郑庭笈、覃异之等对影片也大加赞扬。李宗仁的儿子李幼邻专程从美国赶回祖国观看,不到十分钟就热泪盈眶。李宗仁的秘书程思远惊呼:"德公还魂了!"白崇禧的儿子白先勇也连声称赞:"像极了!"

影片在内地上映不久,又在香港公映。观众争相观看,一片赞扬声,票房收入进入当年前三名。香港报纸评论说,这部影片表现出一种尊重历史的态度,讴歌了民族魂。蒋经国听说这部影片是表现先"总统"和国民党军队抗战的正面形象,立即在电话里说:"给我找一个拷贝来看看!"影片在台湾上映,舆论哗然。一些国民党军将领也称赞道:"中国共产党有这样的胸怀来拍摄台儿庄大战,真是了不起!"宋美龄对这部影片也十分关注,接连看了两遍。蒋经国收到影片拷贝后,立即组织了国民党中常委全体人员观看。看完影片后,蒋经国若有所思地对大家说:"从这个影片看来,大陆已经承认我们抗战了,这个影片没有往我父亲脸上抹黑。看来,大陆(对台湾)的政策有所调整,我们相应也要做些调整才是。"不久,蒋经国同意开放国民党部队老兵回大陆探亲。两岸坚冰开始悄然融化。一部电影如此直接地影响国共两党高层的决策,这在新中国的历史上是极为罕见的!

从 1978 年到 2000 年,大约二十年的时间是广西电影创作生产的黄金二十年。这一时期的广西电影的艺术成就达到了一个在国内外都具有重要影响的高度。这一方面得益于改革开放良好的政治氛围。另一方面也体现了广西影人独到的眼光和过人的艺术才能。

(五)星光闪耀的广西影人

广西影人既包括周民震、陈敦德、曾学强、蒙杰强、杨玉铭等生于斯、长于斯的本土艺术家,也包括像张艺谋、张军钊、郭宝昌、吴荫循等一大批从外省来到广西,长期在广西从事电影创作生产或者在广西成名的走向全国的艺术家,此外还应当包括像梁羽生、岑范、陈传熙、林黛等一大批在外地从事电影工作并取得辉煌成就的艺术家。广西人说起他们常常引以为荣。外地人说起他们,也会把他们的成就同广西联系起来,称赞广西为培育电影艺术的沃土地。他们为广西争了光。说起广西电影的成就,不应当漏掉他们。

梁羽生,蒙山县人,1924 年出生,原名陈文统,是中国武侠小说三大宗师之一,被誉为新派武侠小说的开山祖师。从 1954 年到 1984 年的 30 个春秋,共创作了 35 部武侠小说,这些作品被许多影视编导改编成电影或电视剧,梁羽生对电影的贡献,主要就是为电影提供很好的武侠人物和江湖故事。其中一些脍炙人口的作品甚至被反复改编,影响深远。比如《七剑下天山》,1959 年香港峨嵋影片公司拍成电影,到 2005 年又被北京慈文影视、香港宝蓝电影制作、香港华映电影等机构改编成电影《七剑》。此外像《云海玉弓缘》《萍踪侠影录》《飞凤潜龙》《还剑奇情》《江湖三女侠》等,改编成电影后风靡整个华人世界,影响一代华人。

岑范,原名岑立范,原籍广西西林县,壮族,清朝名宦岑毓英、岑春煊的后人,1926 年出生于上海。早年,岑范跟随中国电影先驱、著名电影导演朱石麟学习电影,担任过编剧、导演、演员,编写过《生与死》《血染孤城》等多部电影剧本。与著名女明星夏梦、龚秋露、胡蝶等合作出演《山河泪》《禁婚记》《蝴蝶梦》等影片。曾是著名女明星夏梦的恋人,也是香港著名影人。1951 年,岑范从香港回到内地。先后在八一电影制片厂、北京电影制片厂、上海海燕电影制片厂、上海电影制片厂任导演,先后导演过《群英会》《借东风》《林则徐》《红楼梦》《祥林嫂》《阿 Q 正传》《碧水双魂》《闯江湖》《梦非梦》等 40 多部影片。其中,1962 年导演的越剧《红楼梦》,曾轰动海内外,至今仍是中国戏曲电影影响最大的经典。他导演的《阿 Q 正传》1982 年获瑞士国际喜剧电影艺术节"金拐杖"奖,1983 年葡萄牙第十二届菲格拉达福兹国际电影节评委奖。岑范参加了 35 届戛纳国际电影节,被媒体誉为"第一个走进戛纳电影宫的中国人"。岑范一生对电影艺术的追求孜孜不倦,为中国电影做出了很大的贡献。2008 年病逝于上海。

陈传熙,南宁人,1916 年出生于龙州,国立上海音专毕业后一直从事音乐工作,曾任国立上海音专、上海音乐学院教授。他曾指挥演出的交响音乐会达 600 余场。1958 年调往上海电影乐团担任指挥。是中国四大音乐指挥家之一。陈传熙对电影的贡献主要表现在电影音乐指挥方面,他曾先后为《林则徐》《聂耳》《红色娘子军》《天云山传奇》《牧笛》《渔童》《金色的海螺》《大闹天宫》等电影故事片配乐演奏担任指挥。在40余年的执棒生涯里，由他指挥演奏配乐的电影故事片、美术片、科教片、纪录片近600部，这使他成为一个时代名字在银幕上出现最多的人，几乎达到了电影观众无人不知、无人不晓的地步。

　　林黛，宾阳县人，政界名人程思远的长女，原名程月如。1952年，她出演根据沈从文名著改编的电影《翠翠》的主角，一举成名。后来又为国际电影懋业有限公司和邵氏兄弟有限公司拍了很多影片。其中《红娃》在香港上映时，更打破了当时港台国语片的票房纪录。林黛曾先后主演过数十部电影，1957年，以民国初期时装片《金莲花》首夺在东京举行的第四届亚洲电影展女主角奖；1958年凭古装黄梅调歌剧片《貂蝉》再夺在马尼拉举行的第五届亚洲电影展女主角奖。1961年凭歌舞片《千娇百媚》三夺在吉隆坡举行的第八届亚洲电影展女主角奖，1962年凭爱情悲剧《不了情》四夺第九届亚洲影展女主角奖。短短数年，林黛四膺亚洲影后，蜚声国际，取得了中国电影史上前所未有的成就。遗憾的是，就在她事业如日中天之际，因"家庭细故"，于1964年在跑马地寓所自杀身亡，终年仅30岁。东方美神，从此香消玉殒，亲朋好友和电影同仁，无不扼腕痛惜。广西也从此失去了一位电影演艺奇才！

　　在外地从影的广西影人并取得较高艺术成就的还有很多很多，比如20世纪七八十年代红遍中国的著名演员张国民，虽然原籍不在广西，但他曾长期在广西工作，家人至今仍在南宁生活。著名演员申军谊，在广西出生，母亲是广西壮族人，长大才离开广西。香港著名演员梅艳芳的原籍在合浦，刘志荣的原籍在容县，吕良伟的原籍在防城。像这样卓有成效的原籍在广西的电影艺术家，还有很多很多，我们无法一一列举。他们在电影领域所取得的艺术成就，无疑也在为广西增光添彩，值得我们引以为荣，书上一笔。

　　20世纪末21世纪初，以"三剑客"为代表的一批广西青年作家，在中国文坛上的成就特别引人注目。"三剑客"指东西、鬼子、李冯三位青年作家。在1997年东西创作的中篇小说《没有语言的生活》夺得首届鲁迅文学奖桂冠。不久，在2001年鬼子创作的《被雨淋湿的河》获得第二届鲁迅文学奖。广西青年作家的异军突起，吸引了国内文艺界关注的目光。他们的作品和文学创作才能很快就被影视界的大腕盯上了。2001年东西应邀将《没有语言的生活》改编成电影《天上恋人》。不久又将获得茅盾文学奖的长篇小说《耳光响亮》改编成电影《姐姐词典》。鬼子经不住电影魅力的诱惑，也应邀为著名导演张艺谋、陈凯歌编写剧本《幸福时光》和《上午打瞌睡的女孩》，而李冯则被一些人戏称为张艺谋的御用编剧。先后为"老谋子"的武侠大片《英雄》和《十面埋伏》担任编剧。此外，胡红一、黄佩华、张仁胜等广西作家也纷纷"触电"，并且取得了不俗的成就，而其中在国内影视界影响较大的则是以故事叙说见长的小说家凡一平。

凡一平，广西都安人。毕业于河池师专中文系和复旦大学中文系。是广西民族大学驻校作家。其创作的小说情节曲折，故事性强，极具戏剧性，很适合改编为影视作品。凡一平创作的小说《寻枪记》，最初发表在北京著名文学杂志《十月》上，被青年导演陆川看中，改编成电影《寻枪》。这个故事讲的是：普通警察马山因参加妹妹婚礼喝醉酒，弄丢了手枪。在寻找手枪过程中又发生离奇命案和一系列离奇的事。马山最后找到盗枪者，为使不再有人被杀而迫使盗枪者打出最后一颗子弹，自己饮弹牺牲。《寻枪》剧情曲折，融合了悬疑片、惊悚片、心理恐怖片等诸多表现元素，以一个全新的角度诠释了普通人的生存困境和心理世界。发行放映后大受欢迎，创造了 2002 年国产电影最高票房。《寻枪记》是凡一平第一部被改编成电影的小说，后来成为著名电影编剧；《寻枪》则是陆川导演的第一部电影，后来也成为著名电影导演；一部小说成就了一位著名电影编剧，这也是当代影坛的一段佳话。此后不久，凡一平的新作《理发师》被著名艺术家陈逸飞看中，改编成同名电影。这部电影从改编、选演员、前期拍摄、后期制作到发行放映，一直是媒体跟踪报道的热点。在全国影响很大。小说《撒谎的村庄》改编成电影《宝贵的秘密》后在网上热播，这是较早以网络为放映平台的电影，具有开创探索的意义。2013 年，凡一平又有新作问世，由他编剧的以农村生活为题材的喜剧电影《9 号女神》拍摄完成，2014 年 3 月进入电影院线。据不完全统计，凡一平所创作的小说、剧本已有八部，由他编剧的电影全部进入电影院线放映。总之，凡一平原创的文学作品长期被影视界关注，曾被评为"2002 年中国十大文学现象"之一。由此可见其创作对繁荣影视制作是做出了较大的贡献的。

2013 年，由著名影视明星赵薇导演的处女作《致青春》轰动全国。之后不久，人们突然发现：这部电影的文学原作的作者，是一位名不见经传的广西 80 后作家辛夷坞。辛夷坞原名蒋春玲，南宁人，广西师范学院毕业后从事专职文学创作。其创作的《原来你还在这里》《浮世浮城》《能心者》等，累计销售 1000 万册以上。其中《致我们终将逝去的青春》被改编成电影《致青春》后，票房创新高、全国热议。

毫无疑问，广西影视文学创作人才辈出，佳作不断，俨然是中国影视文学的重镇。这是应该被广西人引以为荣的！

广西电影是广西各门类艺术创作中成就较高、影响较广的。以广西电影制片厂为例，从1958年到2009年，广西电影制片厂独立创编制作的电影，有124部出口发行到国外，这些电影先后得国内外各类电影奖114项。其中《一个和八个》《黄土地》《血战台儿庄》《周恩来》四部故事片还入选中国电影百年经典。遗憾的是，在1997年以后，中国的电影市场整体低迷，产量逐步走低，到2001年全国电影故事片生产仅有71部。这个时候广西电影创作生产也跌入低谷。1997年以后，虽然广西电影仍有不少影片在国内外评奖中获奖，但经营收入却不高，甚至出现了像故事片《长征》那样的情况：领导人和评论界的权威们都给予很高评价，拷贝却卖得很少。由此，广西电影的创作生产不得不压缩规模，产量逐步减少，到2002年甚至一年都没有生产一部电影。由于国家文化产业体制的改革，降低了电影准入的门槛，使一些民营影视制作公司有机会投资电影创作生产。就在广西电影制片厂举步维艰的时候。如日中天的著名导演张艺谋发挥其在业界的巨大影响力，引进北京新画面影业公司与广西电影制片厂合作。1997年拍摄故事片《有话好好说》，1998年拍摄故事片《一个也不能少》，1999年拍摄故事片《我的父亲母亲》，2000年拍摄故事片《幸福时光》。张艺谋亲自执导，确保影片质量。这些影片不仅在国内外评奖中获得多项大奖，也取得了一定的经济效益。这对于保持"广西电影"的荣誉，帮助广西电影制片厂渡过难关都发挥了积极的作用。此外，为感恩广西、回报广西电影制片厂，张艺谋一直把自己的户口放在广西。2008年，广西壮族自治区党委、政府对张艺谋给予100万元的奖励，2005年张艺谋被聘任为广西电影制片厂的荣誉厂长。

从2001年开始，广西区内的民营影视文化企业和电视制作机构开始投资电影。这一年广西电视台与广西电影制片厂联合拍摄故事片《黄金驿站》，河池电视台联合北京紫禁城影业公司和中国文联音像出版社拍摄故事片《天上恋人》，广西单艺影视文化发展公司联合上海电影制片厂和钦州市广电局拍摄儿童故事片《真情三人行》。其中《天上恋人》改编自鲁迅文学奖获得者、著名作家东西的小说《没有语言的生活》，获得东京国际电影节最佳艺术贡献奖。《真情三人行》由广西著名作家胡红一担任编剧，在国内获得"童牛奖""人口文化奖"和"五个一工程奖"，在国外获得开罗国际电影节铜奖。此后还有广西壮族自治区党委宣传部联合北京东方岸英影视策划公司和广西电影制片厂拍摄故事片《风雨上海滩》，广西乐满地影视公司联合广西电影制片厂拍摄的故事片《姐姐词典》等，这些联合民营企业或电视机构创作生产的广西电影也取得了不俗的成就。

1996年以后,数字电影技术传入中国。2005年,广西电影制片厂联合民营公司制作了数字电影故事片《忻城古月》,可惜这部电影宣传不够,院线放映不成熟,电影影响也不太大。2006年,广西电视台联合北京科学教育电影制片厂制作了第一部在全国具有重要影响的数字电影《圆明园》。影片运用先进的三维动画等数字技术,逼真、形象地再现了圆明园的建设、兴旺、繁荣和毁灭的过程,表达了强烈的爱国主义主题,从而引起电影界的轰动,一举获得"华表奖"和"金鸡奖"。以后,又有梧州市人民政府与北京民营公司联合制作的数字电影故事片《东方狮王》,表现藤县少年舞狮队在世界狮王比赛中夺冠的事迹,这表明广西电影在追求先进电影技术方面也取得了很好的成绩。

2006年2月,广西电影制片厂被确定由经营性文化事业单位转制为文化企业。这一年12月,广西电影制片厂按照现代企业制度理顺了产业关系,实现转企改制和人员安置,完成转企改制,为广西电影的再度繁荣打下了基础。通过按照市场经济规律与民营企业及其他机构合作,引进和采用电影先进技术,发展包括电影和电视剧在内的多种影视产品生产,使电影作品的数量不断增加,从2007年到2011年,摄制出品了15部电影故事片和6部共186集电视剧。其中,电影故事片《冰雪通行》《碧罗雪山》获得了中国电影华表奖优秀故事片提名奖。而《碧罗雪山》还获得了第十三届上海国际电影节评委会大奖、第十八届北京大学生电影节评委会大奖等16个国际、国内奖项。整个广西电影的创作生产呈现出逐渐活跃的态势!

2011年9月29日,广西电影集团有限公司成立,揭牌仪式当天在南宁举行,同时,电影故事片《天琴》《代乡长主政》以及30集电视剧《决战桂林》宣布开机。广西电影集团有限公司的成立,适应了全国电影制片、发行、放映一体化、集团化发展的大趋势要求。公司成立后,按照现代企业制度和现代产权制度的要求,借鉴外省市电影集团的成功经验,整合广西电影制片、发行、放映资源,繁荣影视创作生产。加快城镇国有电影院建设,拓展科教、娱乐、电视剧、动漫制作和新媒体影视产品制作等资源,延伸电影产业链,实现与东盟影视对接。广西电影集团的发展目标,是成为拥有核心影视产品、具有民族特色和边疆风情、富有发展活力和竞争力的品牌电影企业。

广西电影集团有限公司成立以后陆续投拍了一批新的电影。故事片《天琴》《代乡长主政》《宝贝别哭》等一批有影响力的影片已经投放市场。广西电影在新的历史时期将会有更多更好的电影作品问世,创造更多的辉煌。

第五节　新闻教育研究的广西特色

新时期的广西新闻教育事业与科学研究走出了一条符合广西实际的发展之路，独具南疆特色和东盟特色。

一、新闻高等教育全面开花

1977年，全国恢复统一招生制度，同年，广西大学中文系成立新闻专业，并与北京大学、复旦大学、北京广播学院新闻系同时开始正式招收本科生，以四年制本科为主，曾招收两届两年制大专班。1982年，广西大学干训部（学制两年，专科）成立，1983年开始正式招收新闻专业本科生。

1985年，广西大学开始招收新闻学专业硕士研究生，首批3人。1986年，广西大学新闻系正式获得新闻学硕士学位授予权，和复旦大学、中国人民大学、北京广播学院、武汉大学一起成为中国最早获得新闻学硕士学位授予权的五所高校。1987年获准成立新闻系，与中文系实行"一套班子，两块牌子"。被称为"广西新闻教育界开创者"的虞达文教授成为新闻系首任系主任，同时兼任中文系主任。新闻系的成立给新闻专业的发展注入了活力。广西大学新闻系与广西日报社、广西人民广播电台、广西电视台合作，成立了联合办学领导小组，聘任一批经验丰富、水平较高的记者、编辑担任兼职教授，并陆续在北京、上海聘请一批著名专家、学者担任客座教授。专业和课程建设方面，1993年增设三年制广告专业，初为专科。1996年中文系改设为文化与传播学院，下设新闻学、广告学等专业。

广西大学新闻系首任系主任虞达文，1927年出生，被誉为广西新闻教育界"一代宗师"，曾长期担任广西大学中文系主任兼新闻系主任、新华社新闻学新学科顾问、国家教委新闻自学委员会委员、中国社会心理学会传播心理委员会专业委员，被评为全国优秀新闻工作者，享受国务院特殊津贴专家，1996年获中国新闻教育学会韬奋园丁奖。

1983年全国新闻教育工作会议后，新闻教育蔚然成风。广西广播电视大学也于1985年开始招收新闻专业学生，培养各地在职新闻干部，分全日制、在职业余学习和半脱产学习3种形式。同年，广西农垦职工大学设立新闻专业大专班，学制两年，负责人张国琛，面向全国农垦系统职工进行成人教育。到1996年底，该校共培养578名大专毕业生。1993年，广西艺术学院设计学院创办广告学专业,开了全国同类艺术院校设置广告学专业的先河。1998年,广西师范学院在中文系下开设广播电视新闻学专业,开始为专科,2000年升为本科,这也是广西高校最早开设的此类专业。广西高等学校新闻教育呈现出正规化、地方化和梯级化的发展态势。

步入21世纪后,全国新闻教育超常发展,广西的社会经济形势也发生了很大变化,凭借这股东风,广西的新闻教育事业在全区范围内迅速发展起来。目前,全区开办新闻传播相关专业的院校共有三十多所。南宁是广西新闻教育的中心,共有18所院校开设新闻传播类专业。

广西大学凭借其历史积累和不断开拓,在区内高校新闻教育中一枝独秀。2002年,广西大学增设广播电视新闻学本科专业点和传播学硕士点。2007年新闻学专业入选国家级特色专业。同年12月,广西大学成为国家新闻出版总署在高校设立的继南京大学、武汉大学、中国传媒大学之后的第四个人才培养基地,并被列为中国创新型报业人才培养联盟成员单位,从而翻开了广西新闻教育史新的一页。2008年3月13日,新闻传播学院成立,首任院长是商娜红教授。目前,广西大学新闻传播学院的院长是著名新闻教育家郑保卫教授,师资力量全区首屈一指。此外,还从国内知名学者、自治区领导和专家中聘请兼职教授十余人。从2009年起,广西大学还与广西广播电视大学合作开办包括新闻学专业在内的五个专业远程双向教学研究生班,主要实行网上授课(即时或点播)。在硬件方面,现有新闻传播研究所、东盟传媒研究所、广播电视中心和实验教学中心。实验教学中心下设摄影中心、视听观摩室、演播室、数码后期制作室。

2008年6月,新闻出版总署在广西大学设立西南人才培养基地,并将之列为中国创新型报业人才培养联盟成员单位。基地主要承担新闻传播专业人才培养项目和在职干部学习培训教材的研究和规划等任务,并充分利用南宁作为"中国—东盟博览会"永久举办地的区位优势,结合新闻出版"走出去"战略人才培养需求,制定和实施与东盟国家进行国际新闻出版人才培养交流项目的计划。针对复合型人才紧缺和既善于掌握市场又了解国际惯例的外向型人才紧缺的情况,学校在该学科的本科教育、研究生教育培养上做了不同程度的调整,以不断适应社会对人才的需要。在科学研究、师资队伍建设等方面都积极探索,并为"基地"的可持续性发展提供必要的保障。

2013年12月,中宣部、教育部启动了各省(区、市)党委宣传部门和中央主要新闻单位与高等学校共建新闻学院工作,实行部校共建机制。按照中宣部、教育部统一部署和自治区党委、政府领导指示精神,自治区党委宣传部、广西大学积极谋划,扎实推进,认真做好共建新闻传播学院各项工作。2014 年 7 月 8 日,广西区党委宣传部与广西大学共建新闻传播学院启动及签约仪式在广西大学举行。根据共建协议,自治区党委宣传部和广西大学将在共建管理机构、精品课程、骨干队伍、实践基地和研究智库等五个方面展开深度合作,双方将在经费投入、课题研究等方面支持新闻传播学院搭建高水平科研平台,打造 5 至 8 门品牌课程,建立覆盖全区新闻媒体的实习基地网络,打造以马克思主义新闻观为统领、国内领先、特色鲜明的现代化新闻传播学院;建设成为广西新闻宣传系统在职干部培训基地,国家应用型、复合型新闻传播人才教育培养基地和面向东盟的国际新闻传播人才教育培养基地。

这一时期,广西师范学院中文系广播电视新闻学专业成为后起之秀,快速发展起来。2005 年 6 月独立组建新闻传播系。2006 年设广告学专业,同年获得新闻学硕士点。2007 年成立传媒研究所、新闻传播学实验室(包括演播室、广播电视编辑室、报纸编排室、广告设计制作室、摄影摄像室)。稍后又成立了新闻传播学院。广西艺术学院设计学院广告学专业十多年获得长足的发展,依托艺术学院的资源优势,走特色办学之路,培养出了一大批复合型广告人才。2006 年,该专业被评为自治区级优质专业。2008 年获得国家第三批高等学校特色专业建设点。目前,广告学专业下设广告设计、广告策划两个本科层次专业方向,具有现代商业广告设计的硕士学位授予权。广西民族大学也分别在文学院设立了编辑出版学专业,在艺术学院设立了播音与主持艺术专业。2013 年,在这些专业的基础上组建新闻传播学院。此外,广西大学行健文理学院开设有新闻学、广告学、广播电视新闻学专业。广西师范学院师园学院设有广告学专业。广西民族大学相思湖学院有编辑出版学、播音与主持艺术、广告设计、数字媒体设计等专业。广西财经学院国际经济与贸易系有广告学专业。

专科层次上,广西职业技术学院(原广西农垦职工大学)、广西教育学院、广西经济管理干部学院、南宁职业技术学院等 10 所院校开设有主持与播音、新闻采编与制作、数字传媒艺术、影视广告、传媒策划与管理、广告设计与制作等新闻传播类专业。

在桂林,广西师范大学、广西师范大学漓江学院、桂林理工大学、桂林理工大学博文管理学院、桂林航天工业高等专科学校 5 所院校开设有新闻传播类专业。

玉林师范学院、河池学院、梧州学院、钦州学院、贺州学院、百色学院、北京航空航天大学北海学院、广西民族师范学院等 15 所高校也开设了新闻传播类专业。

进入 21 世纪后,教育部把高校成立新闻专业的权限下放到省教育厅,建立新学科点更容易。广西开设有新闻传播类专业的高校由 5 所增加到 38 所,专业点由原来的 7 个猛增到 77 个,其中还出现了编辑出版学、播音与主持、广告设计与制作、新闻采编与制作、媒体策划与管理等一大批新兴专业,其中广告类最多,达 22 个。专业点遍布全区 12 个城市,打破了以前仅局限于南宁一地的局面。广西新闻教育的两个"领头羊"广西大学和广西师范学院,在新闻传播学科建制上都较为完善,而且都形成了自己的办学特色,拥有较强的教学和科研实力,表现出明显的发展强势。

当前,广西新闻教育亟待解决的问题,一是提高办学层次,新闻传播业是一个专业性很强的行业,媒体急需高素质的人才,广西新闻教育早日实现博士点的突破,增加硕士点、本科点建设,扩大本科招生,是当务之急;二是优化师资结构,广西新闻教育由于最近几年才进入快速发展,基础差、底子薄,高层次人才极度缺乏,这就需要加大对专业教师的培养,加强理论与实践的结合,塑造更多两栖人才,提高他们的教学和科研能力,同时积极从区外和媒体引进高层次人才,组建一个科学、合理的师资队伍;三是形成办学特色,广西高校作为地方大学,需要加强对当前广西新闻人才市场的研究,以需求为导向,积极调整办学理念和思路,改革课程设置,更新专业课程内容,创新教学手段和教学方式,形成办学特色,服务于广西地方经济和社会发展。

二、新闻传播研究成果丰硕

1981 年 11 月 26 日,广西新闻工作者协会(简称"广西记协")、广西新闻学会同时成立,其后桂林、柳州、梧州、北海等市和玉林地区记协分会相继成立,广西新闻学会下设的新闻摄影、新闻漫画、专业报、企业报、高校校报、报纸文艺副刊等分支学会或研究会也相继成立。1992 年 6 月 24 日,广西报纸行业经营管理协会成立。这些新闻团体举办了学术研讨、好稿评选、编印书刊、地区交流、文体活动、创作征文和旅行游览等活动,促进了广大新闻工作者业务水平的提高,从而推动了新闻事业的发展。

2002 年,广西新闻工作者协会选送的广西电视台万忆(曾用名万亿)、覃水生、杨永坤、林旭乔、彭勇采编的《南丹 7·17 事故初探》获得第十二届中国新闻奖一等奖。在评审过程中,因为《人民日报》和新华社也有同样题材的作品参评,竞争一度十分激烈。按照规定,获得一等奖的作品必须是全票通过。几轮预投下来,广西电视台和《人民日报》的作品难分伯仲。在这种情况下,中国新闻奖评委、广州电视台副台长、高级编辑罗远峰作了题为《坚持唯物论,电视立头功》的评审发言,他认为:广西电视台的作品开了中国电视调查性报道的先河,既记录了调查的内容,又记录了调查的过程,作品真实有力,细节直指人心。最后一轮投票结束了,《南丹 7·17 事故初探》全票通过获一等奖。这是中国新闻奖设奖以来,广西在一等奖奖项上零的突破。广西新闻工作者协会选送的广西电视台李力、潘雄海、覃水生、万忆采编的《谁在造假》,《广西日报》吴志丽、李启瑞、吕朝晖的评论《说要做的事就要做》,广西电视台集体创作的《中国—东盟合作之旅》还分别获得十七、十八届中国新闻奖一等奖。

图 26　广西第一个"中国新闻奖"一等奖获奖证书

　　各媒体机构自设业务研究部门,也是当时广西新闻业务研究的一大亮点。20 世纪 90 年代初,党报的发行遇到瓶颈,传统报业急需寻找新的增长点。1993 年,广西日报新闻研究室成立,主要任务之一就是为报社的发展寻找新的出路。研究室主任、高级编辑万一知在充分调研基础上撰写的业务论文《当前报业的形势和我们的对策》一文,在国内顶级新闻学术期刊《新闻大学》发表,受到中宣部新闻局的关注,并获邀赴京研讨,引起业界强烈反响,为 3 年后广西第一张都市类报纸《南国早报》的诞生做了充分的理论和舆论准备。

　　进入 21 世纪,在人员和资金的双重压力下,新闻媒体的业务研究有向专业的高校智库和科研机构转移的趋势。广西日报社新闻研究室和广西电视台研究室相继裁撤,各地媒体也大都不再设置专门的业务研究部门。

　　以广西大学为代表的高等学校新闻院系,是广西新闻学术研究的主要基地。

　　20 世纪 80 年代至 90 年代末,是广西新闻学术研究的初创时期。1984

年,由广西大学、暨南大学和北京广播学院四位教师梁家禄、钟紫、赵玉明、韩松合著出版的《中国新闻业史》,是中华人民共和国成立以来公开出版的最早几部中国新闻业通史之一,也是中华人民共和国成立以来公开出版的第一部由协作产生的新闻史教材。1985 年,由虞达文、庄景辂、傅汉南、李春邦、陆家合著的《新闻写作》,在当时具有一定的开创意义。1988 年,虞达文撰写的专著《新闻读者心理学导论》,受到专家和学者的高度评价。1997年,广西大学曾建雄的《中国新闻评论史》出版,《中国青年报》当年 5 月 30日的读书版以醒目的篇幅介绍此书,称其是一部"填补空白"之作。

进入 21 世纪,随着传播学在中国的全面发展,新闻学术研究进入新闻传播学研究领域。目前,广西的新闻传播学术研究主要集中于三个领域。

一是传统新闻传播学研究。传统新闻传播学研究是指建立在新闻传播学学科理论基础上的研究,主要涵盖新闻理论、新闻史、新闻业务以及传播学理论等相关领域。虞达文的专著《新闻心理学》2001 年 12 月由新华出版社出版;复旦大学丁淦林与广西大学商娜红合著的《聚焦与扫描:20 世纪中国新闻学与传播学研究》2005 年由新华出版社出版,这两本书在业界影响甚大。这一领域的主要研究项目还有:广西社会科学院周可达的《网络舆论监督及其规范研究》、广西大学新闻传播学院郭丽华的《西南少数民族地区受众媒介素养调查和媒介教育体系建构》、广西大学新闻传播学院党东耀的《"三网融合"背景下西南多民族地区广播电视媒体发展战略研究》、桂林电子科技大学胡易容的《图像符号学:传媒景观世界的图式把握》、广西师范大学梁君的《国有转制传媒企业特殊管理股制度构建的政策路径研究》、广西财经学院陈琛的《自出版:国际出版产业发展的新驱动与我国的政策应对研究》等。这些项目从不同角度对新闻传播的基本理论和实践规律进行了总结和探讨。

二是对东盟传播的理论与实践探究。广西与东盟山海相连,区内的专家学者也积极对东盟各国的政治、经济、文化、社会等各个层面进行全面研究,以便为国家的东盟战略和双方的友好合作提供理论支持和决策依据。其中,广西大学的中国—东盟研究所已经产出了丰硕的研究成果,而专门针对东盟各国新闻传播现状的研究也在相关院校专家学者的关注下逐步进行。其中,受到中宣部资助,由人民日报出版社 2012 年出版的,广西大学新闻传播学院万忆的专著《向东盟传播中国——公共外交视野下的中国(广西)—东盟新闻交流》,系广西大学 211 工程重点学科"中国—东盟经贸合作与发展研究"的成果之一。该书以公共外交的理论诠释广西与东盟国家的新闻交流,将媒体的对外传播上升到国家公共外交的高度,通过广西媒体对东盟传播的实践归纳总结出媒体(公共)外交的一般规律。《向东盟传播中国》是广西第一部用公共外交观点分析和总结广西新闻媒体对东盟国家传播实践的专著,在广西区内具有创新意义。2014 年,万忆再获中宣部 50 万人民币资助,开展《中国边疆省区国际传播能力建设研究》,这也是广西新闻传播学科研究获得的最高金额的科研项目资助。这方面的研究主要还有:广西大学新闻传播学院易文的《越南革新时期新闻传媒研究》、广西大学新闻传播学院李庆林的《中国—东盟传媒合作的现状、问题与对策研究》、广西艺术学院罗幸的《"丝路精神"下中国国家形象在东盟的传播策略研究》等。这些项目对新闻传播在中国的东盟战略中的相关问题和作用进行了深入的探讨。

　　三是民族地域文化传播研究。广西是少数民族聚居的地方。壮族是广西人口最多的少数民族。除了壮族之外,广西还有瑶族、苗族、侗族等 12 个世居少数民族。在民族团结和民族融合的趋势之下,少数民族文化的研究一直是学术界的热点问题。2010 年以来,广西学者在继承以前大量研究成果的基础之上,继续深入地研究自治区各少数民族的民俗风情、文化特色,取得了较为丰富的研究成果。广西地域文化中的一大亮点是抗战文化。广西师范学院靖鸣编著的《桂林抗战新闻史》一书被方汉奇主编的《中国新闻史研究辑刊》收入,并于 2013 年 9 月正式出版,在业内较有影响。这方面的研究主要还有:广西大学新闻与传播学院商娜红的《抗战时期广西新闻出版事业研究》、桂林师范高等专科学校徐健的《抗战时期桂林进步报人群体新闻活动研究》等。

　　与自身相比,广西的新闻学术研究取得了长足的进步。然而,横向比较,广西的新闻学术研究比外省区市还有较大的差距,这有待广西的新闻学人进一步努力。

第八章　迎接新媒体的挑战

广西区内各种传统新闻媒体在建设互联网,运用新媒体等方面做了大量的工作,取得了许多宝贵的经验,为新一波的媒体融合打下了良好的基础。

第一节　新闻传播的网络化

新媒体是建立在计算机和互联网技术基础之上,相对于传统的报纸、杂志、广播、电视等传统媒体而言的新型媒体形态和文化载体。互联网进入中国之初,人们对它的了解是朦胧的,没有人把它视为"媒体"。即使是1995年最先上网的一批报刊,如当年1月12日国内第一份上网的中文刊物《神州学人》,当年10月20日国内第一家上网的中文日报《中国贸易报》等,都称自己是"电子版""网络版"。

一、网络信息传播的发展历程

广西于1996年实现与全国和世界互联网全功能连接。同全国一样,广西的新媒体起步于电子版、网络版,经历了从只按纸媒原样传送报刊的网站,到以新闻报道为主要内容的综合性新闻网站的过程。1997年,广西日报社和广西教育出版社等一批新闻出版机构首先在互联网上建立自己的网站,传播新闻报道和各种图书出版信息。其中,广西日报社注资500万元建立的新桂网,最初主要就是用于传送电子版或网络版的《广西日报》,以后才逐步发展成为广西一家重点新闻网站。

1999年7月,由民营机构投资兴办的怡隆资讯网注册成功,投入运营,这是一家面向社会,以宣传电脑产品为主的行业网站。这家网站的出现,标志着广西民营机构投资兴办互联网站的兴起，互联网社会化服务来到广西。2001 年 4 月，怡隆资讯网正式改版，更名为"南宁时空网"，并启用 www.nnsky.com 这一域名，从此转型为大众社区门户。

2000 年 6 月，由自治区党委宣传部主办的综合新闻网站桂龙网上线。桂龙网依托宣传部强大的行政资源，整合全区 50 多家传统媒体的新闻资源，汇集了有关广西的社会、经济、文化、生活等各个方面的最新资讯。每日更新的信息量很大，开设了新闻、财经、科技、体育等 18 个频道，是人们了解广西的重要窗口。此外，桂龙网还开设了论坛、红豆社区和邮箱等互联网社区，吸引了大量的注册用户和网民。

尽管如此，由于受到社会经济文化发展水平的制约，相对北京、上海、广东等经济发达省、市来说，广西互联网发展的规模还比较小。据中国互联网络信息中心第一次发布的统计报告披露，到 1997 年 10 月 31 日，全国上网的计算机不到 30 万台，用户只有 62 万家。而且用户主要集中在北京、上海等经济文化比较发达的大城市。广西的上网用户只占全国的 1.3%。那时候用户上网的目的，主要就是获知科技信息以及商业金融资讯。至于上网浏览新闻或消费娱乐的用户，占的比例还很少。广西用户上网的情况与全国大体相同，只是规模更小一些罢了。

随着计算机和互联网技术的不断推广普及，广西区内各级政府机关、各科研机构、大专院校、企业事业单位陆续建起自己的互联网站。网上通信、网上办公、网上办理业务逐渐进入人们的日常生活。邮箱地址成为人们名片上的内容，网民数量也大大增多。为了团结全区互联网行业的相关企业、事业单位和学术团体，促进区内与全国以及国际互联网行业的交流，提高广西互联网技术的应用水平和服务质量，广西于 2001 年 12 月 8 日成立互联网协会。当时加入广西互联网协会的单位和个人会员共 61 家，其中政府有关管理部门占 18%，通信运营企业及 IT 企业占 46%，工业企业占 5%，科研教育单位和其他单位占 26%。新闻网站还很少，只占 5%。上网用户的人数，当时全国大约有 3400 万，而广西占了其中的 2.6%。网民上网主要是处理具体业务，而不是娱乐消费和浏览新闻。因此，尽管那时广西已经出现了新桂网、桂龙网和时空网等一些较有影响的网站，但总的来说，互联网新媒体还处在初创阶段，对社会生活的影响还十分有限。

2004 年，随着北部湾开发开放的扩大和建设中国—东盟自由贸易区进程的加快，中国—东盟博览会落户南宁，广西经济建设出现了持续高速发展的局面。这为互联网的设发展提供了良好的条件。也是在这一年，全国出现了建设互联网、使用互联网的新一波浪潮。广西也受此影响，各党政机关、大专院校、科研单位和企业、事业单位都纷纷建立起自己的官网。尤其是各大新闻媒体机构通过互联网站传播新闻报道的情况日益增多。互联网以新媒体的形式逐步进入人们的文化生活,在社会上产生积极的影响。到2005年,广西的互联网站共有8355家,网民发展到330万。网民使用互联网的情况也发生了较大的变化。全国网民使用互联网浏览新闻的人数比例首次超过收、发邮件和搜索信息。为了集中力量办好本地重点的新闻网站,满足网民使用互联网浏览新闻的需求,到2006年1月1日,由自治区党委宣传部主办的桂龙网和广西日报社主办的新桂网,通过合并组建成新的重点新闻网站——广西新闻网,把广西互联网新媒体建设推向了一个新的阶段。

二、主要新闻网站的上线

作为广西文化建设一支重要力量的传统新闻媒体,敏锐地注意到互联网发展的巨大潜力,在较早的时候就办起互联网站,利用互联网作为传统媒体传播渠道的补充。这些媒体网站虽然只是传统媒体单位的官网,还不具备独立采集和发布新闻的资格,但这些媒体单位的官网,紧紧依靠主办媒体的新闻资源和各类节目,发挥自身优势,吸引大批网民,成为特色不同,独具影响的新媒体。

(一)广西新闻网

广西新闻网由自治区党委宣传部主管,广西日报社主办,是广西第一个重点新闻网站。本着新闻立网的理念,以内容的权威性和深度性建立门户网站的品牌。广西新闻网开设的原创新闻、时政报道、深度报道、现场报道、评论、政论、外网新闻以及新闻爆料热线等专栏,都受到网民的极大关注和追捧。在中国—东盟博览会、南宁国际民歌艺术节、纪念改革开放30周年以及广西壮族自治区成立50周年等一系列重大活动的新闻报道中,广西新闻网精心策划、精心组织,充分发挥互联网新媒体的快、新、全、活的优势,以文字、图片及活动视频的形式,通过网络新闻、社区论坛、网络电视等多媒体平台,追热点、抓重点,站在舆论的制高点上,正确引导舆论,宣传广西正面形象,在社会公众中影响越来越大。网站自身建设也随之发展壮大。到2014年,广西新闻网的经营范围已经涵盖了网络新闻发布、社区论坛、博客服务、网络视频和信息搜索查询等业务,显示终端包括计算机、手机、电视机等。其所开设的40多个频道500多个栏目,每天更新各类信息

2000多条,更新新闻资讯500多条,网民日访问量超过500万人次。广西新闻网在"2009年中国主流网站地方新闻网站流量排行榜"中位列第九名,在《2009年1月中国新闻网站市场份额统计报告》中排第23名,成为广西最有权威、影响最大的主流新闻网站,而且发展的势头越来越好!

(二)央媒网站广西频道

1999年,新华社广西分社在南宁开设了新华网广西频道。此后,各中央新闻媒体驻广西的分支机构也陆续建立起了互联网站,以扩大其新闻传播的渠道。这些网站一般都作为一个独立的频道,挂在总部网站旗下,如光明网广西频道等。其中影响较大的有:人民网广西频道、新华网广西频道、中新网广西频道等。这些网站频道依托其强大的新闻采集、发布的实力和丰富的资讯来源,大量登载与广西相关的信息。由于与总部网站连为一体,许多有关广西的重大报道和相关背景材料常常被总网转载,有的甚至被挂到首页,受到全国乃至国外网民的关注,产生更大的影响。国内外一些与广西相关或广西网民特别关注的事件,则站在广西地方的角度加以报道或转载刊登。这些网站频道在对外传播广西,沟通广西与国内外的联系方面发挥着独特的重要的作用。

(三)南宁时空网

民营企业和其他的民营机构也是互联网建设的一支重要力量。一些有眼光、有胆识的民营企业家在很早的时候就关注到互联网巨大的发展潜力,投资兴办网站。广西第一家由民营机构开办的互联网站,是1999年由南宁创高营销广告公司注册开办的时空网。时空网最初只是一家商业广告和商业营销的资讯服务型网站,叫怡隆资讯网。

2001年,时空网(www.nnsky.com)域名正式启用,转型成为大众社区门户网站。它以稳健的步伐,以全新的理念塑造新的互联网商业模式,不断涉足新领域,为广大的用户提供多种专业服务,满足不同用户群体的需求。先后推出房产、汽车、美食、招聘、喜缘、博客、论坛、品牌空间、旅游、亲子等近40项的互联网服务和应用产品。时空网的时空商城,拥有一万多名商家,销售额达4000万元以上。2005年,时空商城举办第一届网友商品交易会,到2008年,累计有28万人参与。交易金额增长速度很快,展位招商率保持98%以上。与广西壮族自治区公安厅信息合作的项目——身份证网上遗失声明系统以及银联商务、时空保险等,在行业内保持较高水平,拥有广泛社会影响力及良好口碑。

2008 年,时空网新域名(www. gxsky. com)开通,网站进行全面升级与改版,很快发展成广西流量最大的综合性社区网站。到 2014 年,全网每日更新信息近 9 万条。同时在线人数逾 11 万,每日点击量超 500 万次。注册用户已经从南宁向周边城市扩展,分布在全区各地,有 200 万。另外在网站旗下还开设了时空房产网、时空汽车网、时空美食网、时空招聘网、时空健康网、时空喜缘网、时空旅游网等独立运营的子网。海量资讯从方方面面影响着广西地区人民群众的生活。其新闻爆料、论坛、博客等,在网民中影响也比较大,论坛板块数量超过 200 个,博客注册用户突破 6 万人,时空论坛曾入选全球中文论坛百强,是广西最有影响的一家民营互联网商业网站。

时空网的成功,对广西的互联网建设起到了很大的推动作用。2004 年以后,许多民营机构投资互联网建设,到 2014 年,较有影响的民营机构网站有广西城市网(www. gxcity. com)、搜广西网(www. sogx. cn)、益博网(www. gxybw. com)、住朋网(nn. zp365. com)、广西装饰网(www. gxzsw. net)等。这些网站功能不同,发布的信息涉及方方面面,蔚为大观。

(四)其他全国和地方网站

随着北部湾开发开放的扩大和建设中国—东盟自由贸易区进程的加快、中国东盟博览会落户南宁,南宁经济建设出现了持续高速发展的局面,这为互联网的建设提供了良好的条件。2012 年 6 月,千橡互动集团旗下的著名网站猫扑网(nn. mop. com),随同子公司美丽传说股份有限公司,把总部从北京正式迁至南宁。"猫扑网"的总部也落户南宁市高新区中国—东盟企业总部基地。2013 年 12 月,中国著名门户网站新浪网在南宁高新区设立地方站。这一年的 12 月,新浪广西(gx. sina. com. cn)正式上线。新浪广西结合区域特色,搭建起一个内容来源于微博、用户来源于微博、互动来源于微博的社会化网络生活服务平台,内容涵盖新闻、旅游、美食、购物、娱乐、汽车等方面。此外,还有许多新的网站也在认真筹备建设之中。

在广西,有人把互联网站分为立足首府南宁、面向广西全区的区域性网站,和立足于某一县、市的区域性网站。广西接通国际互联网以来,在各市、县上线的网站年年增加。互联网没有行政区划的疆界,许多市、县开办的区域性网站及论坛在全区甚至全国也有影响。尤其是市、县新闻媒体机构开办的网站,传播力、影响力相对来说都比较强。比如由桂林日报社控股的桂林生活网(www. guilinlife. com)、由南宁日报社主办的南宁新闻网(www. nnnews. net)、南宁市广播电影电视局主办的南宁老友网(www.

nntv. cn），以及柳州广播电视网（www. lzgd. com. cn）、西江在线（www.
onlinexijiang. com）、玉林新闻网（www. gxylnews. com）、河池网（www. hc-
wang. cn）、北海 365 网（www. beihai365. com）等。这些网站通过新闻报
道、社区互动、论坛、博客等网络形式，发布有关当地各方面的新闻，提供与
当地人们生活相关的资讯，服务当地网民，影响着当地人们的精神文化
生活。

经过十多年的发展，广西的互联网站现在已经形成了百花齐放、百家
争鸣的局面，据《2014 中国互联网站发展状况及其安全报告》披露，到 2013
年底，全广西各种类的互联网站共有 50750 家。2013 年和 2014 年开元网
络与品牌研究的最新研究结果表明，在广西综合性网站及社区网站综合影
响力评估中，排名前五位的依次是广西新闻网、南国早报网、时空网、桂林
生活网、北海 365 网。

三、新媒体的机遇与挑战

从传统媒体的角度来看，互联网的影响首先是通过发布新闻，刊登各
种帖子，传递信息，供网民浏览和查阅而产生的。与传统的纸质媒体和电
子媒体不同的是：互联网的信息载体既有纸质媒体（如报刊、书籍）的文字
和图片，又有电子媒体（如广播、电视）的音频和视频，甚至可以更加方便快
捷地进行搜索查询和下载、存储记录，可以反复查看或引用。然而，真正使
互联网与传统纸质媒体和电子媒体发生根本变化的是，阅读浏览信息的网
民可以对网站发布的信息进行评论，点赞或者批评。甚至通过发帖提问，
进行更深入更具体的了解，网民甚至可以通过注册，在网站发表博客文章。
网民与网站之间、网民与网民之间随时可以通过发帖子，互通情报，对共同
关心的问题发表意见、进行讨论。传统媒体把关人的角色、入门门槛、传者
和受众的界线统统被互联网的这种开放性、互动性抹平了，这就使得互联
网传播与传统媒体传播有了根本的不同。因此，传统的报刊、书籍和广播、
电视被人们称为传统媒体，互联网被人称为新媒体，以后，基于互联网技术
基础之上传播媒体也都被称为新媒体。

互联网新媒体的这种开放性和传、受互动的优势很快就被人们掌握和
运用。许多网站从开办上线的时候开始，就除了发布新闻和刊登各种信息
供网民阅读之外，还开设专门的互动讨论平台，如网络社区论坛等。专门
供网民们进行新闻爆料，提出问题，发表意见。一些见多识广的网民把身
边发生事情，包括游历见闻，阅读发现和个人见解写成文章，刊登在社区论

坛上。一些人还在网上开设专门的空间发表自己的文章,即人们常说的博客。一些著名的互联网站之所以能在社会上产生巨大的影响,就是从个人博客或社区论坛开始的。全国如早年的天涯社区、人民网的强国论坛,在广西则有桂龙网的红豆社区、时空网的时空社区等。

红豆社区最早是桂龙网创办的网友交流平台,2002 年上线运行,上线不久就开启了广西政协委员和网民参政议政的通道,邀请党政领导人上网与网民就广西发展问题交流意见。红豆社区还举办过 3·15 网上维权活动,交流预防和战胜"非典"等主题活动等。2002 年 9 月,有一个叫方又剑的男童患重病,需要一笔手术费,家庭无能力承担。红豆社区的网友们在网上进行了反复讨论,商量帮助病孩家庭渡过难关的办法,在网上发动网友捐款,组织网友探望和鼓励病人和家属战胜疾病。当时世界乒乓球锦标赛在德国举行,一位德国的红豆网友得知这名病孩特别喜欢中国球员乔红,便想方设法找到乔红的签名寄送给他。虽然这名病孩最终没能战胜疾病,但红豆社区汇聚和传递给他的爱心,温暖了他短暂的人生,弘扬了人间大爱,在社会上产生了积极的影响。桂龙网与新桂网整合后,红豆社区归入广西新闻网旗下,人气进一步推高。其论坛、博客、相册、红豆村及下属的思辨频道、公益频道、图片频道、情感频道等,吸引众多网民,尤其是"思辨广西""红豆五人行""媒体互动"等品牌栏目,成为网民与网民、网民与政府的沟通讨论、汇聚共识的平台。其开设的论坛有时事财经、城市论坛、娱乐悠闲、大学时代、交易市场、文学艺术、养眼酷图等。凭借着红豆社区的知名度和影响力,广西新闻网又先后在全区 14 座城市开设区域性社区,如"玉林红豆社区""梧州红豆社区"等,供当地网民热议当地话题提供平台。在社区的各个论坛板块中,城市论坛和思辨广西最为火爆,14 个城市论坛和思辨广西,日发帖量超百万,跟帖则更多。到 2014 年,红豆社区已经成为国内较有影响的网络社区,排名在全国地方新闻网站社区论坛的前十,并入选全球中文论坛百强。

时空网旗下的时空社区,是在广西影响较大的又一家网络社区论坛。时空社区创办于 2001 年,由于创办较早,抢得了先机;再加上发帖、跟帖十分自由,南宁本地的上班族、高校学生以及各阶层的普通市民都乐意在社区论坛上发帖、跟帖,或者爆料新奇见闻,或者就某些话题发表意见。比如其中的城市生活板块,讨论的话题大到国家政策、天下大事,小到日常生活的衣食住行,话题涉及方方面面,十分宽泛。城市生活大板块内又分设时空广西、南宁生活、人到中年、社会杂谈等小板块。此外,时空社区内还开设有以女性时尚为主要内容的伊人社区,以娱乐八卦为主的娱乐社区以及美食、汽车、房产、亲子、婚嫁、摄影等,时空社区全部共设有 21 个大区 130 个小区板块论坛。为了吸引网民,时空社区不断组织网友在线上、线下开展各种各样的活动。线下的活动如 2004 年的青秀山篝火网聚、2006 年的网友相亲、2007 年的博客嘉年华等,这些线下活动也丰富了线上的内容,推高了社区人气,赢得了良好声誉。2004 年和 2005 年,时空社区连续两年入选全球中文社区一百强,2006 年开通时空博客,吸纳博客用户 2 万人,2009 年成为广西第一家注册用户超过 100 万的社区论坛,到 2014 年时空社区论坛的注册用户已经超过 150 万,在广西尤其是在南宁市民中有着广泛影响。

网络社区论坛是互联网站专门为网民开设的交流空间。网民通过注册后就可以在其中自由发帖,通过博客、文章、微型博客等,或爆料个人经历的见闻,或就某个话题提出自己的主张供网友们参考、分享,是互联网上极为活跃,信息内容极为丰富的部分。由于互联网技术的发展抹平了网站、社区、论坛的界线,出现了专供注册网民发表文章或传供网民自由交流的论坛、社区或网站。这些专供网民自由发帖交流的网络空间又被人们称为社交媒体。社交媒体具有高度的开放性和自由度,一个网民常常就是一家消息来源。这种信息发布的自由开放和信息来源的多种途径改变了传统媒体是重大消息唯一来源的历史。如 2013 年 12 月 28 日国家主席习近平到北京庆丰包子铺吃包子的事件,就是由加 V 认证为"时事评论员"的"四海微传播"在新浪微博上首先发布的。网民通过社交媒体传播所见所闻,使得社会信息更加公开透明,民意表达更加充分,但也带来一些负面影响。如 2011 年 7 月 23 日,甬温铁路发生列车碰撞脱轨事故,四分钟后,列车上的乘客、网络 ID 为"袁小芫"的网友就发出第一条微博,在社交媒体上披露事故消息。许多在现场的网友也分别从事故现场、寻人、遇难者姓名、现场抢救、献血等方面展示事故情况,给救援和处理事故提供了大量有效信息。但也是这一件事,一个网名叫"秦火火"的网民却在社交媒体上散布谣言说:铁道部已向在动车事故中遇难的意大利乘客赔偿三千万欧元。这一谣言给事故处理造成了极大的混乱。这说明,社交媒体的自由开放给社会信息管理提出了新的挑战。2010 年以后,一些网络大 V 在社交媒体上无中生有、恶意炒作,制造的"网络事件"接连发生,影响十分恶劣。如 2011 年北京尔玛公司网络推手"立二拆四"制造的"郭美美事件","秦火火"制造的诋毁"雷锋生活奢侈",攻击"杨澜假捐款"事件,以及"薛蛮子"转发炒作的"自来水里的避孕药""南京猪肉铅超标"等,都是以猜测、臆想制造出来的话题,在社会上产生了极坏的影响和不必要的混乱。

与全国各地相比,广西类似的"网络大V"和"网络事件"虽然不多,但通过社交媒体披露、扩散和发酵的事件也有一些。如2012年的"龙江河镉污染"事件,有关部门发布消息后被一些人在社交媒体上炒作、放大,引起了全国媒体的关注和社会公众的质疑,后来经自治区和相关地市政府的科学协调处置,一方面通过网络新媒体和传统媒体公布事件真相,占领舆论制高点;另一方面对事故的责任人、责任部门进行实事求是的查处,澄清了事实,平息了风波,赢得了社会公众的信任。

在广西还有两件由网民通过社交媒体披露、震惊全国的网络事件,即所谓的"局长日记门"事件和"厅官艳照门"事件。所谓"局长日记门"是指在2010年初,来宾市烟草局局长记有喝酒、玩女人和接受贿赂内容的日记,被网友在社交媒体上发帖曝光,各大网站转载后,各地网民跟踪热议,在全国造成负面影响。日记曝光后,有的网民根据日记内容,斥责"官场腐败",给事件贴上"新官场现形记"的标签。有的网民以日记内容为线索,追索事实真相。以后经纪检监察部门和政法机关立案调查,依法对这名局长进行判刑处理。这是一件由网民通过社交媒体揭露出来的腐败案件。人民网舆情分析师对案件过程进行充分分析后认为,"局长日记"事件发生后,网络舆论出乎意料的复杂,有的网友按照常规思路,要求"严惩贪官",也有网友说"××(局长)是个好干部"要求"放了他",这种观点的多样性体现了网友们更加成熟的心态和更强的独立思考能力。还有的专家认为"网络正成为反腐的主流途径",今日网络正朝着"监督利器"的目标走。当监督需要时,发布渠道相对快速畅通的网络自然成为网民的选择。由此可见,网络社交媒体在当代社会中的影响和作用是很大的。

所谓"厅官艳照门"是指在2012年初,自治区技术监督局一名"厅官"玩弄女性的照片,被网民发帖到社交媒体上所引发的事件。网民在发照片的同时,指出这名"厅官"生活腐化,玩弄女性已有十多年了。这些内容和照片迅速被全国各大网站疯狂转载,在当时形成了巨大的负面影响。后经纪检监察和政法部门立案侦查,这名生活腐化的"厅官"也受到了法律的制裁。对依法惩处生活腐化的官员,网民们无疑一片叫好。但也有律师认为:偷拍他人私生活镜头,窥探他人室内情况,通过网络将他人婚外性生活公诸社会,是侵犯了他人隐私权,提出了应当搭建和维护好网络举报平台的问题。

2012年,韩国鸟叔"江南style"视频风靡全球。这并不是因为其内容或形式有多么精彩,而是得力于社交媒体,尤其是以智能手机为终端的移动互联网传播。这一年被人称为"移动互联年"。手机和移动互联网是移动通信技术高度发展的产物。手机产生于 1973 年的美国，以后又伴随着模拟通信技术、数字通信技术的发展，具备了智能化的特性。智能化的手机不仅可以用于人与人之间的通话交流，而且可以用来拍照、录音、录像、收发文字短信以及图片等。第三代移动通信系统（即 3G）手机投入使用以后，手机能够收发、存贮流量很大的视频和大篇幅的图像和文字，成为移动互联网的显示终端，这为手机成为传播媒体打下了坚实基础。2001 年《扬子晚报》曾在中国媒体中首先使用手机短信的方式进行新闻传播服务，揭开了手机媒体的序幕。2003 年辽宁移动开放手机语音广播节目，拨打电话即可收听。2004 年广东移动发起手机电视业务。2004 年 7 月 18 日，中国第一份手机报《中国妇女报·彩信版》正式开通上线。这表明，随着移动通信网络和移动互联网络技术的发展，手机已经成为能够直接传播图文和音、视频信息的新媒体，它有着极大的便捷与灵活的优势。2006 年底，全国手机用户达到 4.6 亿，规模超过报纸和网络用户。通信运营商、互联网站企业以及传统媒体运营商都把发展的目光投向移动互联网和手机媒体。2010 年，新浪网为适应手机传播和信息传播碎片化的情况，推出微型博客（即微博）服务，吸引了大批手机用户。2011 年初，腾讯公司为手机和其他智能终端推出微信应用程序，为用户收传语音短讯，微视频以及文字和图片，提供跨通信运营商、跨操作系统的服务平台，通过这个微信平台和其他操作系统，人们不仅可以用手机上网读书看报、听广播、看电影，甚至可以运用手机拍照、录音、录像等功能，以图文和音、视频的形式随时随地向特定对象发布信息，进行小范围内的"现场直播"。以移动互联网和智能手机构成的新媒体传播系统平台，呈现出了诱人的魅力。

新媒体的发展浪潮一波接着一波，广西的媒体机构和通信运营商也追风踏浪，奋起直追。2007 年，广西移动开始建设 3G 网络，2008 年在中国东盟博览会开通演示业务，2009 年在南宁正式对外开放。广西新闻网抓住时机，与广西移动强强合作，推出了广西第一家手机报——《广西手机报》，《广西手机报》以手机彩信和 WAP 方式呈现，以个人手机作为显示终端，其可移动的方便快捷浏览的特点很快得到用户的认同，开通三个月，订户超万家。这年年底，由新华社广西分社和广西移动共同打造的手机媒体《新华掌媒》上线，为用户提供方便快捷的、与全球同步的图文信息服务，体现其资讯的权威性和独特性，很快成为广西手机媒体的拳头产品。2008 年 4 月，由广西电视台控股的广西广电移动多媒体传播有限公司依托广西电视台丰富的节目资源，推出广西移动电视，通过南宁市 1000 多辆公交汽车的电视终端和众多的手机终端，将精彩的电视节目呈现给观众，大大方便了喜爱电视的人们。真正做到了"电视长了脚,跟着受众跑"。以后广西移动电视又覆盖了柳州、钦州、北海等南宁周边城市。不少公务车和私家车也安装了电视屏显示终端。手机显示终端的用户也大大增加,成为广西新媒体家庭的重要一员。

同全国一样,广西的新媒体建设随着科学技术水平的不断提高和社会进步稳步发展。到 2012 年底,广西涌现了《广西手机报》《桂林手机报》《河池手机报》《北海手机报》等手机媒体,以及"魅力广西""掌上广西""美丽广西""醉美广西"等移动互联网应用平台。在南宁、柳州、桂林、北海、梧州、玉林、钦州等主要城市实现了移动电视覆盖,据不完全统计,到 2012 年底,全广西已有有手机用户 2532 万家,移动互联网用户 1350 万家。手机报、移动电视等各种形式的新媒体以其新颖的便捷的服务方式影响着人民群众的文化生活!

传统媒体和新兴媒体的融合发展,是一项重大改革,也是一个全新的课题。事实上,传统媒体机构自办的新闻网站虽然比较早,做了融合发展的探索,也有不少亮点,但就影响力而言远远没有达到公众期许。传统媒体的声音,在很多时候需要通过自身媒体网站传递或通过商业网站的大量转载,才能达到有效传播。形成所谓的传统媒体官方舆论场与新媒体的民间舆论场。在国际上,传统媒体的声音曲高和寡。中国许多好的做法和政策常常遭到国际舆论的误读,中国的主流声音却常常被忽视。面对这种严峻的形势,中央和国家领导机关提出了推动传统媒体和新媒体融合发展的战略任务。

在广西,接入互联网后,区内主要的传统媒体机构也率先创办起来的互联网站,在社区论坛、手机报、微博、微信、客户端的开发上也步步跟随。在日常报道,尤其是一些重要活动的宣传报道中,广西区内各主要媒体,除充分发挥自身原有的优势,做好常规的宣传以外,也通过网站、微博、微信、客户端等,立体化、互动式传播相关信息,发出主流声音,为媒体融合发展做了许多探索,取得了许多经验。

2014 年 8 月 18 日上午,中共中央总书记、国家主席习近平主持召开中央全面深化改革领导小组第四次会议,审议通过了《关于推动传统媒体和新兴媒体融合发展的指导意见》,习近平发表重要讲话强调,推动传统媒体和新兴媒体融合发展,要遵循新闻传播规律和新兴媒体发展规律,强化互联网思维,坚持传统媒体和新兴媒体优势互补、一体发展,坚持先进技术为支撑、内容建设为根本,推动传统媒体和新兴媒体在内容、渠道、平台、经营、管理等方面的深度融合,着力打造一批形态多样、手段先进、具有竞争力的新型主流媒体,建成几家拥有强大实力和传播力、公信力、影响力的新型媒体集团,形成立体多样、融合发展的现代传播体系。要一手抓融合,一手抓管理,确保融合发展沿着正确方向推进。8月26日,中共中央政治局委员、中央书记处书记、中宣部部长刘奇葆在学习贯彻习近平总书记关于媒体融合发展重要讲话精神座谈会中强调,把各项工作抓到位,加快推动传统媒体和新兴媒体深度融合的步伐,巩固宣传思想文化阵地、壮大主流思想舆论。很显然,传统媒体和新兴媒体的融合、一体化发展所组成的立体多样的现代传播体系,将深刻地影响广西乃至全国的传播媒体建设的格局,影响着广西地方文化建设发展和人们的精神文化生活。

第二节　传统报业的新媒体转型

进入21世纪,网络及其所呈现的终端平台(如智能手机等)异军突起,极大地重塑了资讯传播的方式,相对于纸媒等传统媒体而言,网媒在即时性、互动参与性、时效性等方面有着巨大的优势,曾一度让业界惊呼:纸媒将被取而代之!

广西的传统纸媒将挑战转化为发展机遇,十分注重经营好自身拥有的网络媒体。在科技领先战略的指引下,广西各纸媒的网站研发技术日臻成熟,积极进行播客系统、团购系统、相亲、游戏等软件的研发工作,并着手引进战略投资者,合作打造全媒体平台,进一步拓展网络多媒体、移动多媒体、户外多媒体业务,构建以网络为主体,涵盖手机报、手机杂志、手机电视、网络电视、户外大屏等立体传播体系,整合网络优质资源,加快构建新媒体群落,建立全区各市县网群,打造覆盖全广西的网络宣传平台。

广西日报传媒集团为推动传统媒体与新媒体结合,先后推出了《广西日报》《南国早报》《当代生活报》《法治快报》《南国今报》《健报》等数字报;与三大通信运营商合作,推出了《广西手机报》,积极进军"第五媒体",目前已有用户40万;先后打造《八桂手机报》《南国手机报》《柳州手机报》《梧州手机报》等一批新媒体。

2008年,广西日报传媒集团以其旗下的《南国早报》品牌命名、创办了南国早报网。这是由传统媒体机构主导的一家区域性门户网站。网站秉承着《南国早报》"新闻早知道"的传统理念,以平民视角报道普通民众关注的日常生活中的方方面面的大事小情,以最快的速度在第一时间给南宁市民传递第一手的新闻资讯。其中以报道南宁以及广西的本土新鲜的新闻资讯为主,但也不乏国内外重要时政新闻和体育、娱乐资讯。具有鲜明的平民草根特色和轻松娱乐风格。南国早报网还开通国内先进的新闻投诉爆料系统,搭建起南宁网民在网上的投诉爆料和跟帖评论的平台。尤其对其中一些重要爆料线索,网站还派出记者进行追踪采访,深入报道,深得网民喜爱。南国早报网的博客论坛也很有人气。众多网民乐意在其中谈论各种亲历见闻、生活琐事、人生感悟,对各种热点、焦点问题发表评论意见。是一个人气很旺、表达民意充分的网络舆论空间。南国早报网虽然创办比较晚,但2010年9月进行全新改版以后,定位为南宁生活资讯门户网站,在南宁普通市民中有着广泛的影响。在2014年被开元研究机构确定为影响力仅次于广西新闻网的广西地区互联网站。

2011年,集团在百色市开通了《百色党建手机报》,并将此模式推广覆盖到广西14个市。集团还以不同的模式相继开通桂林、贺州、防城港、钦州等子网站,并逐渐走出单纯依靠硬广告的经营格局,打造游戏、电子商务、厅局在线、相亲、时尚等一系列新的经营平台,在新领域催生出新的利润增长点。广西日报社所属的新桂网与自治区党委宣传部主办的桂龙网强强联合,组建广西新闻网,目前已开设40个频道近500个栏目,每天更新新闻500多条,日均访问量超过500万人次,在全国地方重点新闻网站中名列前茅。广西新闻网还启动了转企改制工作,深化改革,创新体制机制,按现代企业制度的要求,建立完善的公司治理机制,将集团打造成具有持续增长能力,在国内乃至东南亚有影响的现代传媒企业,并力争尽快进入资本市场。

2013年,集团推出"广传魔码",打造结合二维码和增强现实技术的手机应用端,使省级党报成为一张能同时呈现文字、图片、声像,并与读者实时互动的"动态报纸"。集团还积极试水"云报纸",由"报网互动"向"报网融合"推进,抢占新媒体发展制高点。

经过多年的努力,广西日报传媒集团在新旧媒体的融合发展上取得了一定的成绩:2013年,广西新闻网取得了较好的业绩,经营收入首次突破2000万元;《当代生活报》继微博粉丝突破30万之后,在3月开通了微信并加入了中国媒体微信联盟,获广西108家官方媒体微信风云榜排行第三名,被称为"最接南宁地气的微信号";按照"一省一报"的思路整合手机报,将《广西手机报》《八桂手机报》《南国手机报》及集团旗下其他手机报统一整合成《广西手机报》,自治区党委宣传部给予1000万元的财政扶持;整合新媒体群,将集团内各部门、各子报子网的微信微博客户端整合成一个包含200多账户的微博群和一个200多账户的微信群,用微信和微博技术细化内容服务,做到分众化、互动化;投资 300 万元与广西大学共建全媒体科教创新实训基地,提高采编人员媒体融合技能和意识。

2013 年 6 月 8 日,《广西日报》的法人微博及微信通过新浪微博、腾讯微博上线,用户只需输入新浪微博、腾讯微博以及微信的网址,打开微信客户端,就可以浏览《广西日报》的法人微博及微信,了解《广西日报》所刊登的新闻报道、评论和其他文章、图片。2013 年 11 月 8 日,《广西日报》传媒集团再推出手机应用端"广传魔码"。用户只要用手机扫码就可以随时随地浏览集团下属的所有报纸。为了解决下载视频耗费流量的问题,集团与移动、联通、电信等运营商建立战略合作伙伴关系,实行免费扫魔码。这不仅大大方便了用户,而且对媒体融合也是一种有力的推动。到 2014 年,广西日报传媒集团对"广传魔码"再进行升级,谋划新媒体矩阵。

2017 年广西日报传媒集团建成了广西媒体深度融合的标志性平台——"广西云"融媒体生态系统,为积极推进媒体改革创新、转型升级、融合发展探索新路。"广西云"是一个将广西传统媒体和新兴媒体深度融合的新型媒体生态系统,可以概括为:一个系统,一个媒体形态相融、传播形态相融、产品形态相融、人才形态相融和技术形态相融的融媒体生态系统;两个接口,广西对内和对外传播两个"双向互通接口";三大平台,打造新闻舆论引导与意识形态管理、党建政务信息公开、智慧民生服务即"新闻＋党建政务＋服务"三大平台;四种形态,对自治区、市、县三级媒体的"报(刊)、网、端、微"四种形态进行汇聚、管控、服务;五类产品,建设并形成"PC 网站＋手机网站＋手机客户端＋微博＋微信"五类产品矩阵。

"广西云"是国内首家将采编中央厨房、营销发布平台和融媒演播平台进行一体化构建的区域性生态级媒体平台。建设"广西云"融媒体生态系统有利于整合资源,壮大宣传思想文化主流舆论阵地;有利于形成合力,传递党中央、自治区党委政府以及各级党委政府的主流声音;有利于分析应对社会舆论,提升应对舆情和引导舆论的保障能力;有利于推动媒体深度融合,打造新型主流媒体集团,引领并促进广西各层级的媒体融合转型;有利于共享互通,加强对外传播,促进广西对外宣传工作;有利于文化繁荣,维护边疆民族地区和谐稳定发展。2017 年,全国党报网站高端论坛首次发布了"全国党报融合传播指数",广西日报的"全国党报融合传播力"在包括央媒在内的全国 367 家党报中排名第七,在省报中排名第四。

第三节　数字出版的兴起

新兴的数字出版在广西已由试探、观望进到奋力投入,初尝甜头,渐见成效的阶段。

2011年,广西人民出版社的"广西壮族自治区资源库"项目和接力出版社的"中国青少年多媒体阅读推广平台"分别获得国家财政部文化产业发展专项资金1000万元扶持。

2012年广西科学技术出版社上报的"中国—东盟传统医药全媒体出版平台建设"被新闻出版署批准列入2013年新闻出版改革发展的七大项目之一,获国家财政1500万元扶持。

尤其令人欣喜的是,获得国家千万元资助的项目广西壮族自治区资源库已上网运行,至2014年夏已完成70个公共资源库及400多个子库的建设,完成总量约2万个条目,相关配套App产品取得突破,打开了向政府机构销售App产品的路子。广西人民出版社已拥有广西首家获国家新闻出版总署颁发的互联网许可证资质,取得中国三大移动运营商手机阅读的CP资格,包括手机阅读在内的电子版权收益近百万元,各类终端应用研发取得较大进展,数百种图书已在各种数字平台上线销售。广西人民出版社的先试先行为广西出版开出了新路,创出了新景。

2015年,广西正式出台具体措施,扶持推动传统出版和新兴出版业务融合发展,以图再次打造出版界的"广西现象"。

广西的目标是要立足传统出版,发挥内容优势,运用先进技术,走向网络空间,切实推动传统出版和新兴出版在内容、渠道、平台、经营、管理等方面深度融合及共享融通,形成一体化的组织结构、传播体系和管理机制;推进多层次产业合作,形成资源共享、市场共有、业务共通的产业发展格局。

为实现这些目标,广西推出了七点保障措施:一是要求各级新闻出版广电行政部门、财政部门进一步扩大开放,简化审批手续,提高行政效能;二是加大自治区文化产业发展专项资金对数字出版产业发展的支持力度,重点扶持数字出版重点项目和社会效益突出的项目;三是鼓励各类社会资本投资数字出版领域、从事数字出版经营业务;四是加强数字版权保护,将数字网络领域列为打击侵权盗版专项执法重点;五是发挥广西区位优势,为中国—东盟文化交流开辟新渠道,大力推进优秀数字出版产品、数字出版技术走出国门,进入东盟,走向世界;六是引导读者扩大数字内容消费,培育数字阅读市场,逐步扩大数字产品在少数民族地区的覆盖面;七是加快推动数字出版人才队伍体系建设。

随着这些措施的实施到位,广西的数字出版业将进一步快速发展,使数字出版业再现"广西出版现象"和品牌。

2018 年 7 月 19 日,随着"梦回花山"产品的正式发布,"广西出版"在第28 届全国书博会上成为亮点,广西数字博物馆项目也随之揭牌启动,这预示着广西出版的科技步伐已走在全国的前列。"广西数字博物馆"是以广西民族文化和历史文化为主题的大型复合出版项目,项目依托"广西全国重点文物保护单位丛书"等内容资源,建设数字化线上平台,开发新技术系列应用产品,集中展现广西文化研究和文物保护的最新成果,对非物质文化遗产及地标产品进行宣传、创意产品销售,探索"数字出版＋智慧旅游＋文化创意"的产业融合路径。其中,"梦回花山"是世界遗产"左江花山岩画文化景观"的复合出版项目,该项目主要利用视觉影像、虚拟现实、手机游戏等新载体和手段,提供全新文化体验,探索融合发展创新,助力世界遗产的宣传和保护。①

第四节　广电行业的"三网融合"

广电行业的"三网融合",是实现广播电视事业长远发展的必由之路。

一、数字广播的新活力

由于电视的兴起,互联网等新媒体的出现,广播发展在 20 世纪 90 年代受到强有力的冲击,一度出现"广播消亡"的言论。但广播作为人们交流的一种方式,其存在发展有着充分的理由。进入 21 世纪,广播一方面运用最新的科技成果武装自己,另一方面充分发挥自身优势,抓住新的机遇,锐意革新,使广播又出现新的繁荣。成为电视媒体、电声媒体、平面媒体以及新媒体大整合中的一员,在信息社会中扮演着重要角色。

广播能够在各种媒体激烈竞争中立于不败之地,在于其具有以声音传播信息和以声音塑造艺术形象的独特个性,这是别的任何媒体都代替不了的独特性。以声音传播,这使得"传"与"受"都是有极端简便的优势。在收

---

① 《"广西出版"数字出版闪亮书博会》,《深圳商报》2018 年 7 月 21 日 A10 版

听工具成为极为普通,甚至毫不费力地被当成汽车、火车、电脑、手机甚至手表中的一个小零件之后,广播的"简便"优势发挥到了极致。在生活节奏十分快捷的现代社会,人们可以一边吃饭一边听广播,可以一边做家务一边听广播,一边开车一边听广播,甚至可以一边办公一边听广播。广播无处不在,它在给人们带来最新信息的同时又丝毫不会耽误人们的其他工作。这正是广播在信息大爆炸的当代社会赖以存在的根本原因。广西的广播,到 20 世纪 90 年代末注入了活力,但同时又随着改革开放、社会变迁和科技进步获得重生之机。

调频立体声广播使声音变得更加优美,诱使观众对美声出现了新的追求。随着卫星广播、数字广播的出现,广播频道不再是稀缺资源,不少地、市甚至县一级行政区域都办起了无线广播电台。省、市广播机构一台多频成了普遍现象,这很好地适应了当代传媒社会信息系统化,受众碎片化,传播与收听人性化等特点。广西人民广播电台先办起了交通台、文艺台、教育台、经济台等系列台。广播无处不在,无论是在上下班的路上,旅游出行的途中,还是在早晨锻炼或晚间散步的场所,广播都可以成为人们随时随地获得最新信息的来源。

随着当代高新技术迅猛发展,尤其是卫星技术的发展,卫星广播真正实现广播无远弗届的优势,数字技术使广播声音更加优美生动,更具感染力。网络技术使广播克服了稍纵即逝的缺陷,听众通过点击互联网,可以随时听到自己心仪的广播节目。借助网络技术的播客广播,广播进入了自媒体的大家庭,并且正在悄然改变着广播节目的形态。2003 年,广西人民广播电台同中国国际广播电台联合开办了互联网站——北部湾在线新媒体,闯入互联网广播的大门,广西各级广播电台也都开办了自己的官方网站,把广播节目挂在互联网站。通过移动广播、互联网广播等多种形式,广播走向了崭新的发展阶段,成为人们可以沉浸其中的精神文化家园。

2003 年,广西人民广播电台在整合提升传统的无线电广播与互联网优势的基础上创建了自己的官网。在网上同步直播台内各频率的广播节目,为网民在网上收听或点播广播节目提供平台。

按照自治区党委、政府和国家广电总局的部署,2010 年,广西人民广播电台在建台六十周年之际,在原官网的基础上搭建起跨地区、跨行业的新媒体——北部湾在线新媒体。北部湾在线新媒体依托广西人民广播电台强大的新闻采集发布实力和丰富的娱乐和科技文化信息资源,为网民提供声音、文字、图片和视频等多种形式的海量资讯。通过多媒体信息发布、栏目内容广播、专题节目联播、网络直播室、经典点播、互动交流、用户推荐分享等渠道,实现多语种、多通道、多终端的多媒体信息服务。其中最具特色、最有影响的是"北部湾在线"广播的音频、视频内容广播。

二、电视接入互联网

在广西,最早建立的新闻媒体官网是广西电视台的广西电视网。广西电视网(www.gxtv.cn)成立于 1998 年 5 月,最初主要是以"台网互动"为基础,配合全台各频道和各部门做各类栏目、节目,各大型活动的推广。同时把这些节目文字内容和视频发布在网上,以备观众复看查询。以后随着互联网技术和电视事业的飞速发展,广西电视网多次进行系统的升级改造。

2008 年,广西电视网按本土第一视频网站的标准,根据网络传播的特点,将广西电视台所有在播节目和经典镜头视频进行拆分整合,分栏目呈现在网上,使全台节目实现了规范聚合、精彩再现、长期浏览、互动参与、创意拓展。此外还开辟专门频道,实时直播广西卫视和综艺、都市、影视、公共、资讯(后改为新闻)各大频道的节目,为各电视频道开辟第二传播渠道。2012 年网站再次进行升级改版。

2013 年 4 月,广西电视网从总编室分出,由新成立的新媒体部负责建设运营。通过整合原有资源,广西电视网开设了新闻、娱乐、时尚、东盟、文化、纪录片、论坛、直播、点播、美丽天下网播客等频道。依靠广西电视台源源不断的节目资源,每天剪辑上线视频 200 多条,随时提供 50 档电视节目视频的直播和点播,日均提供视频时长达 1600 分钟。同时还为网民提供广西电视台九个频道的直播、节目点播。网站数据库存储超过 25 万条图文资讯和 3 万多条视频供网民选择,随时点播查阅。是广西地区资源最丰富、影响最大的视频网站。到 2014 年,持证或备案合法提供视频节目的互联网站,在广西共有 22 家,而广西电视网则是其中最具代表性的一家。

2013 年 2 月,广西电视台的《广西新闻》手机客户端通过广西电视网上线,手机客户无须坐到电视机前,就可以随时随地点播广西电视台当天的《广西新闻》和广西卫视、新闻频道的实时直播节目。对重要的或自己感兴趣的新闻报道或其他节目还可以通过查询,反复点看。从 5 月到 10 月,广西电视网又在线上陆续推出娱乐节目《一声所爱·大地飞歌》和《广西综艺》两个手机客户端。除直播、点播、查询所有的节目外,《一声所爱·大地飞歌》手机客户端还增加了选手报名、观众投票、互动评论等功能,供客户发表意见,参与选择。《广西综艺》手机客户端则增加游戏、营销等娱乐和服务功能。

2013年11月,由广西电视台、广西广播电视网络公司和广西联通合作推出的IPTV业务正式上线。所谓的IPTV即交互式网络电视,它是一种利用广电网、电信网和互联网等技术,利用宽带有线电视网的基础设施,以家用电视机作为主要显示终端,通过互联网络协议来提供包括电视节目在内的多种数字媒体服务的新技术。IPTV用户在家既可以收看或点播电视节目,也可以上网浏览网页,还可以跟帖评论。广西IPTV为老百姓提供央视、各地卫视及"精品体育""精品电影""精品综艺""精品大剧""少儿动画""高尔夫网球""四海钓鱼""游戏风云""国防军事"等一百多路电视实时直播。还有热播电影、电视剧以及新闻、综艺、体育、少儿动画等近两万小时的娱乐节目,供家庭观众点播观赏。供点播的内容还经常更新,每月更新两千多小时。由于IPTV内容比传统电视更丰富,对直播频道能够时移、回放,对点播节目可以搜索、收藏、标记,在节目播放过程中可以快进、快退等,使用十分方便。深受家庭观众的喜爱。到2014年8月,广西已经有13万家订户,而且订户增加越来越快。

广西IPTV业务的正式上线,标志着广西"三网融合"和"媒体融合"进入新的阶段。所谓三网融合是指广播电视网、电信网和互联网的融合。所谓媒介融合则是指报纸、杂志、广播、电视等传统媒体同以互联网为传输管道的新媒体的融合。媒体融合是时代发展的大趋势。由于网络和数字技术裂变式的发展,给媒体格局带来了深刻的变化。青年一代将互联网作为获取信息的主要途径,越来越多的人通过新媒体获取信息。大量社会热点在网上迅速生成、发酵、扩散,覆盖之广超乎想象。新媒体设置的话题对社会舆论的影响越来越大,互联网已经成为意识形态角力的主战场。因此,占有丰厚信息资源的传统媒体和掌握着最新科学技术的新兴媒体的融合、传统媒体和新媒体一体化发展是国家文化发展大战略的必然趋势。新媒体出现后,各级传统媒体机构在积极推进新闻改革、提高自身传播力、影响力的同时,积极参与新媒体建设,利用新媒体渠道来扩大传统媒体内容的传播,取得了很好的成效。

三、广西广播电视台挂牌成立

广西广播电视台作为自治区政府直属事业单位,由广西人民广播电台和广西电视台整合而成,规格为正厅级,归口自治区党委宣传部领导。广西广播电视台将承担宣传党的理论和路线方针政策,宣传自治区党委政府的决策部署,统筹组织重大宣传报道,组织广播电视创作生产、制作和播出,引导社会热点,加强和改进舆论监督,推动多媒体融合发展,加强国际传播能力建设,讲好广西故事,传播广西声音等方面重要职责。

广西广播电视台成立后,着力提高自治区新闻舆论传播力引导力影响力公信力,多措并举推进自治区媒体融合发展。2018 年,安排广西电视台 3800 万元,支持其高清制播升级改造、扩大移动电视公共覆盖专项资金、国际频道运行经费等重点项目;安排广西人民广播电台 2800 万元,支持其技术业务综合楼支出、广西市级城市广播覆盖及维护运行、自治区高品质审片室运行维护及播出系统更新改造、网络安全专业服务及信息安全等级保护等重点项目;安排 6000 万元支持广西卫视全国覆盖,进一步提高自治区对外宣传能力;分别安排广西人民广播电台 400 万元、广西电视台 700 万元开展媒介融合建设。

图 27　2018 年 11 月 13 日广西广播电视台成立

参考书目

[1] 广西壮族自治区地方志编纂委员会.广西通志·报业志[M].南宁:广西人民出版社,2000.

[2] 广西政协文史资料委员会,广西日报新闻史志编辑室,民革广西壮族自治区委会.桂系报业史[M].南宁:广西新闻出版局,1997.

[3] 于瑾,邓纯东.广西图书出版六十年总书目(1952—2001)[M].南宁:广西人民出版社,2002.

[4] 方汉奇.中国新闻事业编年史[M].福州:福建人民出版社,2018.

[5] 金冲及.二十世纪中国史纲:第四卷[M].北京:社会科学文献出版社,2009.

[6] 罗杰斯.传播学史——一种传记的方法[M].上海:上海译文出版社,2012.

[7] 山本文雄.日本大众传媒史[M].桂林:广西师范大学出版社,2007.

[8] 王润泽.民国新闻史料续编[M].北京:国家图书馆出版社,2017.

[9] 中国社科院新闻研究所.抗日战争时期的中国新闻界[M].重庆:重庆出版社,1987.

[10] 黄河,张之华.中国人民军队报刊史[M].北京:解放军出版社,1986.

[11] 彭继良.广西新闻事业史[M].南宁:广西人民出版社,1998.

[12] 万忆,万一知.救亡日报大事记[M].上海:复旦大学出版社,2015.

[13] 胡愈之.我的回忆[M].南京:江苏人民出版社,1990.

[14] 胡愈之.忆长江同志[M].北京:群言出版社,1994.

[15] 刘硕良.三栖路上云和月(上)[M].桂林:漓江出版社,2012.

[16] 李建平.桂林文艺概观[M].桂林:漓江出版社,1991.

[17] 魏华龄.桂林抗战文化[M].桂林:漓江出版社,2008.

[18] 白冰.选题创新的三个原则[M].南宁:广西人民出版社,2013.

[19] 杜森.话说十年 往事见证[M].南宁:广西人民出版社,1999.

[20] 鲁迅.鲁迅全集[M].北京:人民文学出版社,2005.